Thomas J. Leonald with Byron Laursen
トマス・J・レナード
バイロン・ローソン［共著］
糟野桃代［訳］
秦 卓民［監修］

selfish《セルフィッシュ》

THE PORTABLE COACH

28 SUREFIRE STRATEGIES FOR BUSINESS AND PERSONAL SUCCESS

真の「自分本位」を知れば、
人生のあらゆる成功が手に入る

祥伝社

注記
本書の時制や数字は1998年刊行時の記載を
そのまま用いています

献辞

私を導いてくれた
デイナ・モリソンに捧げる

監修者のまえがき

人は誰しも「人生を一変させるような体験」をしたことがあるのではないだろうか？　僕も四〇年間の人生の中で、それまでの生き方を一変させるような出会いをいくつか経験してきた。その中でも忘れられない、ある恩人と一冊の本の話をしたい。

現在、僕は数社の会社を経営しているが、共同代表である生嶋健太《いくしまけんた》と出会ったのは、大学を卒業してすぐに入社したコンサルティング会社であった。

今の時代では考えられないかもしれないが、その当時一日に一五時間近くは働いていたと思う。土日もしっかりと休みを取った記憶はない。経営コンサルティングという仕事の特性上、「若いから」という理由はいっさい通用しない。通常業務終了後に遅くまで経営の知識を学び、先輩からは仕事の仕方を教えてもらった。

生嶋健太とは仕事上の関わりはあったものの、二人で食事に行くこともなかったのだが、ひょんな流れで会社を共同設立した。そして彼とは共同代表者として一〇年にわたり会社を経営し、仲間や、僕らを頼ってくださる顧客とエキサイティングな日々を過ごしている。人との出会いとは、わからないものだ。

生嶋と会社を設立してから三年が過ぎた頃のことだった。徐々に経営も軌道に乗り始めたけれど、僕たちは相変わらずがむしゃらに働き続けていた。そんなある日、友人から人を紹介された。その人はビジネスコーチであり、彼の顧客は誰もが知っている著名な方々ばかりで、聞けば信じられないくらいの年収を手にされている人物らしい。

会ってみて、まずその風貌に驚かされた。身長は一七五センチくらいではあるが、体重は九〇キロ近くあり、ジャケットは今にもはちきれそうだ。彼のこれまでのビジネス経験で得た自信、学生時代にアメフトで鍛えた体からも圧倒的な存在感に、ただならぬオーラを感じた。それに加え、レストランビジネスでの経験で培ったサービス精神は半端ではなく、常に周囲のことを気遣っている強くて優しい人だ。そんな彼から、「秦さん、ビジネスミーティングをしませんか？」とお誘いをいただいた。

そう、このビジネスミーティングから、僕の人生は一変したのだ。

ビジネスミーティングは、彼のコンサルティングサービスを提案するための時間であったはずなのに、彼は僕にいくつもの質問をしてきた。

「一年後にどんな成果が手に入っていれば、秦さんにとって最も価値がありますか？」

「会社の強みトップ３はなんですか？」

本来、セールスとは、売り込みたいサービス内容について話すものだ。しかしミーティングの時間の九〇%は、彼から僕への質問であった。こっちがどう思っているのかなどは気にする様子もなく、淡々と自分のペースで堂々と質問をし続ける。僕が会社の強みを三つ答えた後、今度はこのように質問してきた。

「一年後の目標を手にする上で、今問題となっていること、今後障害になりそうなことはなんですか？」

僕は考えた。いつの間にか彼の質問のペースに乗せられていた。少し考えた僕は、意気揚々とこう答えた。

・会社の営業チームのセールス力が弱いこと
・新しいサービスがなかなか作れないこと

すると彼は、表情一つ変えずに、彼のペースで堂々とまた質問をしてきた。

「今おっしゃった問題を、『どのようにすれば〜か』という疑問文で表現するとどうなりますか？」

この質問で僕の発想は一変した。問題を「どのようにすれば～？」という文書に変換するだけで、ビジョンが見え始め、何か解決できる気がしてきた。僕は答えた。

・どのようにすれば、営業の成約率が七〇％になるだろうか？
・どのようにすれば、新しいサービスが生まれ、一年間で既存サービスの売上を超えることができるだろうか？

同じ問題でも、「言葉」が違うだけで、こんなにも捉え方が変わることを知った。彼から何かを教えてもらったわけではなく、質問をされてそれに答えただけで。すると彼は続けて、

「これらの問題を一緒に解決しませんか？　というのが僕の提案です。どうやってやるかというと……」

僕はその問題が解決したくてたまらなかったし、魅力的な彼と一緒にいると、何かそれが手に入りそうな気がして、当時の僕らの会社の月商ほどするフィーの彼のコンサルティングサービスを会社に導入することを決めた。そして六カ月後に月商は三・六倍になった。

初めて会ってから一カ月が経った頃だろうか。彼から一冊の本を紹介された。元祖ビジネス

コーチと呼ばれているトマス・レナードという人が約二〇年前に書いた『THE PORTABLE COACH』という書籍であった。それは真っ赤な表紙で大きく、分厚い古い書籍であった。

もともと本を読むことは大好きであり、かつ恩人からの推薦ともあって、僕は『THE PORTABLE COACH』に目を通した。少し読み始めて、驚いた。そこには人生で成功するための二八の戦略が書かれていたのだが、その一つ一つがまるで彼を説明しているかのような内容だったからだ。

これは後から聞いた話ではあるが、当時は彼――雨宮幸弘《あめみやゆきひろ》さんの会社と僕の会社の生産性は、同じコンサルティング業界にいながらも四倍もの差があったのだ。僕たちは前職の経験から「生産性を上げるためにはできる限りたくさんの時間を働く」という前提があったので、土曜日も集まり、新規事業がどうやったら成功するか？の会議を行なっていたりした。しかし雨宮さんに話を聞くと、一カ月の半分も仕事をしていないという。そのほうが一つ一つの仕事に集中でき、結果的に顧客に大きなインパクトを与えることが可能になる。毎年同じお客様がお仕事を発注してくださるので、セールス活動も年に数回しかしないというのだ。それでいて、年に何度か海外に行き、体を休め、インプットを増やし、家族を大切にしている。

なぜ彼が、世の中の誰もが知っている経営者たちにビジネスインパクトを出し、それでいて周囲から愛されている存在なのかを、僕はこの本を通して言語ベースで理解することができた。

今回皆様がお手にとって下さった本書『SELFISH(セルフィッシュ)』は、この『THE PORTABLE COACH』を英語から日本語に訳したものである。これまでにもこの『THE PORTABLE COACH』に関しては、何冊か和訳は出ているのだが、二八個のステップとその内容を完全に訳し切ったものはいまだに存在しなかった。本書は、初めての完全版邦訳となる。

僕はこの『THE PORTABLE COACH』を読んでから以下の成果を手にした。

- **本当にやりたいことだけをやりながら、会社の売上規模が六年間で六倍になった**
- **自分が会社に行かなくても（週に五時間程度）成長し続ける会社になった**
- **目の前にいる人たちみんなが素敵に見えるようになった**
- **ずっと前からお会いしたいと思っている人たちと自然と会えるようになった**
- **ストレスがなくなった**

『THE PORTABLE COACH』は不思議な書籍で、第1章は、「信じられないくらいセルフィッシュになれ！」である。僕はこの言葉が大好きで、今回の書籍では思い切ってこの章のセルフィッシュからタイトルを切り出し、『SELFISH』とした。「SELFISH」

という言葉は日本人が聞くと少しネガティブなイメージで捉えてしまうこともあるかもしれないが、この言葉の本質をしっかりアプローチしていくと、信じられないくらい豊かな気持ちでいられる。そのため今回は各章に英語表記も残しておいた。原文にも触れていただいたほうが読者の人生の助けになると考えたからだ。日本語と英語の双方を読むと、違った角度からこのコンセプトに触れることが可能になる。また、時間のある方はぜひ『THE PORTABLE COACH』の原書も併読することをお勧めしたい（原著はベストセラーであるとともにロングセラーであり、現在は『THE 28 LAWS OF ATTRACTION』と改題され刊行され続けている）。

原著の刊行は一九九八年であるため、少し記述が古く感じる箇所もあるが、大部分は現代でも十分に通用し、むしろ二十余年経った現代でもハッとさせられる箇所が多い。これもベストセラーのなせるわざだろう。

＊

この本を出版するにあたり、関わった全ての人に感謝を申し上げたい。祥伝社の栗原さん、訳者の糟野さん、アップルシード・エージェンシーの遠山さんには特にお礼をお伝えしたい。皆の熱意がなければ、二十数年前に出たこの大部な名著を、原著の持つニュアンスやメッセージに忠実な形で日本に紹介することは叶わなかった。

また僕の周囲にいる全てのセルフィッシュな人たちへ。みんながセルフィッシュに自分の才能に全力で、いつの時も自分らしく私に接してくださることで、僕は安心してセルフィッシュでいられ、僕の人生が豊かであり続けています。これからもずっとこのような関係でいられることを心から願っております。

最後にこの書籍を私に勧めてくださった雨宮さん。あの日、雨宮さんとビジネスミーティングをし、『THE PORTABLE COACH』を拝読したことで僕の人生は一変しました。雨宮さんのコミットメント、コントリビューション、ジェントルマンな姿勢と時に野生的な態度。全ての精神性とその存在を心から尊敬しております。一人でも多く、あなたのように自分の人生の選択に自信を持っている人がこの社会に溢《あふ》れることを心から願い、この本の監修を行いました。

この本が、一人でも多くの人の「人生を一変させるきっかけ」になれば幸いです。

二〇一九年九月三〇日

秦《はた》卓民《たくみ》

謝辞

本書に述べる二八の法則は、三〇〇人以上の人たちの助けがあってできたものだ。一九九七年の秋に開講した「魅力のプログラム」に参加してくれた皆さんのおかげで形になった。本当にありがとう。

ミケーレ・リーゼンベリーに心から感謝したい。コーチ大学の事務局長を務めてくれた彼女は、魅力のレベルを高め続けようと常に私を励ましてくれた。それから、私の友人で同僚でもあるデイヴ・バック。二八の「魅力の法則」は全て（しかも同時に）実践できるのみならず、その効果も素晴らしいものであるということも実証してくれた。デイヴ、君こそ私のインスピレーションの源だ。

経験豊富な私の代理人、デイヴィッド・ヴィグリアノがいなければ、本書を世に送りだすことはできなかっただろう。編集者のスコット・モイヤースにも感謝している。本書の企画の可能性を信じて、スクリブナー社の人たちを巻き込んでくれた。それから、マラー・セテッツ。スコットの昇進であとを引き継いでから、溢れんばかりの魅力、知性、情熱を持って編集作業を進めてくれた。あとは共著者、バイロン・ローソンの才能と献身的な仕事ぶりも、本書の完成には欠かせなかった。ベストセラーを執筆した実績のある人が、個人の進化に関して私が培ってきた技術とプログラムを、単に「使える」という以上の価値があるものだと認めてくれて、とても光栄に思う。

最後に、本書を読んでくれているあなたにも感謝を伝えたい。あなたが胸に抱いている、その熱い思いと自分を信じる心は、人生をより良く、根本から変えていくのに必要なものだ。品格を備え、建設的で、自分を大切にし、負のプレッシャーにも流されず、クリエイティブな人。そして、揺るぎない誠実さと確固たる信念を持つことこそ、自らの手で満足のいく人生を作る方法なのだと証明する気概のある人。そんな人を、世界はもっと求めている。あなたが自分の潜在能力を十分に発揮できるよう進化していく過程で、ほんの少しでも本書が役に立てば、コーチとしてこの上なく幸せだ。

コーチ大学創設者　トマス・J・レナード

はじめに

コメディアンのジョージ・カーリンは、ポジティブ思考なんて嘘くさい、と言っていた。やろうと思っても簡単にはいかないし、そのわりには効果があるとも思えない、と。

私も、ジョージの言うとおりだと思う。ポジティブな考え方をしなければと無理やり頑張るくらいなら、もっと他のことに時間を使ったほうがいい。

とはいうものの、あなたもこんな心当たりはないだろうか。例えば、日々の生活や仕事、人間関係の悩みに頭を抱えているとき、「何か別のやり方があるはずでは」と考える。あるいは、もっと良い家、満ち足りた生活、豊かなパートナーシップや自分らしい仕事を手に入れたいとか、問題の打開策が欲しいとか、何かしら今の状況に行き詰まりを感じてもがいているとき、「そもそもこんなにストレスと戦わなくても、もっとうまい方法があるんじゃないか」とふと思う……。きっと、これまでに一度や二度はあるはずだ。

ではここで、あえてポジティブなことを言おう——そのような方法は、確かに存在する。

ただ、なにも「いつも良いことを考えるようにしましょう」などと言うつもりはない。「社会で勝ち抜くために、誰よりも狡猾《こうかつ》になれ！」なんてことを言いたいわけでもない。効き目はありそうでもかなりの努力が必要だったり、やってみたところで結局は無駄に終わったりするような、ただ負担になるだけの処方箋をここで並べたてるつもりもない。

ではその方法とは一体何なのか。これを述べる前に、まずは私のことを少し話しておきたい。私のキャリアは、「認定ファイナンシャル・プランナー」という肩書から始まった。なので、仕事人生の初めの頃に私の頭を占めていたのは、主にお金のスキルのことだった。ところが、クライアントと接する中で、やがてあることに気付いた。クライアントは、単にどの株を買うべきかを知りたいのではない。富を得るということだけにとどまらず、もっと多くのものを手に入れて人生を豊かにしたい、というのが彼らの本当の望みなのだ。私は、ぜひともそれに応えたいと考えた。

つい先日、フィラデルフィア・インクワイアラー紙が、私のことを「パーソナル・コーチングの父」と紹介してくれた。そう呼ばれると何だか仰々《ぎょうぎょう》しいが、ともかく私は一九八二年にパーソナル・コーチングを始めた。それまで自分がクライアントのためにしていたことを「コーチング」として本格的にメニュー化し、サービスとして改めて提供するようになったのだ。それが大きな一歩だった。お金と仕事、そして人間的な成長という要素を全てひっくるめて、クライアントがバランスを保ちながら継続していける方法で、精神的にも強くなり、より良い形で成功していけるようサポートする。情報収集力には自信があるほうだが、私の知る限り、こういう取り組みを始めたのは私が最初だと思う。

それから六年も経たないうちに、私はある構想を抱いた。――自分が創ったこの分野で活躍し、貢献してくれる人を育てよう。そう思って、コーチ大学、のちの「ＣｏａｃｈＵ」を設立した。この種の機関としては初めてのものだった。今ではこうしたコーチ養成機関もアメリカだけで一〇校を超えるが、「ＣｏａｃｈＵ」は抜群の規模と知名度を誇っている。そして、実績も高い。私のもとにはほぼ毎日のように、ここで学んだ人々から素晴らしい成功の物語が次々と報告されてくる。例えば、生活保護を受給していたとある男性が、たった三カ月で年収六万ドルに手が届くほどに変貌を遂げたなんていう例もある。本書にはこうしたエピソードが山ほど出てくるが、その全てが実話なのだ。

一九九二年には、私の構想はさらに一歩進み、次のようなことを考えるようになった。**良いものを常に引き寄せる人生を送ることができるとしたら、どうだろう。**チャンスの数々、お金の心配のない生活、充実した人間関係、心から欲しいモノ、満たされた気持ち……。辛い努力も、心身を消耗することもなく、こういったものが手に入るとしたら？ **こうしたものを引き寄せる、人としての魅力を高める方法を学べるとしたら？**（ここで言う魅力とは外見的魅力のことではない。もちろん、それを望むのは自由だ）**多くの人がプライベートや仕事で抱えている苦しみや不安を一掃して、その分の時間を限りなく自由で生産的なものに置き換えることができるとしたら、一体どうなるだろう――。**

そんな問いの数々が、この本の内容を形作っている。

本書で述べる二八個の「魅力の法則」は、いずれもあなたの思考の枠を外してくれる、非常に実践的でかつ効果も高いものばかりだ。それぞれの法則は、ダイヤモンドのカットの面のようなもので、一つ一つが互いにつながり合っている。実践するごとに、日々の生活や仕事、そして人間関係を、最大限に実りあるものにしていくことができるのだ。まずは、目についた一つの「面」をやってみてほしい。楽しみながら取り組もう。理解が深まるにつれて、他の面の要素もだんだん気になってくるはずだ。次にどの法則に取り組めばいいかも自然にピンとくるだろう。こうしてあなたは進化していき、生き方にも魅力が溢れ出す。さまざまな良いものが、あなたの人生にどんどん引き寄せられてくるはずだ。

この二八の法則は、プライベートと仕事の両方で、望みどおりの人生へと道を拓《ひら》く第一歩だ。あなたの成長を助けるとともに、その成長を継続していくための支えになるものでもある。また、ある法則が他の法則よりも特にしっくりくる、ということもあるだろう。成長の仕方は人それぞれだから当然だ。今日よりも明日、ある法則がさらに腑《ふ》に落ちるということもあるだろう。理解のレベルは日を追うごとに細やかに、より強固に進化していくものだ。本書を読むにあたっては、最初から順を追って最後まで進んでくれてもいいし、本能や直感に従って好きなところから読み始めてくれてもいい（私は後者のタイプだ）。どの面も、何らかの形で他の面とつながっているので、次から次へと読み進めては実践し、面がつながっていくうちに、ダイヤモンドの全ての面を攻略できるだろう。

まずは試しに、本書をぱらぱらとめくってみてほしい。一から二八までの「ステップ」に分けられた法則の中に、ちょっと難しそうでも現時点で何かしら心の琴線《きんせん》に触れるものはあるだろうか。なるほどと思うものが例えば五つでもあれば、それらを実践していくうちに二八の法則全ての扉がだんだん開かれていくことだろう。そうでなければ、今はそっと本書を閉じよう。きっといつか別のきっかけで、あなたなりの「うまい方法」が見つかるはずと信じてほしい。本書の内容を盲信させたいわけではないし、二八の法則は唯一絶対のものだなんて言うつもりもないのだ。
本書は他でもない、**自分の中にすでにある素晴らしい強みを引き出し、その最高の資質を活かして人生を思い切り謳歌するための、実践的な方法をいくつか紹介するものだ。**

本書に書かれていることと、自分の中に豊富にある資源を組み合わせることで、奇跡のようなことが現実に起きるようになる。本書を読めば、優れたコーチのセッションを受けるのに限りなく近い効果が得られるはずだ。完璧な保証なんてものはできないにせよ、私が確信を持って言えるのは、あなたが人生で求めるものを手に入れるのに、本書が必ず役に立つということだ。もしかしたら、自分自身でもまだ気付いていない可能性さえも開くことができるかもしれない。

私は本書の二八のステップのことを「魅力の法則」と呼んでいるが、「魅力のＯＳ」と呼ぶこともある。これはコンピュータのＯＳ（オペレーティング・システム）になぞらえたもので、この「魅力の法則」を最新ソフトウェアのようにアップデートすることで、コンピュータならぬ自分の心身全体のパフォーマンスが上がる、ということを指している（「法則」と「ＯＳ」の使い分けについては、エピローグで詳しく述べる）。

呼び方はどうあれ、この二八の法則はこれまでにもあらゆる人に効果を発揮してきた。個々人の性格や状況、抱える問題の違いはそれほど関係ない。似たり寄ったりな自己啓発にハマってはやめるのを繰り返すだけのパターンはもう終わりだ。燃え尽き症候群に陥ることも、心を置き去りにすることも、凄《すさ》まじい苦労もすることなく、成功を手に入れることはできる。それに、企業家らしい気概のある人皆が喉から手が出るほど望むことだって可能になる。そう、少ない労力で多くのお金を稼ぎつつ、人生を心の底から満喫できるのだ！

本書には、自己診断のためのテストやワークも掲載されている。これは、「ＣｏａｃｈＵ」でトレーニングを受けたパーソナル・コーチがクライアントにやってもらうのと同じものだ。こうしたテストやワークを通して、あなたの現在地と、これから目指すレベルの両方を、正確に把握できるようになる。

冒頭の話に戻るが、ポジティブ思考なんてわざわざ意識する必要はない。それは、苦労なんてしなくても勝手に身につく、オマケのようなものなのだ。そしてそこには、精神面での充足や、金銭的にも物質的にも豊かな生活、そしてストレスが少なく満足度が高い人生も、もれなく一緒についてくる。

「魅力の法則」を実践することこそ、最高の自己実現だ。さあ、今から始めよう！

contents

装丁　竹内雄一
本文デザイン　ISSHIKI
DTP　キャップス
翻訳エージェント　トランネット
監修者エージェント　アップルシード・エージェンシー

ステップ1

信じられないくらいセルフィッシュになれ！

Become Incredibly Selfish

「本当の自分」を出さなければ、
そこには何もなく、人を惹きつけることはできない

危険を冒してでも、自分を生きよ。

——ウォルト・ホイットマン（詩人）

ゆりかごから墓場まで
人が何かをするときの最優先の目的は
自分の心の平安を保つことである。
これを置いて他はない。

——マーク・トウェイン（作家）

「セルフィッシュ」（SELFISH）。たった一単語ではあるが、いろいろと考えさせられる言葉だと思う。手元の古い辞書で意味を引いてみると、「自分のことだけを考える傾向が顕著であること。他人を犠牲にしてでも、自分にとっての快や利益を優先すること」とある。

でも、私はこの言葉について、全く別の捉え方をしている。そして、あなたにもぜひそうしてもらいたいと思っている。**プライベートと仕事の両方で成功したいと思うなら、この「セルフィッシュ（＝我がままでいること）」、つまり「自分本位」という言葉に対する新しい見方を身につけなくてはならない。**

……そうは言われても、すぐに受け入れるのは難しいだろうか？　それでも、他人が作った言葉の定義に縛られるのは、もうやめよう。この言葉に感じる自分の心理的なブロックを壊すのだ。冒険物語にたとえるなら、勇者を宝物まで導くのは、いつも他でもない勇者自身の意志の力のはずだ。これは、どんな小さなことにも当てはまる。だから、言葉の定義も自分自身で決めるのだ。それから、先ほど挙げた辞書での意味で、「他人を犠牲にしてでも……」のくだりもいっさい忘れていい。ここで新たに定義する意味での「セルフィッシュ」になれば、巡り巡ってこれまで以上に、他人に対して広い心で手を差し伸べられるようになるからだ。

ニュアンスの違い

セルフィッシュ（SELFISH）VS. 欠乏感（NEEDY）——「セルフィッシュ」な人は、主体的な選択をしている。「欠乏感」を抱えている人はそうではなく、いつも「何かが満たされていない」という気持ちに自分で振り回されているだけだ。

セルフィッシュネス（SELFISHNESS）VS. セルフルネス（SELFULNESS）——「セルフィッシュネス」とは、自分の心身を内側から満たしていることをいう。セルフィッシュという言葉にどうしても抵抗があるなら、代わりに自分を満たすという意味で「セルフルネス」という言葉を使うのもいいだろう。

あなた（YOU）VS. あなたの役割（YOUR ROLES）——「あなた自身」と「あなたの役割」とは別のものだ。自分を本当に満たすためには、自分が今抱えている役割を手放したり、見直したりすることも必要になる。そうすることで、さらなる成長のための余裕が生まれる。

必要なもの（NEED）VS. 欲しいもの（WANT）——自分らしさを最大限に発揮するために要るものがあれば、それは「必要なもの」だ。「欲しいもの」は、心を満たしてくれるが、その満足は一時的であることが多い。どちらも良いものではあるが、必要なもののほうが重要性は高い。

したいこと（WANTS）VS. すべきこと（SHOULDS）——「したいこと」は「これを

すると気分が上がるから」というシンプルな理由で、あくまでもセルフィッシュに追求するものだ。そういう気持ちは健全なモチベーションにもなる。一方、「すべきこと」は義務感や責任感に基づくもので、その気持ちの重さが成長の足枷《あしかせ》になることも多い。

さりげない親切（GENEROSITY AS A BY PRODUCT）VS. おしつけがましい親切（GENEROSITY AS A FOCUS）――セルフィッシュになればなるほど、他人に対して寛大になれる。自分を先に満たすことで心に余裕が生まれて、無理のない範囲で親切になれるからだ。逆にセルフィッシュになれないと、他人に優しくすることが負担になる。自分でそう感じるだけではなく、その恩恵を受けたはずの周りのほうも、もらった親切を重く感じてしまうものだ。

喜び（JOY）VS. 悦楽（PLEASURE）――「喜び」とは、頭も心も身体も浮き立つような、ふつふつと湧き上がる気持ちをいう。「悦楽」は主に肉体的な満足感や、刺激的な快さのことをいう。

この法則が身につくと……

- ✓ 自分のことを優先できるようになる。
- ✓ セルフィッシュになることの本来の意味を分かっている仲間を引き寄せられる。
- ✓ 他人に何かを求めることが減る。

✓「自分にとって良いことなら、周りの人のためにもなる」と思えるようになる。
✓自分の足で立っているという意識が増し、自分の役割に「引きずられる」感覚が減る。
✓心に余裕があるので、より大らかに構えていられる。
✓自分が欲しいものをより多く、より頻繁に手に入れられるようになる。

さあ、これから「セルフィッシュ」という言葉の捉え方をアップデートしていこう。

信じられないくらいセルフィッシュになるための10の方法

1.今の時代、セルフィッシュ（我がまま）になるのは悪いことではないと心得る

はるか昔、人間が群れをなして部族として生活していた頃、食べ物を集めるのも、敵と戦うのも、全てが共同作業でなされていた。自分のことしか考えない、過度に自分本位な者は、群れにとっての危険分子と見なされた。

おそらく人間の歴史のほぼ九〇%は、このような集団生活が営まれていた時代だったと言える。私たちの祖先は自然の中を駆け回り、食べられそうな植物を探し、狩りをして、動物の群

れを追うか季節の移り変わりに応じて移動しながら暮らしていた。その日その日の暮らしの中で、できるだけ皆に食べ物が行き届くようにするためには、群れの中で一番狩りがうまいメンバーに頼るしかない。仲間との助け合いも必須だ。今でも、現代文明から遠く離れた奥地には、このような生活をしている部族が残っている。そのような中で爪はじきに遭うのは、何としても避けたい事態のはずだ。

農耕が始まると少し様相は変わり、やがて街ができるとさらにその変化が進んだ。文明が高度化すると専門家になる者が現われる。専門家が皆の役に立とうと思うと、必然的に狩りや農作業から解放される必要があった。こうして、専門家たちは自分のやりたいことを追求することができたのだ。こう考えていくと、**現代はセルフィッシュになることが許されている時代である**、ということがまず言えそうだが、実はそれ以上の示唆《しさ》があるようにも思う。つまり、個人の進歩はもちろん、そんな個人を集めて人類全体としても高いレベルへと進化しようと思うと、**セルフィッシュになることがむしろ必要になってくる**のではないか。**人はセルフィッシュになれば、自分ならではの技能や才能を高めていくことに専念できる。個人にとっても社会にとっても、セルフィッシュになることこそ、進歩のための要諦《ようてい》と言ってもよさそうだ。**

個人が創造性を発揮して、自分なりの長所を活かしていくためには、セルフィッシュにならなくてはならない。人類全体の進化についても同じだ。自分が取り組んでいることで、何らかのブレイクスルーがありそうな局面を迎えたときは、目の前のことにできる限り専念しよう。周りの人の要求に応えようとする前に、自分の心が「これだ！」と言うものに精一杯向き合うのだ。一定の分さえ弁《わきま》えていれば、セルフィッシュになることは長期的には自分の大切な人たちのためにもなるのだということを心に留めておこう。

2. 自分の望みを自覚して、きちんと口に出す

自分の望みを言葉で伝えることができれば、自分はもちろん、周りの人も皆が楽になる。人は誰かと関わるとき、必ず相手から何らかのものを受け取ろうとしているものだ。学校でも、会社でも、卓球などのスポーツをしているときにも当てはまる。社会というものは、人と人との関わりでできている。あなたが向き合う相手はいつだって、あなたとの接し方のヒントを本能で探っている。表情、声、姿勢や呼吸の仕方に至るまで、そしてもちろん話す言葉も、全てがいつも見られているのだ。

自分がどんな人間で、何を求めているかを明確に伝えると、それを聞いた相手は安心する。自分の中に揺るがない軸を持っていて、自分の望みや期待を自分で分かっている人に、周りの人は惹きつけられる。**自分が欲しいものを自分ではっきりと言える人は魅力的なのだ。そしてその分、欲しいものが手に入る確率もぐっと上がる。**

恋愛や家族、趣味に仕事といった場でのどんな人間関係においても、人は目の前にいる相手のことを知りたいという切実な思いを抱くものだ。そこにはこんな疑問が渦巻いている――この人は、「本当の自分」を見せてくれているだろうか？　それとも、何かの役割を演じている

だけなのだろうか。どれくらい奥行きがある人なのだろう。どうすればこの人の全力を引き出せるだろうか。どんな道徳観を持っているのだろう。何か心配な点を見落としていないか。あとになってそれが表面化したりしないだろうか……。

あなたが接する人は、いつでもこのような問いの答えを求めている。だから、**自分がどんな人間で、何を考えているのか、一つ一つ言葉にしよう。**そして、あなたも気になる点は周りの人にどんどん聞こう。人との関わり方をクリアにしていくのだ。

もちろん、率直な接し方をされると嫌がる人もいる。でも、そういう人は大抵、自分に自信がなくて、曖昧《あいまい》ではっきりしないところがあることが多い。その人が自ら変わろうとしない限り、距離を置いたほうがいいと思う。

あるクライアントの話をしよう。彼女は自分で事業をやっていて収益も上げており、従業員も多く抱えている。その中の一人のマネージャーのことで、クライアントはずっと悩んでいた。彼は何年間も会社のために尽くしてくれていたのだが、徐々に仕事に身が入らなくなり、もはや戦力にならなくなっていた。何とか持ち直してくれないかと思ってクライアントも様子を見ていたのだが、そのうち他の社員の士気が下がってしまった。

セルフィッシュになるのは良いことだと学んだクライアントは、やがて行動を起こし、問題のマネージャーを解雇した。それでもやはり良心は痛むので、数週間後、何か力になれることはないかと連絡をとってみた。すると、元マネージャーからは驚くような返事があった。曰く、退職前は彼自身も自覚がないまま、あれよあれよという間に仕事がうまくいかなくなっていったらしい。でも会社を離れた今は気力を取り戻し、自分のペースで人生を楽しめているという。

クライアントが思い切ってセルフィッシュな決断をしたことで、始めは八方塞《ふさ》がりに思えた状況が、最終的に皆にとって望ましい結果になったという良い例だと思う。

3. 自分のニーズを満たしつつ余裕も持ちたいなら、とにかくセルフィッシュになってみる

セルフィッシュになるということは、手段であって目的ではない。たとえ世界で一番セルフィッシュな人間になったところで、それがすごいかというとそんなことはない。しかしセルフィッシュになれば、素晴らしい人生を送るためのスタート地点に立つことはできる。**セルフィッシュになれば、欲しいものは全て手に入れつつ、同時に心の余裕も持つことができるのだ。そして、余裕を持つことは、抗《あらが》いがたいほどの魅力を身につける鍵でもある。**

何もかも思い通りの人生を送っているという人はほとんどいない。時間やお金にも余裕があり、チャンスがたくさん巡ってきていて、人脈も広く、恋愛もうまくいっているというような完璧な人など、これまであなたの周りにもそういなかったのではないか。でも、全てを手にすることは現実に可能だし、皆やろうと思えばできることだ。セルフィッシュになることで自分に余裕が生まれると、結果としてあらゆるものが無条件に巡ってくるようになるのだ。

4.セルフィッシュになることで他人を気にかけるゆとりが生まれる

セルフィッシュになることとは、感じの悪い人になるということではない。困っている人がいても手を差し伸べようとしないような、冷たい人間になるということではないのだ。むしろ逆で、**セルフィッシュになれば、自分が無理をしない範囲で気持ちよく他の人を助けられる基盤ができる。**それがないと、よく心優しい人が陥るように、他人のために自分をすり減らすことになってしまう。

世の中には、困難の中で苦しんでいる人がたくさんいる。道に迷っている人を導くには、自分は固い地面に揺るぎなく立つ灯台にならなければならない。溺《おぼ》れている人を助けるには、自分は救命胴衣を身につけ、陸へと戻るためのロープを持っておく必要がある。自分までもが道に迷い、一緒に溺れてしまったら元も子もないからだ。

「優しさのコップ」というものがあるとしよう。**まずは自分のコップを満たすことに専念するのだ。**そうすれば、いっぱいに満ちて溢《あふ》れた分が自分の余裕になって、気前よく他の人に分け与えることができる。ここまで、という線引きをしておけば、奪い尽くされることもない。

5.セルフィッシュになることを否定する人とは距離を置く

「良い人」であることや「エゴを超越」していることを自らの価値とする人がいる。ところが実際は、わざわざエゴがないふりをすること自体がエゴの表われだし、エネルギーを大量に必要とする。

では、こういう人はどこからそのエネルギーを得ているのだろう？　実はその源は、彼らが「尽くしてあげている」と思っている相手に他ならない。

だとすると、本当に「尽くして」いるのは一体、誰なのだろうか――。こう考えていくと、先に述べたような人は**エネルギーを吸い取る人物**だと思って注意したほうがよさそうだ。

他人のことを想っての行動をたくさんできる人は、そのこと自体に喜びを見いだしているものだ。そうすることで自分の心が満たされるのだと、自分で分かってやっている。これこそ一番素晴らしい「セルフィッシュ」なあり方だと思う。このような意識を持てずにただ崇高になろうとして、しかも自分の立派さを人にアピールするような人は、まだまだエゴにとらわれている。こういう人と一緒にいると、周りのほうが対価を払わされることになる。

6．「セルフィッシュになることはネガティブなこと」というイメージを取り払う

セルフィッシュという言葉に「自己中心的」だとか「無神経」だとかいうイメージがついてまわりがちなのは確かだ。だが、これらの言葉は同義語ではない。全く違うものだ。

自己中心的とは、自分のことしか考えておらず、世界は自分中心に回っていると思うことだ。無神経とは、心配りが欠けており、やはり他人のことを全く考えていないことをいう。

思い切りセルフィッシュになりながらも、自己中心的にも無神経にもならずにいることは、実際には可能である。セルフィッシュという言葉に抵抗感を抱く人は多いと思うが、それは社会から植え付けられたイメージにすぎない。まずはこの抵抗感を乗り越える必要がある。

サリーという女性の話をしよう。彼女はまさしく典型的な「良い人」だ。優しく物静かで、対立を好まず、他の人の責任まで背負い込んでしまう。同僚の一人が何かに腹を立てていると、たとえ自分が原因でなくても謝ってしまうようなタイプだ。

そんなサリーはやがて無理が重なって、心を閉ざすようになってしまった。友人や恋人との関係が重荷できつくなり、次第に周囲と壁を作って職場の人以外とは関わらなくなった。サリーがボビ・ジェンマという優秀なコーチのもとを訪れたのは、まさしくそんな頃だった。仕事に心をすり減らしつつも、大企業の営業部でさまざまなポジションを勤め上げてもうすぐ二十数年。あと少し頑張ればかなりの退職金がもらえる、というところまで来ていたサリーは、ボビに悩みを打ち明けた。「このまま仕事を続けるべきでしょうか。もしそうなら、定年まで持ちこたえるためにはどうすればよいでしょうか」。

ボビはサリーに診断テストをいくつか受けさせ、自分の行動や人とのコミュニケーションのパターンを自覚させた。そこで大きな気付きを得たサリーは、**周囲の人との間に、ある種の境界線を引く**ことの大切さを知った。世の多くの人も同じだと思うが、サリーは自分の許容範囲はここまでだと周りの人に言うなんてことは考えたこともなかったのだ。でも、これは非常に大事なことである。相手との関係性や、境界線を引くそもそもの必要性なんてものは考えなくていい。

サリーが人との接し方を変えるにつれて、これまでは縁のなかったような人々との関わりが増えていった。心を開いて話せる人や、アドバイスをくれたり、いろんなことを親身に教えてくれたりする人が現われるようになった。こうした人がサリーの周りに集まってきたのは、自分がどんな人間で、何を求めているのかをサリー自身がきちんと理解するようになったからだ。自分の軸を確立するにつれて、サリーは元気になった。長い間しまいこんでいた、彼女本来の素晴らしいユーモアのセンスも取り戻した。思い切ってセルフィッシュになることで、サリーは自分らしく人生を楽しめるようになったのだ。

類は友を呼ぶ。今では、サリーのもとには何もせずとも人生のあらゆる喜びが引き寄せられてくるようになったのである。

7.まずは一週間、セルフィッシュになることを毎日一つずつ実行してみる

思い切りセルフィッシュになってもいいのだと思うのは、まだちょっと難しいだろうか。でも、そろそろとりあえず一歩踏み出してみよう！

まず、自分が**「本当はやってみたいけれどできていないこと」を七つ、考えてみる。**実現可能かどうかは考慮しなくていい。

七つ浮かんだら、次に**「自分はこの七つの願望を叶えるに値する存在だ」と自分で決めてし**

まおう。そうやって自分に言い聞かせたら、あとはとにかく手をつけていくだけだ。**一週間、毎日一つずつやってみよう。**

大切なのは、**「これが欲しい」「自分にはこれが必要だ」と感じるものに敏感になって、手に入れるためにすぐ動くことだ。**いつかタイミングが来たら、などと思わないこと。じっくり検討もしなくていい。メリットとデメリットを比較して……とやっていると、いつの間にか望みも萎《しぼ》んでしまう（もちろん、やみくもに動いて逆の方向に走ったり、考えもなく散財したりするのはいけないが）。

そうやって思い切って動いてみると、得られるものがある。それは、自分の気持ちを大事にすることで、心が温かくポジティブになる感覚だ。それから、セルフィッシュになるということの正しい意味も分かるようになる。気まぐれや満たされない気持ちに振り回されるのではない。どんなときも徹頭徹尾《てっとうてつび》、自分の素直な気持ちに正直でいようという、地に足の着いた決意の表われなのだ。

スポーツでよくあることだが、試合中、選手が次のプレーのことを考えて動きを止めてしまうと、だいたい後悔するはめになる。考えている間に貴重なチャンスをふいにしてしまうからだ。「魅力の法則」の実践も、スポーツと同じだ。**立ち止まらず、流れに身を任せていけば、必ず最高の結果がついてくる。**自分はできる！　と信じて、これまでの自分にとっての当たり前の基準を、どんどん書き換えていこう。

8.ノーと言いたければノーと言う

セルフィッシュになるには、筋肉を鍛えるのと同じようにトレーニングが必要だ。最も手をつけやすい方法は、**ノーを言えるようになること**である。

何かを断るのが苦手なタイプの人は、コーチングにでも申し込んで、コーチから伝えやすい言い方を教えてもらったり、励ましてもらったりするといい。伝え方で失敗する人は確かに多いが、きちんと学んで練習すれば必ずできるし、一生モノのスキルにもなる。

「ノー」というのは、考えてみると美しい言葉だと思う。力のこもった言葉でもある。自分と他人との間にはっきりとした境界線を引くのが、この言葉の役割だ。この「境界線を引く」ということも大事なことなので、後でまた詳しく考えていきたいと思う。

歌のレッスンでは、一番響きが良く力強い発声の感覚をつかむために、ノーと言う練習法があるらしい。ちょっと試してみよう。ノーと声に出して、二、三拍おき、またノーと言う。さて、どうだろう。何となく気分がすかっとするのではないだろうか。そのときの自分の声も響きが良く聞こえるはずだ。何度かやってみよう。

想像してみてほしい。あなたのことを利用しようとしてくる人や、時間を奪うような人（故意かどうかは関係ない）に、ノーと言うとどんな感じがするだろうか。小さな子どもには「イヤイヤ期」というものがあるが、あれはノーを言うことで、自我の意識を確立していく過程なのだ。大人も子どもを見習って、同じようにすればいい。お金だってかからない（それどころか、かえって大きな節約になる)。
子どもの頃には自然にしていたことを、大人になってから改めてやってみる。そこから得るものは意外と多かったりするものだ。

9. セルフィッシュになれば、才能を伸ばすスペースが生まれる

才能とは素晴らしいものだ。誰でも何かしら天賦《てんぷ》のものを持っている。ただ、自分の才能に気付いていない人はいるかもしれない(画一的な学校教育を受けたり、親があまり褒《ほ》めてくれない環境で育ったりした人ほどその傾向がある。そんな人も、この「魅力の法則」を実践すれば、自分の才能に気付き、活かせるようになる)。

才能を伸ばすには、栄養になるものが必要だ。栄養がなければ満開の花は咲かない。自分自身のためにセルフィッシュになれと言われても気が引けるという人がいたら、**自分の才能のためにセルフィッシュになる**、と考えてみよう。誰しもが持つ、天から与えられた特別な才能。これを活かせる状況を作ることが、セルフィッシュになるということだ。そうやって才能が開花すれば、自分も、自分の周りの人も、結果的にその恩恵を受けることができる。

元手は何も要らない。自分の中にある才能に期待して、それにふさわしいものを与えるだけだ。**自分を大事に扱うことで自分を活かす**というのも、強力な成功戦略なのだ。

10．他の人のことは気にしすぎず、必要だと思う行動をする

自分の環境に不満を感じているところがあるなら、解消するために動けばいい。あなたが一番愛する人にしてあげるであろうことを、自分にしてやるのだ。そうすると、他の人もあなたの意向を受け入れてくれる。そして、あなたの希望が叶うことを喜んでくれる。あなたが自分の軸をしっかり持つにつれて、周りの人も自分のことは自分で何とかしよう、という気持ちになるし、あなたのこともきっと何があっても大丈夫だと信じてくれるようになる。

先ほどのサリーもそうだったが、自分がセルフィッシュになることで、まるで春の雨の後に花が一気に咲くように、皆が幸せになれる状況がどんどん訪れるようになるのだ。

キャロルという若い女性は、最近コーチングの勉強を始めた。そして、セルフィッシュになることを私生活で実践して、見事に効果があったそうだ。勤め先は数百万ドル規模の売上がある海運業者で、日頃はいろいろな人のスケジュール調整をしている。そんなキャロルはつい先日、婚約者と一緒に住むようになった。

同棲を開始して、二人で過ごす時間は増えた。ところが、それまでフィットネスに充《あ》てていた自分の時間を取れなくなってしまったキャロルは、数キロ太ってしまったのだと言う。そこで、彼女はセルフィッシュな決断をした。朝にジョギングをするために、夜は九時頃と早めに寝るようにしたのだ。婚約者にも、本当に就寝まではしなくてもいいから、いったん一緒に寝室に行こうと頼んだ。すると、二人の愛もますます深まり、どちらも大満足の結果になった。

私生活のことは話し合うのがなかなか難しいものだが、キャロルはセルフィッシュになることで、二人にとって心地よい暮らしのあり方を見つけることができた。さらには、彼女の婚約者もほどなく朝のジョギングを始め、二人が一緒にできることがまた増えたのだった。

これまで自分が直面した人間関係の問題を少し振り返ってみよう。**皆が互いの出方を窺《うかが》うのではなく、自分はこうしたいとそれぞれ明確に言えていたら、きっとそれで済んだはずのことも多いのではないか。**当事者が皆セルフィッシュになれば、相手に何かを勝手に期待して裏切られるということもない。問題の解決も簡単になる。

セルフィッシュになるからこそ、人生最高のチャンスを引き寄せることができるのだ。

究極のセルフケア

セルフィッシュになる一番良い方法は、「究極のセルフケア」を取り入れることだ。

現代社会に生きる私たちの心と身体は、日々さまざまなことに振り回されている。「究極のセルフケア」を行なう目的は、仕事とプライベートのバランス、健康、生活の質といった領域のコントロールを自分の手に取り戻すことにある。

「究極のセルフケア」というコンセプト自体は、私の中で前々から温めてあった。具体的に考えるようになったのは、コーチ大学を世界的なバーチャル養成機関にする、という目標がひと段落した一九九六年以降のことだ。やりがいも多かったし、素晴らしい実績もついてきた仕事ではあったが、肉体的にも精神的にも負担は相当なもので、当時の自分の中のバランスは完全に崩れていた。

単なるセルフケアだと、何となく良いことをした、というだけで終わってしまう。だからこそ、「究極の」というところがポイントになる。私自身、当初はセルフケアにあまり関心を払っていなかった。本当に大事だと思うようになったのは、自分の心身に徹底的かつ（私の場合は）根本から変化が起きるレベルを体感してからだ。そこに至るまでの間、私が実際にお世話になったヘルスケア領域のプロは一〇人を軽く超える。整体師、コーチ、栄養士、セラピストやロルファー（筋膜マッサージ師）から、あらゆるセッションや施術を受けたものだ。

何をもって「究極のセルフケア」とするかは人それぞれだ。なので、これから挙げていくものは自分に合う形で取り入れてほしい。今すぐやるにはハードルがかなり高いと感じるものもあるかもしれない。でも、やってみてもいいかなと思える水準はおそらくこれからどんどん上がっていくことになるので、あまり構える必要はない。本書を読み終えたタイミングで、もう一度この章を見返してみよう。その頃には、自分に最高のものを与えるという考え方も今よりしっくりくるようになっているはずだ。現時点では、これから自分がどうなっていくのかちょっと見てみよう、くらいの気持ちで読んでくれればいい。

それぞれ分野別に見ていこう。

1.ストレスをなくす方法

ストレスを減らすのではなく、なくすという点に注意してほしい。ストレスをなくそうと思って取り組むと、少なくともストレスを減らすことはどこかの段階で達成できるはずだ。初めからストレスを減らすことを目標にしていては、違いを実感できるほどには効果が出ないかもしれない。

- ✓今の仕事や事業、職種がきつくて、どうしてもストレスフリーにはなりようがないという場合は、働くのをやめるか、その事業を手放すか、転職するかしよう。
- ✓他の人と交わした約束のうち、ストレスになってしまっているものを一〇個挙げてみる。それが自分から進んで約束したものであっても構わない。いったんゼロベースにして、代案を考えてみよう。
- ✓現在抱えているストレスを三つの側面（人、役割、他者からの期待）から特定しよう。特定できたら、それらは手放そう。
- ✓ハウスクリーニングを頼もう。
- ✓用事は誰かに頼もう。
- ✓請求書や書類の処理など、管理業務は電子化するか、全てアシスタントに任せてしまおう。
- ✓法律や税金、財務周りに不安がある場合は、問題を放置せず解決しよう。

2.環境と家族

環境が何かの制約になるというケースは確かにある。それでも、自分にとって一番良い環境を整えたり、選んだりする自由は、私たちの手にある。

✓家の中を、もっとくつろげて英気を養えるような空間に変えよう。些細な点にまでこだわって、エネルギーが湧いてくるような環境にしていく。どこか不便な箇所があれば、原因を見つけて改善すること。気に入らない箇所は今すぐ直そう。

✓毎週、コンピュータのバックアップをとろう。

✓配偶者や子ども、パートナーや友達、ペットとの関係は、自分にとって人生に力を与えてくれるものでなければならない。もし今そうでないなら、カウンセリングを受けるといい。

✓家の中や家の外壁などにひび割れや汚れがあったら、まあいいか、で済ませず手を打とう。

✓家やオフィスの中のものは全てきちんと整理、整頓する（一つ残らず！）。

3.自分が楽しめるポイント

自分が何をすれば気分が上がるか、一〇個挙げてリストにしてみよう。

個人的なことでいいし、ちょっと変わった趣味でもいい。知的にわくわくすることや、エンタメ系の楽しみでもいい。

✓
✓
✓
✓
✓
✓
✓
✓
✓
✓

ここで挙げた**自分が楽しめるポイント**を毎日の生活にもっと取り入れるための方法を、それぞれ三つずつ考えてみよう。

4．心身の健康

これから紹介する心身の健康を保つための方法の中には、プロの手を借りる必要があるものも出てくる。これに勝る投資はない。健康に気を遣うのは、甘えでも何でもない。自分の心と身体という何より大事な資本を健全に保つのはとても大切なことだ。健康を増進させることで何事もスムーズに進められるし、良質なパフォーマンスを維持することも簡単になる。

✓将来のことは考えない。「今ここ」に生きて、何も追いかけないこと。
✓一～三年に一度は、健康診断を受けること。
✓あらゆる項目が調べられる血液検査を受けて、管理栄養士に結果を見てもらうこと。
✓毎日最低三〇分は運動すること。必要ならトレーナーをつけよう。
✓人と接するときや問題に対処する際にイライラしたら、その感情の原因を探ること。
✓ヨガやトレーニングで体幹バランスを整え、良い姿勢や自然な動作を身につけること。
✓栄養を考えた食生活が自力では難しければ、週に二日、食事の宅配サービスを頼むこと。
✓アドレナリンに駆り立てられるままに我を忘れた行動をしないこと。
✓週に何度か、誰かに優しく触れてもらったり、抱きしめてもらったりする時間を思う存分作ること。定期的にマッサージを受けるのもいい。
✓自分のモチベーションの源を知ること。

5. 外部からのサポート

究極のセルフケアを行なうには、生活のあらゆる側面への投資が必要になる。専門家が提供するサービスを受けることなども、そのうちの一つだ。

- ✓ パーソナル・コーチングを受けてみる。コーチを選ぶ際は、実績があり、自らも究極のセルフケアを実践している人を探そう。
- ✓ カイロプラクターなどに身体をほぐしてもらい、巡りをよくしてもらう。
- ✓ 普段のマッサージに加えて、ロルフィングなどの筋膜施術を試してみる。
- ✓ 今一番気がかりなことについて、必要に応じて専門家のセラピーを受けよう。
- ✓ 皮膚科に行って、全身の皮膚の状態をくまなく診てもらおう。
- ✓ 神様や精霊など、自分が信じる「目に見えない力」の助けを上手に借りよう。
- ✓ まずは自分から、友人や家族に対して無条件のサポートや愛情を与えよう。相手からも返ってきたら、ありがたく受け取ろう。
- ✓ お金に関する不安や問題があるなら、専門家の力を借りて根本的に解決すること。相談する先は何人かあたってみてもいい。
- ✓ 弁護士から植木店、会計士や精神科医に至るまで、いざというときのために頼りになる専門家の連絡先をリスト化しておこう。

6.食生活

食生活においても究極のセルフケアを心掛け、口にするものにこだわろう。

- ✓毎日少なくとも二リットルは天然水を飲もう。
- ✓持続型のビタミンCをできれば毎日（五〇〇～一〇〇〇ミリグラム）摂《と》ろう。
- ✓栄養士が推奨するマルチビタミンを毎日摂ろう。
- ✓たばこを吸わないこと。アルコールも（飲むとしても）控えめに。
- ✓カフェインや砂糖を摂らないこと。
- ✓（体質に合わない場合は）肉類や乳製品を避けること。
- ✓自分の身体を神様が住まうところだと思って大事にしよう。

7.外見

自分の内側だけでなく、外側にも究極のセルフケアを施《ほどこ》そう。オスカー・ワイルドも「外見で人を判断しないのは愚か者だ」と言っている。

- ✓しっくりこない服は一枚残らず処分すること。肌に映える色の服を新調しよう。

✓ 自分で一番いいと思う髪型とヘアカラーにしよう。
✓ 爪はプロに整えてもらおう。
✓ 脱毛したければ、きちんと認証を受けている脱毛機関に行くこと。
✓ 月に一度はフェイシャルを受けよう（自分で行なってもいい）。
✓ 良い靴だけを履くこと。
✓ 定期的な運動で身体を引き締め、スタイルを維持しよう。
✓ 歯のメンテナンスを欠かさず、いつでも思い切り笑顔でいられるようにしよう。

8．持続性

良い変化を定着させることで究極のセルフケアは完成する。一時的な努力で終わらせず、新しい生活習慣が自然になじむようにしよう。

✓ 自分の経済状況を見直すこと（支出は削減し、収入を増やす）。お金にまつわる不安を解消し、金銭的な制約で自分の意思決定が左右されることのないようにしよう。
✓ セラピーを受けて、親やきょうだいとの間に抱える問題を全て解決すること。過去にとらわれるのはもう終わりだ。
✓ 過去に負った心の傷は癒《いや》して忘れること。

✓ノーを気負わず言えるようになろう。

✓自分の強みを知ろう。自分にできないこと、やりたくないこと、やらなくていいことを代わりに片付けてくれる仕組みを取り入れよう。

9．毎日行なうこと

究極のセルフケアは一回限りのものではなく、毎日の生活の中で実践していくものだ。

✓毎日ストレッチをする。

✓寝る前にリラックスできることを取り入れる（本を読む、音楽を聴く、愛する人と触れ合う）。そうすると、笑顔で一日を終えて眠りにつくことができる。

✓毎日二回、歯のフロスを念入りにする。

✓朝起きてすぐ、一日のエネルギーが湧いてくるようなルーティーンを持つ。

✓やらなければならないことや、他人から求められていることではなく、自分が一番やりたいことをやる毎日を過ごすようにする。

✓約束するときはいつも控えめに。自分のキャパシティを超えているのに、何とかしようと焦るはめに陥らないようにする。

✓毎晩、何か楽しみなことを用意しておく。

✓自分のためだけに使える時間を一日の中に持つようにする。
✓一日を通して、自分のコンディションや心の状態にいつも目を向けるようにする。

10.特別なケアをするためのアイテム

ここまででまだ挙がっていないことで、特別なケアが必要なときに備えて思いつくものを書き留めておこう。想像力を働かせて、できる限り具体的に書くこと。

✓
✓
✓
✓
✓
✓
✓
✓
✓
✓

ステップ 2

未来という
コンセプトを
捨てる

Unhook Yourself from the Future

人が本当に輝いているのは、未来においてではなく、
「現在」「この瞬間」である

「もし」って言葉が酒なら、皆今頃酔っ払いだろう。

——マイケル・ジョーダン（プロバスケットボール選手）

一番価値があるのは、未来ではなく現在だ。
未来の幸せのために無理をして建てた家は
現在にとっては牢獄でしかない。

——オクタビオ・パス（詩人）

アボットとコステロのお笑いコンビはアメリカで長きにわたって人気を誇り、演劇から映画、テレビまで幅広く活躍した。コステロは背が低く、太っていて、子どものような愛嬌《あいきょう》がある。アボットは背が高くやせ型で、顔つきは鋭く、態度も高圧的だ。細い口ひげを生やし、だいたいいつもしかめ面をしている。そんな二人が繰り広げる珍妙なやりとりにインスピレーションを得たのがドラマ「となりのサインフェルド」で、特に主人公のジェリーと親友ジョージの会話のシーンにそれがよく表われている。

アボットとコステロのお決まりのシーンで、二人がでたらめな掛け合いをするというものがある。例えば、こんな具合だ。空腹の二人の目の前に、サンドイッチが一つだけある。アボットがコステロにある賭けを提案する。今から自分がここにいないことを証明するから、成功したらサンドイッチは自分のものだというのだ。

まず、アボットが言う。「俺は今、シカゴにはいないよな?」コステロが同意する。「じゃあ、セントルイスにもいないよな?」コステロがまた同意すると、アボットが畳み掛ける。「もしシカゴにもセントルイスにもいないなら、俺はどこか別の場所にいるはずだな?」

「そうなるね」

「もしどこか別の場所にいるなら、俺はここにいるはずがない!」アボットはそう言って、サンドイッチをつかむ。

コステロは一瞬面食らうも、アボットがサンドイッチをさあ齧《かじ》ろうとしたところで、さっと横取りし、大きく一口、がぶりとやる。

アボットはもちろん抗議の声を上げる。コステロは口をもぐもぐさせながらも、シカゴとセントルイスの話を逆手にとって、勝ち誇った顔をして言う。「で、もし今ここに君がいないなら、どこか他の場所にいるはずだよな？」

「そうだ」

「もしどこか他の場所にいるなら、僕が君のサンドイッチを取れるはずがないだろ」

アメリカで昔流行《はや》ったスクリューボール・コメディらしい、くだらないネタだ。でも、私たちが普段頭の中でやっていることも、実はそう大して変わらない。例えば、過去の失敗を思い返しているとき、「もしああしていれば……」「もしこうしていたら……」と、終わったことを何度も脳内で繰り返すのに膨大な時間を使ってはいないだろうか。

過去のことを考えていなければ、大抵は未来のことを思い悩んでいる。これからどうなるかなんて知り得ないのに、「もしこうなったらどうしよう」「もしあれが起きたらこうしなくちゃ」と考えているのだ。私たちは先ほどのアボットのように、いつだってどこか別の場所にいるようなものだ。でも、私たちが一番いるべき、どこよりも素晴らしい場所は、他でもない現在、今この瞬間なのだ。

今この瞬間に生きることこそ、人として最も健全なあり方だということがよく言われる。私はここに、もう一言付け加えたい。**今この瞬間に生きるからこそ、人は最も魅力的に輝くのだ。未来のためにがむしゃらに頑張ったり、過去をどうにかしようとしたりするのではなく、心地よく、穏《おだ》やかな気持ちで、今この瞬間に集中すること。**それこそがより良い未来を引き寄せる確実な方法なのだ。では、今に集中するにはどうすればよいのだろう。
それを、これからこの章で見ていこう。

ニュアンスの違い

コミットすること（COMMITMENT）VS. 必死に頑張ること（STRIVING）――物事に真剣に「コミット」しているとき、人はわざわざ「頑張らなくては」とは思わないものだ。何かに追い立てられるような気がして必死になるのは、大抵自分が着実に物事に取り組めているという自信が持てていないからなのだ。

ビジョン（VISION）VS. 夢物語（PIPE DREAM）――「ビジョン」とは、事実に基づいて必然的に導かれる姿を指す。「夢物語」は、空想に基づく希望的観測をいう。

現在（PRESENT）VS. 未来（FUTURE）――「現在」を精一杯生きると、「未来」の成功は自然についてくる。

この法則が身につくと……

✓ 未来のことをあれこれ考えないようになる。その一方で、自分に責任を持って、しっかり頭を使い、今を楽しんで生きることができる。

- 目標が達成できるかどうかは単なるオプションになる。ゴールは、それに向けて頑張るものではなく、あとから自然とついてくるものという位置付けになる。
- あらゆるゴールや結果に対して、全てこれでいいと思えるようになる。未来のことは分からないのだと心底理解して、人間らしく生きられるようになる。
- 人生を楽しんでいる人に自然と目が行くようになる。人と付き合うのが楽しくなる。
- 一向に芽が出ないプロジェクトに無駄な時間をかけなくなる。

未来のことにとらわれないための10の方法

1．魅力的なゴールを諦《あきら》める

手に入れたいもの、達成したいことは誰にでもある。それ自体は全く悪いことではない。でも、ゴールに取りつかれると、現在よりも未来のことばかりに夢中になってしまいがちだ。ここに問題がある。

結婚すること、金持ちになること、世界を変えること、偉大な人物になること。いろんなゴールがあると思うが、これらに惑わされて自分を見失ってはいけない。**現在よりも未来のほう**

がずっとわくわくすると感じるときは、ゴールという目的地のほうがプロセスという旅路よりも自分の中で重要になってしまっている。人生における本当のギフトは現在にあるのに、だんだんそれに気付かなくなってしまうのだ。そうして目的地に辿《たど》り着いたとしても、遠く離れていたときには輝いて見えたゴールは、近付いてみると色褪《あ》せていて、思っていたようなものとは違う、ということになりがちだ。

どうしてこうなってしまうのか。確かに、大きなゴールを達成するためには多少の犠牲が必要だ。今を楽しく生きたいからと言って、毎週土曜の夜に貯金をはたいて遊びまくるわけにもいかない。でも、現在の楽しみをあまりにも我慢しすぎるのはある種の自己否定でもあり、それが積み重なれば何の面白みもない人間になってしまう。これでは賢いやり方とは言えない。対策はある。次の項を見てみよう。

2.目の前の時間を味わい尽くす

人生が思い通りにいっていないとき、多くの人がまず思い浮かべるのが、より良い未来に向けて何か目標を設定しよう、ということではないだろうか。

考え方としては悪くない。

でも、そのエネルギーを、目の前のことに集中させてみてはどうだろう。素晴らしい未来を「頑張って手に入れようとする」のではなく、現在を完璧にすることで「自然に引き寄せる」

――この二つのアプローチは全く異なるものだ。

つまり、**現在という与えられた時間を精一杯大切にして生きていると、苦労せずともより良い未来のほうが勝手に近付いてきてくれるということだ。**こう考えると、物事がうまくいきやすい。

事件を追う刑事が、足元の手掛かりから丹念にひも解いていくのと同じだ。ヒントは、今現在の自分に喜びをもたらしてくれる物事の中にある。それを一つ一つ拾っていくと、自然と望みどおりの未来に辿り着くことができる。偉大な神話学者のジョーゼフ・キャンベル（彼の神話論にジョージ・ルーカスが影響を受け、『スター・ウォーズ』を制作した）は、学生から人生相談を受けると、「至上の幸福に従え」というアドバイスをしていたという。

大事なことは、全て現在が教えてくれる。まだ見ぬ未来に惑わされてはいけないのだ。

スティーブの例がその証明になるだろう。彼は企業家として成功し、自分のスポーツ用品店チェーンを経営している。一見成功しているように見えるスティーブがコーチングを希望したのは理由がある。彼は妻と三人の子どもたちとの時間をあまり過ごせていないことに罪悪感を抱いていた。それなのに家にいるときは、こうしている間も事業のために時間を使うべきではと思い悩むというありさまだったのだ。

ジンジャー・コッカーハムというコーチのもとで、スティーブは新しい考え方を自分の中に取り入れた。それは**「家にいるときは家族のことだけ、オフィスにいるときは仕事に完全に集中する」**という、考えてみればごく当たり前のものだった。

ところがこれが魔法のように効いた。スティーブは、仕事の場面では以前より速く、自信を持って物事を決断できるようになった。さらに嬉しいことに、家庭においても良き父親、良き夫になれているという実感が持てるようになった。「以前の自分は、仕事を優先すると家族に申し訳ないと思わなければならないような気がしていた。言ってみれば罪悪感を必死に握りしめていたようなものだ」とスティーブは振り返る。「心と身体に悪影響だったと思うし、人生で一番大事なことに注ぐべきエネルギーまで自分で奪ってしまっていたのだと今なら分かる」と言う。

スティーブの話が身に沁《し》みる人も多いに違いない。大事なもののために頑張っていたはずが、いつの間にかその大事なものを犠牲にして頑張っていた、ということは往々にしてあることなのだ。

3.テレビを見ることをやめる

最近読んだジェフ・マックニーリーの漫画『Ｓｈｏｅ（シュー）』に、こんなシーンがあった。登場するのは、ツイードのジャケットを着た「シュー」という名前の鳥のキャラクターだ。一コマ目では、シューが安楽いすに身を沈めて、ぼんやりテレビを見ながらこう呟《つぶや》く。「そうさ、俺には暇なんてないんだ」。二コマ目、そして最後のコマも、絵面は変わらない。シューはまた呟く。「なのに、どうして一日中こいつばっかり見てるんだ？」

アメリカ人は余暇の時間のうち四〇%をテレビに費やしている、という驚きの数字がある。一生涯という時間軸に当てはめて換算すれば、なんと一〇年分もの時間をぼんやりとテレビを見て過ごしている、ということになるのだ。

一〇年分もの時間を、今この瞬間に集中して過ごすことができれば、一体どれほどのことができるか。想像するに余りある。

テレビは誘惑そのものだ。その秘密は広告にあって、テレビの世界は広告費を中心に回っている。たとえ少しは見る価値がありそうに思う番組でも、全ては広告主の利益になるように制作されている。視聴者がテレビに病みつきになる理由の一つがここにある。つまり、広告の効果が一番上がるように、番組内の盛り上がりどころが設計されているのだ。例えば、ドラマが劇的なシーンを迎えたところ、あるいはコメディ番組でその日一番のジョークが飛んで観客が大爆笑したところで、ふっとコマーシャルに切り替わる。

これは偶然でも何でもない。広告はテレビの「最高潮」の場面で流れるようになっている。雑誌も同じだ。表紙と裏表紙の内側の一番目立つところと、目次ページの前後に広告が挿入されている。これが意図的でなければ、別にテレビCMは一日の終わりにまとめて流したっていいし、雑誌の広告ページは最後のほうに掲載すればいい話だ。でも、そうはなっていないのである。

もちろん、価値あるテレビ番組もないわけではない。でも、ほとんどの番組は視聴者を麻痺《まひ》させるような内容でしかない。**一瞬の楽しみはくれるかもしれないが、今この瞬間という貴重**

な時間はどんどん奪い去られていく。自分が生きている現在という時に喜びを見いだせない人が、テレビのとりこになるのだ。教育を受けていない人ほどテレビに割く時間が長くなりやすいというのもそのせいだろう。

皮肉なことに、テレビを現実逃避に使えば使うほど、ますますその罠《わな》にはまっていくことになる。テレビに限らず、人を麻痺させる他の娯楽も同じだ。それらに織り込まれているコマーシャルは、視聴者の欲望を掻き立て、もっと買わなくてはという気持ちにさせる。欲を満たすのは確かに楽しいが、その対価は高くつくことが多い。対象が物であっても物でなくても、欲を満たすために足元の生活の質を犠牲にしてしまうのでは、本末転倒だ。

テレビばかり見ていると、「ライフスタイル」と現実の生活とを混同してしまう。そんな人がテレビ断ちをすると、一時的には禁断症状に襲われるかもしれない。未来のことに思いを馳《は》せても、そんなにわくわくしないように感じるかもしれない。でも一週間もすれば、目の前の現実が突如として、輝きを増して見えるようになるだろう。

4.不自然にモチベーションを上げようとしない

自分で自分を激励したり、肯定的な考え方や言葉を書き留めた長いリストを作ったり、モチベーションを上げてくれる音源を寝室や車の中にこっそり潜ませておいたり……。こういった「やる気を起こす」ハウツーの類《たぐい》は確かに効果がある。ただ、継続するのは大変だ。

なぜこういう方法がなかなか続かないかというと、競走馬のようにやみくもに走らされる感覚があるからだ。私がクライアントにコーチングをするときは、無理やり手綱《たづな》をつけて引っ張るようなやり方ではなく、すでにクライアント自身が持っているものに目を向けてもらうようにしている。**今あるものに集中すれば、実は何かを変える必要などあまりないことに気付くはずだ。変えるべきタイミングが来たら、自然に変わっていくものだ。**

こういう心構えでいると、モチベーションを上げようとわざわざ思わなくても、より良い未来が勝手に近付いてきてくれる。今この瞬間を味わうこと、自分の好きなように目の前のことをやり尽くすことに専念していれば、得られる気付きの視点はどんどん高くなり、それにともなって必要な変化も自然に訪れるようになる。

5.「良い人」になろうとしない

コメディアンのW・C・フィールズがこんな言葉を残している。「最初は失敗してもいいから、何度もやってみろ。それでだめなら諦めること。分を弁《わきま》えるのも大事だ」

これまでコーチングをしてきた中で、良い人になろうとするあまり人間らしさを失ってしまった人をたくさん見てきた。でも、自分がこうなりたいと思い描く「良い人」は、実はすでに自分の中にある。たとえ今は一部の要素しか見えなくても、いろんなことが整っていけば、自分の中にある良さをあらゆる側面で引き出せるようになる。

そして、いろんなことを整えていくには、現在に集中することが一番だ。

エゴがあるというのは人として素晴らしいことだ。**欠点はあらゆることを教えてくれる。失敗は何事にも代えがたい経験だし、弱みはほとんどが強みの裏返しだ。**それなのに、弱点や欠点をなくすこと、失敗をせず、エゴからも自由になることをゴールに据えてしまうと、どうなるだろう。きっと自分らしさのかけらもない空虚な人間か、頑《かたく》なな人間になってしまう。**だから、今の自分ではダメだ、進歩しなくては、なんて思わなくていい。自分に愛情を持って向き合おう。**ありのままの自分を一〇〇%受け入れるのだ。

より良い未来を引き寄せるには、進歩ではなく進化することだ。小さな一歩一歩でどうにかしようとするのをやめれば、大きく飛躍できる。

まずは頭と心を広くオープンにして、自分とたくさん対話すること。そこからだんだんと道は開ける。あとはそれを継続して、進化していくのみだ。

6.計画を立てすぎない

ライチャス・ベイブ・レコードというインディーズ・レーベルを知っているだろうか。このレーベルを立ち上げたのは、アーニー・ディフランコという非常にバイタリティ溢れる女性だ。ニューヨーク州バッファロー出身のシンガーソングライターで、その成功は凄《すさ》まじい。

ＣＤの総売上は一五〇〇万枚を超え、コンサートチケットの売上も四〇〇〇万ドル余りにものぼる。さらには、自身にまつわる各種の活動（TシャツやCD、ポスターの制作等）を地元の雇用と結びつけ、故郷の町を潤《うるお》すのに大きく貢献している。その間、メジャーなレーベルからの莫大な契約オファーをずっと断り続けているのだ。ちょうど本書の締め切りが迫っていた頃、ニューヨーク・タイムズ紙で彼女についての記事を見かけて読んだのがきっかけで、私はアーニーのことを知った。

記事の中で、アーニーが記者に語っていた。「いろんな人から、『次のプランは？』って聞かれるんだけど、計画なんて一度も立てたことないの。ただ、何かを常に追いかけていて――そう、たとえるなら全力疾走する大きな馬を追ってるみたいな感じ」

ここまで自由にやるのは、さすがに誰にでもできるわけではない。でも、計画に縛られるあまり、自分に要らぬ負担をかけている人があまりにも多いように感じる。計画を練りに練って、ゴールも完璧に描き切るのが正しいやり方だと考えるタイプの性格の人もいる。でも実際のところ、未知のことへのリスクや不安をかき消すための、単なる心のエクササイズになってはいないだろうか。

ビジョンを持ったり、プランを描いたりするのはもちろん良いことではある。しかし、それだけで終わってはならない。**進化するためには、計画はあくまでも軽く持っておくにとどめよう。**物事に実際に取り組んでいく中で、スピーディーに学習していけばいいのだ。

古い計画に固執するのではなく、新しいアイデアをどんどん取り入れると、結果も自然と素晴らしいものになる。計画を立てることの専門家になるより、その時々で柔軟に学んでいける人になったほうがずっとお得だ。

テクノロジーの進化は凄まじく、私たちの生活を目まぐるしく変えていく。現在のトレンドがいつまで続くかなんて予想もつかない。二五年前の世界を振り返ってみても、当時はなかったいろんなチャンスが増えたり、私たちの生き方も大幅に変わったりして、まるではるか一世紀くらい前のことなのではないかと感じるほどだ。**あらゆることがどんどん加速していく今の時代、計画を立てるスキルを磨こうと思ったところで、スキルをマスターする間もなく計画自体が不要になってしまうに違いない。柔軟性こそ、最も重要なスキルだ。**大事にしよう。

7.期待することをやめる

何かのきっかけで人生は好転することもあるが、願っていればうまくいくかというとそういうわけではない。「希望を捨てたらスッキリするぜ」と書かれた車のステッカーを見たことがあるが、なるほどと思った。

何かが起きて状況が良くならないかなと期待してただ待っているのは、現実から逃げているだけだ。いつまでもそうしていてもしょうがない。未来への期待を当てにしてばかりではいけないのだ。

8.未来の可能性はあえて考えない

人生は可能性に満ちている。人生のハイライトともいうべき素晴らしい出来事は、そんなことが起こりうるとは自分で予想もしていなかった、というものが多い。それでは、未来の可能性を見積もるスキルを上げることができれば、そういった素晴らしいことがもっと起きるようになるのだろうか? そういうこともあるかもしれない。でも、**より確実なのは、未来の可能性ではなく、現在の可能性に目を向けることだ。**現在できることに集中すれば、自然と自分の人間的な魅力も増すだろう。

9.頑張ることに必死な人からは距離を置く

何かを頑張っている人と一緒にいるのは、少なくともしばらくの間は楽しいものだ。ただ、**頑張ることに必死な人は一つのことで頭がいっぱいになりがちで、一緒にいると自分のエネルギーが吸い取られるということが往々にして起こる。**

なぜそうなるかというと、そのような人が頑張り続けるためには、周りの人から励ましやエネルギーを大量にもらわないといけないからだ。そして、こういった人が持つ成功に対する考え方も、偏《かたよ》った一面的なものであることが多い。

常に成功を追い求めているような人と一緒に過ごすよりも、現状に幸せを感じながら、同時に自分の価値を発揮しようと創造的な努力をしている人と一緒にいよう。どうしたらそういう人が見つかるかって？ **一番簡単で良い方法は、自分の価値を発揮するべく創造的な努力をする人間に、まず自分自身がなることだ。**

10.「もし……なら」の言葉を使わない

本章の冒頭に紹介したマイケル・ジョーダンの言葉を振り返ってみよう。もし、で始まる文章を口にする人は、未来か、もっと悪くすると過去にとらわれて生きている。

起業家タイプの人は、未来の可能性を前向きに信じている人が多いので、特にこの「もし……なら」という言葉の罠にはまりやすい。

罠にはまるのを避けるには、この言葉自体を使わないようにすることだ。もし自分がこれらの言葉を使っていることに気付いたら、いったん立ち止まって考えてみよう。自分の頭の中を占めているものは、現在か、未来か、それとも過去のことだろうか。気付いたら何度でも、**今ここ、現在のことに立ち戻ろう。そして、こうなってほしいなと願うことについて、自分以外の人や出来事次第だと考えてはいけない。条件付けは不要だ。全ては自分次第なのだ。**

例えば、勉強しているときに「もし学位が取れたら、良い仕事に就いて稼げるようになるぞ」と思うとする。必ずしも間違いではないかもしれないが、「勉強するのって結構楽しいよな」と考えるほうがずっといい。二つの言葉の中にある方向性の違いが分かるだろうか。

そもそも勉強（あるいはそれ以外でも現在やっていること）なんて楽しめない、という人は、この章の「6．計画を立てすぎない」の項をもう一度読み返してみよう。

ステップ3

あらゆることに根本的に対応する

Overrespond to Every Event

過剰な反応をする代わりに、根本的な対応をすることで、
あなたは進化し、もっと魅力的になる

退屈をもてあますには
人生はあまりに短い。
——フリードリヒ・ニーチェ（哲学者）

少しでもやる価値のあることは
やりすぎるくらいやってもいい。
——デイヴィッド・レターマン（コメディアン）

いきなりそう言われても戸惑うかもしれないが、ぜひこれを心掛けてみてほしい。というのも、自分が進化することがきっかけとなって抗《あらが》いがたいほどの人間的魅力が身につくことがあるからだ。進化するためには、それまでの自分を変えなくてはならない。そして、**自分を変えるためには、自分を取り巻く環境に敏感になり、根本的に対応していくことが必要だ。**

自分の周りの物事にはヒントが溢れている。そのヒントに根本的な対応をしていく術《すべ》を身につけよう。すると自分の人生を充実させ、魅力に満ちたものにしていくというプロセスに自ら責任を持ち、チャンスを自分の手でつかむことができるようになる。

ここで注意してほしいのは、「根本的な対応」と「過剰な反応」は全く異なるものだということだ。私たちは大人になるにつれて「コントロールを保つ」ために、瞬間的な刺激に対していちいち反応しないことを学習していく。この傾向は特に男性に顕著である。ちょっとしたことに振り回されたり、ついカッとしたり、動揺したりするのを防ぐためなのだろう。ところが、実はこの「気持ちの揺らぎ」にはすごい力が隠れていて、そこから貴重な学びがたくさん得られるのである。

心の機微を瞬時に捉える――この力が麻痺していくと、自分の気持ちに鈍感になってしまう。自分の心が反応する、その時々の傾向から導き出せたはずの、さまざまな気付きを取りこぼしてしまう。自分を優秀で冷静な人物に見せようとして感情を押し殺し、心と身体がどんどん乖離《かいり》していく。

過剰な反応をしてしまう心の状態にとらわれないようにしようとするあまり、自分の内面を使って物事に対応することを怠《おこた》ってしまう。その結果、十分な自己認識もできなくなる。しかし、他でもないこの自己認識こそ、実は進化の鍵なのだ。

自分の心の声を押し込めて制御するようなやり方をやめて、根本的な対応をするリスクを少しくらいとってみる。そうやって、自分の周りに存在するあらゆるヒントを活用できるようになったらどうだろう。価値ある情報がたくさん得られるようになるかもしれない。チャンスを余すところなく活かして、すごいことを成し遂げられるかもしれない。そのためには、問題に直面したときに単にそれを解決しようとするのではなく、成長の機会と捉えることが重要だ。

このあと述べる「10の方法」を通して、過剰な反応と根本的な対応との違いを理解していこう。これが身につけば、あなたの進化はどんどん加速していくだろう。

ニュアンスの違い

根本的に対応する（OVERRESPOND）VS. 対応する（RESPOND）——こんなサービスがあったらいいのに、と思うものが現実には見つからないとき、自分で起業するのが「根本的に対応する」ことだ。そのサービスを提供してくれる既存の会社を探し回るのは、単純に「対応」をしているにすぎない。

根本的に対応する（OVERRESPOND）VS. 過剰に反応する（OVERREACT）——問題が悪化する前に何とか食い止めようとするのは「過剰に反応」することだ。問題の根源を辿って、そこに何かしらのチャンスを見いだすのが「根本的な対応」である。

レバレッジする（LEVERAGE）VS. 解決する（RESOLVE）——「レバレッジする」とは、ある問題を通して価値ある学びを得ることだ。「解決する」とは、その問題を単に取り除くことをいう。

進化する（EVOLVE）VS. 学ぶ（LEARN）——以前よりも知っていることが増えたら、それは自分が「学んでいる」しるしだ。人生が著しく好転したら、それは自分が「進化している」しるしだ。

学びの体得（CELLAR LEARNING）VS. 知識の獲得（KNOWLEDGE ACQUISITION）——単にノートに書き写して「知識」を得るのではなく、経験を身体に染み込ませてそこから「学び」を得よう。

実験（EXPERIMENT）VS. テスト（TEST）——「テスト」の答えはあらかじめ厳密に決まっている。「実験」はもっと自由で、まだ定義されていない答えを発見しようとする試みである。

この法則が身につくと……

✓よくある問題に対して、これまでとは違う、より効率的かつ持続可能な方法で対処できるようになる。
✓物事に素早く対応できるようになる。
✓素早く対応することで、潜在的な問題や誤解のタネを回避することができる。
✓どんな状況であっても、根本的に対応することを日々楽しめるようになる。

あらゆる物事に瞬時に根本的に対応するための10の方法

1．驚くことがあるたびに、人間的に成長する

何かに驚いたとき、あなたの心は反応する。その反応をさらに増幅させ、ちょっと過剰かなと思うくらい反応してみよう。そして、**自分が過剰に反応することで引き起こされるインパクトの大きさを、改めて感じてみるのだ。**

とは言っても、なるほど、じゃあやってみよう、と思う人はなかなかいないに違いない。驚いたときにむやみに反応するのは良くないという、昔ながらの考え方に縛られている人は特に

そうだろう。そんな風に過剰反応してしまったら、起きてしまったこと、つまり過去にとらわれるばかりじゃないかと感じるのではないか。

では、人生で良くも悪くも驚くようなことが起きるたびに、自分が何かしら大きな変化を起こせるとしたらどうか。そもそもの驚いた出来事自体からは想像もつかないような飛躍を遂げられるとしたら、どうだろう。

ここ数年、私は**根本的な対応をすることを個人的に強く心掛けてきた。**それによって、私は好きでもなければぱっとした実績も上げられない、認定ファイナンシャル・プランナーという仕事から離れることができたのだ。

まず、根本的に対応することで、私はライフ・プランナーという新たな生計手段を手に入れた。しかしながらこの仕事もまだ達成すべき目標ありきのもので、人と人の関わりという、人が本当に進化することを支える営みが欠けていた。

ここに不満を感じる自分の気持ちに根本的に対応した結果、私はパーソナル・コーチングという全く新しい仕事を生み出したのだ。そこから、世界で初めてのパーソナル・コーチ養成機関である「ＣｏａｃｈＵ」の設立へと踏み出していった。

さらに、セールスという仕事に昔からついてまわるもの、特に、人から拒絶されることがどうしても苦手だった私は、この気持ちにも根本的な対応をした。そうして生まれたのがこの「一〇八の魅力の法則」で、これが出版にもつながった（そうしてできたのが本書である）。

このような過程で私は巨額の富も手に入れた。でも、根本的な対応をすることで得たもので、収入よりももっと大事なことがある。それは、自分が生計を立てるためにやっている仕事を、これ以上ないほどに楽しんでいるということだ。

根本的な対応をすると、なぜこのようなことが可能になるのだろう。まず、あなたもきっと覚えがあるだろうが、人生では繰り返し、メリーゴーラウンドに乗っているかのごとく、同じような問題や状況に何度もぶつかることが多い。まるで、人生が私たちに「このメッセージは理解したかな？　まだ分からないかい？　じゃあもう一回行くよ……今度はどうかな？」と設問を変えながら何度もテストを突き付けているようにも思える。

理屈で説明するのは難しいが、人生で最も重要なことは、時に私たちの理性を超えたところに存在するものなのだ。

そこで、正しいやり方で根本的な対応をするためには、自分の直感のほうを信じなくてはならない。**心の声に選択を委ねて、成長するための失敗であれば少しくらい引き受けよう。そうして直感が鍛えられ研ぎ澄まされていくことで、あなたは進化していく。**やがて、ぐるぐる同じところを回るだけのメリーゴーラウンドから降りて、人生を自分の意思で乗りこなせるようになっていくのだ。

問題に直面したときに、単に反応するのではなく、それをきっかけに人生に大きな変化を起こす。そうやって、人生が投げかけてくれたメッセージを自分がきちんと受け取って、もうこれ以上テストは必要ないということを示すのだ。これこそ、あなたが現在という時の中で自分にできることを精一杯やっていることの証明になる。

そうして起こした変化によってその後の物事が非常にうまくいくこともあるし、そうでないときはもっと良い方策がきっとある。自分に合う処方箋をくれる医者を探すような気持ちで、いろんな変化の方法を試してみよう。

2. どんな状況でも選択肢を五つ考える

難しい局面にぶつかると、人は選択肢を二つ三つ模索する。ところが、**どんな場面でも選択肢は少なくとも五つはあるものだ。想像力を駆使して、時には「そんなの無理だ！」と言いたくなるような方法だって考えてみなくてはならない。**道はいくらでもあるはずなのだ。柔軟に考えてみよう。

よほど注意していなければ、人は同じような解決策ばかり選んで、同じような結果に陥るだけだ。**同じ行動をして別の結果を期待するのは虫が良すぎるというものだろう。**そのような姿勢では対応として不十分だし、なかなかうまくいかない。

では、どうして人は不十分な対応しかできないのか。まさか同じ策の繰り返しでいつか本当に別の結果が生まれるとは思っていないだろう。私が思うに、人は自分の直感や判断を、両親や学校の先生、雇い主といった立場の人から信頼してもらった経験があまりに少ないために、自らを不自由に縛ってしまうのではないか。でも、先ほど述べたように、**直感は筋肉のように強く鍛えることができる。**直感力が高まると、あらゆる種類の成功がもっと引き寄せやすくなる。

「魅力の法則」についての私の初めての通信クラスを受講してくれた生徒に、スーザンという女性がいる。スーザンは初めの頃、講座に満足していなかった。そこで彼女は「良い人」がするように自分の気持ちを胸に抑え込むのではなく、代わりに私にメールをよこした。これがきっかけでスーザンと私は一対一でしっかり話し合い、その対話の過程で、スーザンは自分がこれまでずっと自分で自分を「被害者」にしていたことを自覚できたという。でも、私にメールをくれたときのスーザンは、それまでとは違い、まさしく根本的な対応をした。さらに、そうして気付きを得たことによって、スーザンは「魅力の法則」をいっそう前向きに実践するようになった。「魅力的な人間になるというのは、自分にどんどん活力を与えていく営みのこと」と評した彼女の言葉を、私自身も気に入っている。

3. 頭で判断せず、身体で選ぶ

認定ファイナンシャル・プランナーだった頃の私は、自分の職業にふさわしい仕事の仕方を忠実にやっていた。どんなときでも正しい判断ができるように、あらゆる選択肢を考える。全ての要素を数字に落とし込み、これでもかとこねくり回す。メリットとデメリットを比較表にして、起こりうる可能性を計算に入れ、短期的な結果と長期的な結果の両方を考えて、やっと結論を導き出す、というやり方だった。

ところがある日のこと、私の中で警鐘《けいしょう》が鳴った。そうやって出した判断が最高の結果には、ほとんど結びついていないことに気付いてしまったのだ。やり方は筋が通っているはずだし、方法論にも完璧に則《のっと》っている。それでも、どこかに決定的な要素が欠けていて、そのせいで私の判断はいつも中途半端なのだ。カナダ人がよく交わす自嘲的ジョークが頭をよぎった。

Q：どうしてあのカナダ人は道を横切ったの？

A：真ん中を行くためだよ。

そうして私は、中道を行くのはゴールへの最短距離ではないのだと悟った。いろんな情報を見落としていたのだ。そこで、自分の頭だけに頼って判断するのではなく、代わりに身体に選ばせることにした。

これは単に「勘」に頼るということではない。私たちの身体は、胴体から手足に至るまで、情報に接すると即座に反応するように自然とできている。その仕組みを使うのだ。

私たちは普段、理性で考えたことを何よりも重んじて、頭でっかちに生きている。身体が発するメッセージには耳を傾けようとしない。でも、**身体の反応は往々にして、思考よりも雄弁で、正確で、もっとストレートだ。**細胞の数だって、脳よりも身体のほうが多いのだ。トータルで見ても、脳よりも身体のほうが自分のことをよく知っているし、シンプルかつダイレクトに働く。身体を通して感じる自分の感覚を信頼して、それに素直に従えばいい。

身体を信じるのだ。身体は、感じたことをまっすぐ教えてくれる。身体で感じたメッセージをきちんと受け取ることは、進化のための大事なステップだ。

4. 自分の心の反応に興味を持つ

最近、何か怒りを感じることがあったとき、あなたは「どうしてこんなにイライラするんだろう?」と自分に質問してみただろうか。イエスという人もいるかもしれない。でも、大抵の人はただ感情的に反応するだけで終わってしまう。そして、感情の反応の向こう側にあるもの、つまり、自分がどんな人間で、どういう心理的な傾向を持っているからそのような反応をしたのか、というところまで掘り下げるなんて、すごく大掛かりで特殊なこと(だからそこまでする必要はない)と片付けてしまうのだ。

湧き出る感情を抑え込むより、いっそ自由に外に出してみたらどうだろう。その上で、自分をもっとよく知るための手段としてそれを使うのだ。感情が反応するときには、必ず何か理由がある。だから、理由が分かるまで、じっくり自分の心の反応を観察するのだ。「辛抱強い人の怒りには気をつけろ」と昔からよく言われるが、辛抱強い人は自分の怒りを単に押し込めているだけであって、それではうまいやり方とは言えない。

感情のコントロールをいっさいなくしてしまえ、ということを言っているのではない(そうすることが一つのステップとして効果的な人もいる)。私が言いたいのは、怒り自体は何ら悪い感情ではないということだ。そして、**感情を無理に抑制するのをやめれば、そこから貴重な学びが得られるし、内なる自分自身ともより良い関係を築くことができる。**コーチやカウンセラーなどの専門家の助けがあればさらにスムーズに取り組めるだろう。

「魅力の法則」の認定講師の資格授与の際、新任講師たちには二八の法則のうちどれが一番自分にとってインパクトがあったかを述べてもらう。そこで、この「根本的な対応」を挙げた人がいた。「この法則のおかげで、ギリギリの心理状態になりにくくなった。もちろん、現実に危機的状況が訪れることもあるけれど、そんなときでも冷静さを保てるようになった」と言う。

「根本的な対応とは、自分が取りうる行動の選択肢を見つけることだと思う。たとえ瞬時には見つからなくても、自分は複数の選択肢を選ぶことができると知っているだけで、心理的な緊張をやり過ごす助けになるし、自分の進化に一番つながる選択肢を選べるようになる」彼は言葉を継いだ。

「そのうち、最初の頃ほど集中して自分の心を探らなくても、うまく対応できるようになる。新しいダンスを覚えるとき、初めはぎこちなくてもだんだんと慣れて自然になっていくのと同じだ」

5. 根本的な対応の仕方に自分なりの戦略を持つ

人は皆、創造性のあるものに興味を惹かれる。しかもそれが自分自身の創造性が発揮されたものとなれば、なおさら気持ちが乗るものだ。そこで、根本的な対応の仕方に、自分の創造性を発揮してみよう。つまり、**自分なりの戦略を持って工夫を凝らしてみるということだ。何かに心を乱されたり、特殊な出来事や一大事を前に圧倒されそうになったりしたとき、「さて、**

どうすればうまく根本的な対応をすることができるだろう?」と自分に問いかけるのだ。

このプロセスを辿ると、創造性を伸ばす練習にもなるし、それ自体が成功を引き寄せるための重要な要素にもなる。やがて自分の創造性に自信が持てるようにもなる。そうするとますますうまくいく。さらには、問題が起きている状況を解きほぐすのに欠かせない、実践的な対応スキルもどんどん身についていくのだ。

6.付き合う人を選ぶ

世の中には、感情が溢れるに任せるだけの人もいれば、何も感じようとしない人もいる。どちらも、自分が今いるところからそれ以上進化しようとはしていない人たちだ。こういう人たちは、あなたにも同じようにその場にとどまらせようとする。内輪の冗談や愚痴《ぐち》を共有しつつ、皆どこにも行かないよね、ということを確かめているのだ。

何かに行き詰まったとき、そういった人々のお決まりのやり方ではなく、根本的な対応をすることで状況を変えようとしたら、きっと彼らはあなたのことを、あいつちょっと変だぞ、なんて思うだろう。そういう人たちからは、そこできっぱりと離れよう。根本的に対応することこそ、物事から学びを得て自分を進化させていく、前向きなあり方だ。そういうあり方を望むのであれば、**根本的な対応をすることを戦略的に学んだ人、自然とできている人、いずれにしろ同じように自分を高めようとしている仲間を探そう。**根本的な対応という呼び方はしていないかもしれないが、**新しいやり方や可能性に本能的にオープンな人たち**は、一緒にいると素晴らしいものだ。根本的に対応する自分なりのベストな方法を探す上で、こういう仲間がきっと力になってくれるはずだ。

7.同じ問題を繰り返さない

根本的な対応をするために身につけた心の筋肉をしっかりと動かす方法がある。まず、**人生で自分に起きている問題を特定すること。そして、同じ問題、あるいは似たような問題を今後の人生で絶対に繰り返さないと胸に刻んで、ここに挙げた10の方法を実践するのだ。**

根本的な対応をするメリットの一つがここにある。問題を永久的に解決することができるのである。

根本的に対応するスキルを身につければ、問題解決が非常にうまくなる。周りの人もあなたのスキルに気が付いて、きっとさまざまな問題をあなたに解決してもらおうと持ってくることだろう。でもそこで忘れないでほしいのは、**最終目標は問題が存在しないレベルに到達することだという点だ。**そこまでいけばぐっと楽になる。根本的な対応をしっかり実践していけば、そのレベルに到達することも可能だ。

8.根本的な対応を通して実験する

ある出来事に根本的に対応しようとするとき、普通に考えると、素直に頭に浮かんだことをまずやってみると思う。ここで、普段の自分なら思いつかないような、別の対応の仕方をあえて試してみてほしい。もちろん、根本的な対応をすればそれだけでも変化することは可能だ。でも、自分自身や人生について考えるとき、違う考え方をふと取り入れてみたことがきっかけで、大きな変革につながることがある。うまく根本的な対応をするだけではなく、これまでとは全く異なるやり方をしてみることが、進化の肝になることが多いのだ。

例えば、クライアントから仕事を切られたり、失業したりした場合のことを考えてみよう。普通に思いつくこととしては、まず憤《いきどお》りや怒り、悲しみといった感情が出てくる。それから、次はもっと一所懸命働いて良い仕事をしようという決意を胸に職探しをする。——至って合理的で、健全な行動だ。

一方、ここで根本的な対応をするなら、次のような行動が考えられる。

- ✓自分の専門分野、ビジネスや産業のフィールド、キャリア全体について、改めて考えてみる。
- ✓目の前のクライアントや仕事を失った「理由」を探すだけで終わらず、同じような問題に二度と苦しめられないように、自分自身の何かを根本から変えてみる。

根本的な対応をしようという気になれば、良いことも悪いことも、起きたことは全て利用できる。そうやって、起きた問題自体もゆうに超えて、自分を飛躍的に進化させるのだ。つまり、**何か問題が起きたとしても、それすら一つのきっかけにして、自分の人生やスキル、生活スタイル、心の中の優先順位などを変革することに、大きく投資していけばいいのだ。**

9.「進歩」ではなく「進化」する

進歩と進化、この二つの違いは何だろう？　進歩とは、何かをより効率的に、より上手にできるようになることを言う。一方、進化とは、自分の一部を根本的かつ決定的に変えてしまうことを言う。進歩自体ももちろん良いものだが、進化のほうがより素晴らしい。

問題が起きたときにそれを解決しようと対応するのは、進歩のための行動だ。問題がそもそも存在しない状態になるべく根本的な対応をするのは、進化のための行動だと言える。

この二つの差は、変化の程度とタイプの違いにある。今度、自分が変化することを求められる状況がやって来たら、進歩するのではなく進化する方法を考えてみてほしい。**これまでの自分のクローンになってはいけない。突然変異しよう。**そうすることで、最終的にはより適応能力の増した、生存可能性の高い「種」に自分を進化させることができる。自分自身にダーウィンの進化論を当てはめるのだ。そうすれば、恐竜のように時代遅れの代物には決してならずに済むだろう。

10.時間を置かずに今すぐ根本的な対応をする

根本的な対応をするにあたっては、後からではなく今すぐ行動することが大事だ。ここがこの原則のちょっと難しいところである。というのも、本書で紹介しているアドバイスは、基本的には自分の直感に従って、すぐに実践してもいいし、後からでもいいので、自分のペースで取り入れてもらうことを念頭に置いている。普段のコーチングにおいても、私はクライアントを急《せ》かすことはしないし、自分の成長の仕方についてもじっくり考えてほしいと思っている。しかし、根本的な対応をする筋肉を鍛えていく過程では、すぐに実践できる「場」があることが必要なのだ。

こんなたとえをするのも何だが、犬のしつけを思い浮かべてもらうのが一番しっくりくるかもしれない。犬が良いことをしたときに褒《ほ》めてやったり、悪いことをしたときに叱《しか》ったりするのに間があいてしまうと、犬は自分のしたこととその結果とのつながりを理解することができない。人間の身体もこれと似ていて、本能的にその場で反応する。だから、根本的な対応をするまでに時間がかかると、頭と身体との大事なつながりを強化する、せっかくのチャンスを逸《いっ》してしまうことになる。

これを防ぐために、**自分なりに実験しながら、どんどん根本的な対応をしてみることだ。自分が意思決定するときのいつものプロセスを、思い切って飛ばしてしまうのだ。**そこからいろんな学びが得られるはずだ。そのうち、いちいち考えなくても根本的な対応ができるようになってくる。自分でもほとんど意識しないうちに、成功の新しいレベルへと導かれていくのだ。

そうやって自分自身を劇的に進化させていくのは、きっとわくわくする経験に違いない。

ステップ4

あらゆる領域で「スーパーリザーブ」を構築する

Build a Superreserve in Every Area

圧倒的な魅力を身につけるためには、
十分では不十分である

お金とは第六感のようなものだ――
それがなくては、他の五感も活かせない。
――サマセット・モーム（小説家）

何をもって十分とするかは
十分以上の状態を知らないと分からない。
――ウィリアム・ブレイク（詩人）

ここまでの章で、セルフィッシュになるための新しい考え方を、ある程度は実践してみてもらったと思う。どうだろう、しっくりなじんできているだろうか。本章のテーマも、セルフィッシュになることと密接な関係がある。ヘミングウェイの小説タイトルになぞらえて、「持つと持たぬと」とでも言おうか。ここでは物質的なものと精神的なもの、その両方を対象として取り上げたい。例を挙げると、愛情と金銭的豊かさ。時間・空間・幸福といった概念と、家具・家・車といった財。余暇と仕事。一見相反するようなこれらのものについて、どちらも併せて考えていきたいと思う。

誰も強欲にはなりたくないし、かといってやせ我慢もしたくない。ただ望むのは、欠乏にあえぐことがなく、良い人生を送るのに必要なだけのものが手に入ればそれで十分――皆そう思っているはずだ。

足りない、という欠乏感から感じる不安こそ、人の心に恐れが生じる最大の原因である。自分の人生から恐れを完全になくすことは、残念ながら不可能だ。また、なくさなければと思う必要もない。なぜかというと、恐れは価値ある学びを与えてくれる教師のような存在でもあるからだ。うまく付き合っていくことができれば、恐怖に押しつぶされそうになったり、それがもとで人格を歪《ゆが》めてしまったりせずに済む。その出発点となるのが、**何事も単に「何とか生きていくのに足りる」というレベルでは不十分だ**、という意識を持つことだ。

ニュアンスの違い

余裕（RESERVE）VS. 蓄え（RESERVES）——「余裕」とは、気持ちの状態のことをいう。「蓄え」とは、予備として備蓄しているもののことをいう。蓄えがあるということは余裕を持つ上での必要条件ではあるが、十分条件ではない。

「スーパーリザーブ」（SUPERRESERVE）VS. 余裕（RESERVE）——チャンスがすぐそこに待ち受けている場合、それをいつでもつかめるだけの十分な時間とリソースがあれば、「スーパーリザーブ」、つまりとてつもなく余裕のある状態だと言える。チャンスに気付いて、少し先の予定として心づもりをしておく分だけの時間とリソースであれば、「余裕」のレベルとしてはそこそこだ。

余裕を構築する（BUILDING A RESERVE）VS. 備蓄する（STOCKPILING）——「余裕を構築する」ということは、自分らしく生きるための基盤を強固にしていく、統合的なプロセスだ。「備蓄する」ということは、数の上での余剰を増やしていくことであって、余裕を構築するために取りうる手段の一つ、という位置付けである。

投資家（INVESTOR）VS. 消費家（SPENDER）——「投資家」は、お金を使って長期的な利益を得る。「消費家」は、お金を使って即物的な満足感を得るが、それはやがて消えてしまう。

では、どうしたらそのような意識を持てるのだろう。「裕福な人はますます豊かになり、貧しい人はますます貧しくなる」や「手に入れようとする者こそ、手に入れる者だ」などとよく言われるが、豊かなほうのグループに入るにはどうすればよいのだろうか。

スキルと姿勢。人生のあらゆる場面で重要になるものだが、ここでもやはり、この二つがそろっていることがポイントになる。**豊かになるために必要なスキルを伸ばしつつ、豊かになるための姿勢も一緒に身につけよう。その姿勢とは、「満足な人生を送るために必要なものは、どんなときでも全てたっぷり手に入れていい」**というスタンスのことだ。

願望レベルでは全然足りない。自分の生き方に色濃く滲《にじ》み出るくらいにまで、この姿勢を定着させるのだ。そのために、この姿勢をベースにいろいろな行動をしてみよう。そうすれば、自分が望むものがたくさん引き寄せられるようになっていくはずだ。まずはその第一歩として、これから出てくる「10の方法」を読んで、できる限りのものを自分の人生に実際に取り入れてみよう。

実践していくスピードはゆっくりでもいい。自分の感覚と、準備ができている度合いに応じてやっていけばいいだろう。ただ、早く取り入れるほど効果を実感するのも早くなるということは、頭の隅に置いておくといいと思う。

この法則が身につくと……

- ✓ ものを消費するよりも備蓄するようになる。しかも、単にそうすべきだから、というわけではなく、楽しんで備蓄できるようになる。
- ✓ 自分の内側から自信が湧いてくる。強がりやハッタリがなくても、物事を達成できるようになる。何か問題が起きても右往左往しなくなる。
- ✓ 余裕のない人に対して、自分が時間を割くべき相手ではないと見切りをつけて、さっさと離れられるようになる。少し残酷かもしれないが、仕方がないことだ。
- ✓ 自分に余裕があるので、人に対して寛大になれる。
- ✓ 手をつける必要のない預金が銀行にたっぷりある状態になる。
- ✓ 自分の時間や資金、スキルや余力を惜しみなく投資して、新しいアイデアをどんどん試していくことができる。
- ✓ コストを吸収できるだけの余裕があるので、よりリスクを取ることができる。

「スーパーリザーブ《とてつもなく余裕のある状態》」を構築するための10の方法

1.まず一つの領域を選んで、たっぷり備蓄がある状態を一週間で作ってみる

これができたら、次はその備蓄の量を倍に増やしてみよう。なぜそこまでするのかというと、人は大抵「十分足りるよりちょっと余るくらい」で満足して、余裕が構築できたというところまではなかなかいかないからだ。

選ぶ領域は、些細なことから高尚なことまで、何でもいい。「ＣｏａｃｈＵ」で学んだマージョリーという女性の場合は、ちょっと変わったやり方でこれを実践してくれた。近所のスーパーに行って、トイレットペーパーを超徳用セットで購入したのだ。自分でもばかばかしいとは思ったそうだが、この先数カ月はこの生活必需品のことを考えなくてよいと思うと、やはり気分は良かったそうだ。小さなステップではあるが、他の領域で余裕を構築していく上での練習にもなる。

新しいチャレンジをする機会を、コストをあまりかけずに、どれだけ作れるかがポイントだ。小さなことでも大きなことでもいい。**日頃「あれを何とかしなくちゃ」と思うたびにイライラしてしまうことを選んでやってみよう。**「スーパーリザーブ」と言えるレベルにまで、たっぷり蓄えを持っておくこと。まずはここからだ。

2．余裕を食いつぶしてしまう要因を特定して、それらを取り除く

余裕を構築するということは、二つの側面でできている。分かりやすいのは、自分の求めるものを手に入れて、そこにどんどん「足し算」をしていくことだ。これと同じくらい重要で、見落としてしまうと悲劇につながりやすいのが、**不要なものを減らす「引き算」をすることである。**「豊かさのコップ」というものがあるとして、無駄やロスをなくしていけば、そのコップから水が漏れることはない。

人生の楽しみを減らすことなく、不要なものの引き算をしていくことを可能にするためには、どうしたらよいのだろう。答えは人によってさまざまだが、少なくともこれだけは言える、ということがある。それは、**自分のお金（その他有形・無形のリソース）を、自分が本当に価値を置くものに使うことだ。**別の方向から言うと、物質的なもの以外で、人生で本当に大切なものが何かを見つけること。自分がどんなものに惹かれるか、じっくり考えてみよう（「そうすべきだから」という理由でやっていることは除くように）。答えが出たら、次はその自分にとっての価値あるものを、いかにして日々の活動や生活の中心に据えていくかだ。自分にとって大事なものをどうやって優先するか。シェイクスピアの劇の台詞《せりふ》にあるとおり、「心が動いた瞬間に手を動かす」には、どうすべきか。

本書でもこれから先、きちんとしたコーチングの手法を使って、自分の価値観を明確にしていってもらう。それが自分の優先順位を深く理解していく過程の第一歩となるだろう。

3.今までの行動をがらりと変えることで、自分を縛る「枠」を揺さぶる

私たちの行動は何かと慣性に流されがちで、特に消費と貯蓄にまつわる習慣に関してはその傾向が強い。だから、より良い習慣に変えようと頭で考えるだけでは、これまでのパターンからなかなか脱却できない。『愛への帰還』の著者、マリアン・ウィリアムソンもよく言っていたが、**「新しい行動を身につける方法を考えるよりも、行動によって新しい考え方を実践するほうが簡単」**なのだ。

自分の性格に応じて取るべき行動を導き出すのではなく、**時間をかけずにさっと行動を選択することで変化を起こそう。遊び心を持って行動パターンを変化させるのだ。**そして、そこから他の領域にも変化が波及していく様子を見てみよう。

大切なのは、変化に少しのはずみをつけることだ。それが余裕の構築につながっていく。後でやっぱり昔のやり方に戻したいと思ったら、そのときはそうすればいい。でもいったんは、古い慣習的なパターンを変えて、そこから何が起きるか見てみてほしい。

4.消費家ではなく投資家になる

ここでの変化のポイントは、今あるリソースを向ける先を変えることだ。たとえ大きく収入が増えなくても、豊かさへと続くルートに自分を乗せることはできる。**今自分が時間とお金を**

使っている分野を一つ取り上げてみよう。そこで単に浪費するだけではなく、何かを積み上げていくことを考えよう。シンプルに趣味でお金を稼ぐのもいい。カフェやレストランで使っていたお金を、将来ビジネスを始めるときの資金として積み立てていくという地道なことでもいい。車のローン等、月々の分割払いが終わるものがあれば、同じ額を引き続き貯蓄か投資に回そう。今の仕事にこれからいっそうの楽しみを見いだすことが難しそうであれば、別の仕事を探してみよう。求めるものは、探せばきっと見つかるはずだ。

時間は価値ある財であり、お金はリソースである。それらを投資するからには、それに見合うだけのリターンを得るべきなのだ。

5．後ろめたさは感じずに、欲しいものには素直に手を伸ばす

何かを手元に置いておきたいと思ったら、手に入れればいい。もちろん、盗みを犯す等、自分の倫理観に背くような手段を使えと言っているわけではない。でも、手を伸ばせば手に入るものを自分のものにすることに、後ろめたさを感じる必要は全くない。**時間でも、お金でも、アイデアでも、あるいは「人」であっても同じだ。自分が欲しいと思うものを素直に手に入れられる自分になろう。**誰かに好感を持ったら、その人の時間を「もらって」、そこから得たものを自分に活かさせてもらう。その人のことをいろいろと聞いてみよう。人との関係について頭でっかちに分析しすぎなくてもよいが、自分がなぜその相手のことを好ましく思うのか考え

てみると、そこから豊かな気付きを得ることができる。

自分が費やした時間や提供したサービスに対して、お金をもらうことをためらう人もいるが、自分が与えている価値を改めて考えてみて、それに見合った対価をきちんともらうようにしよう。相手が真の友であれば、理解して快く応援してくれるはずだ。自分を利用していた人たちは離れていくかもしれない。でも、かえってそれで良かったとすぐに思うようになる。そうして浮いた時間でさらに価値を提供して、そこからまたお金が得られるからだ。

他の人から学んだことでアイデアが浮かんだら、素直に自分のものにしよう。自分ならではの才能や、周りの環境に合わせてそのアイデアをカスタマイズして、どんどん発展させていこう。

6．自分の中の満たされていないニーズを満たす

自分の中に何か満たされていないものがあれば、せっかくの自分のリソースも、止めようにも止められないままそこから漏れ出ていってしまう。どんなに頑張って余裕を構築しようとしても、自分にぽっかりと穴が開いていたら意味がないのだ。

満たされていない自分のニーズを満たす方法について、本書ではこの先、ステップ13で紹介する「10の方法」の中で触れていく。これが実践できれば、自分の中で欠乏感をくすぶらせていたものを、最終的に全て充足することも可能になる。その段階に行きつくまでは、とりあえ

ず、これだけ心に留めておいてほしい。――**自分の心に余裕がある状態をなるべく早く構築して、しかもそれをずっと保とうと思ったら、自分の中の満たされていないニーズを満たして、きちんと穴を塞《ふさ》ぐこと。**目の粗いザルでは、何も溜めていくことはできないのだ。

7.身の丈に合った「ライフスタイル」を送る

今の「ライフスタイル」を作り上げるのに、一体どれくらいのエネルギーを使っているだろうか。「ライフスタイル」はあくまでも外形であって、実際の生活とは別のものだということを忘れてはいけない。

自分の「ライフスタイル」は身の丈に合っているだろうか。それを維持していくために、どれくらいの時間とお金が必要だろう。その「ライフスタイル」がもたらしてくれるものは、閃光のような一瞬の快感だろうか。それとも、ずっと胸を温め続けてくれるような喜びだろうか。

「贅沢なライフスタイル」自体が目的になってしまったら、本当に求めているはずの人生を見失ってしまう。見栄はそぎ落として、シンプルにしよう。そうすれば、過剰な「ライフスタイル」を維持するために多くのものを犠牲にせずに済む。自分の「ライフスタイル」が喜びをもたらしてくれるものか、それとも華やかに見せかけているが実は脆《もろ》い、自分にとっての「ステイタスの象徴」になっていないかどうかは、自分の身体の感覚が教えてくれる。**時間やお金や空間の備蓄が安定して増え続けていくと感じられる程度にまで、「ライフスタイル」をシンプ**

ルにしよう。

その一方で、**自分の人生を複雑にするような負荷や人間関係も手放していこう。**抱えるものが軽くなれば、より高みへと上ることができる。

8．管理系の業務や雑務は思い切って専門家に任せる

自分の手を煩《わずら》わせるような問題やタスクを任せられるアシスタントを雇うといい。請求書を処理したり、メールを送ったり、クライアントへのフォローアップを行なったり、タイピングや注文処理をしたりといった業務を、手ごろな価格で引き受けてくれる人は、探せば見つかるものだ。

便利なもので、インターネット上のサービスを使えばかなりの業務が自動で処理できる。私はこれを「バーチャル秘書」と呼んでとても重宝している。

サービス料を払えば、このバーチャル秘書がすぐさまあれこれと用をこなしてくれる。そうすると、時間の余裕はどんどん増えていく。これは非常にありがたいことで、私は自分にとってより大切な他のことにたっぷり時間が使えるようになった。そう、人生を楽しむための時間が増えたのだ。

私はできるだけ、日常の雑務に時間を取られないようにしている。例えば、スーパーでカートを押して店内を巡り、不快な宣伝の録音を延々と聞かされることに何時間も割く代わりに、

食料は配達してもらうことにしている。大抵はインターネットやカタログで必要なものを注文する。こういった用事は自分でもこなそうと思えばこなせるし、中にはその雑用自体に個人的な楽しみを感じるものだってもちろんあるが、そういったものもできる限りアウトソースしているのだ。

もちろん、これにはお金がかかる。でも、**自分の時間は何物にも代えがたい財産だ。より良い利益が得られることに時間をかけるための投資は、惜しまないようにしよう。**

自分の時間も心も自由になって、人生で本当に大切なことにエネルギーを注ぐのだ。

9.スペースを広げる

大らかに余裕を持って過ごせているという実感があるとき、それはいわゆる「スペース」がある状態だと言える。あれこれと備蓄したものをきちんと保管しておくためには、広々とした空間が必要だ。スペースを増やすための方法はいろいろある。例えば、クローゼットを断捨離する。義務感や後悔や悩み等、心を重くしている要因を取り除く。何事も無理のない方法を選ぶ。やりたくない役割は手放す。あるいはもっとシンプルに、休暇を増やすのもいいだろう。

心にも空間にも、スペースを広げよう。スペースが増えれば、備蓄も増やすことができる。

10. お金はしっかり管理する

経済的な面での人生設計ができていなければ、どんなに他の分野で備蓄を増やそうとも余裕が生まれることはない。**きちんとやれば、お金は必ず管理することができる。**収入を増やすか、支出を減らすか、またはその両方をすればいい。まずは**少なくとも収入の一〇%を貯蓄に回すことから始めよう。**そしてそれを継続しよう。将来を不安視するあまり今この時という時間を味わえなくなってしまうのは良くないが、とはいえ明日の生活のことも無視するわけにはいかないからだ。

経済的に「スーパーリザーブ」ができれば、未来への不安に振り回されることもなくなる。ここまで徹底的に貯蓄を続けるのは大変だが、そうして得た余裕は必ず価値になるものだ。

今のあなたの余裕レベルをチェックしよう

さらに進化していくために、101ページから始まる「余裕レベル　チェックリスト」を使って、人生において特に重要な一〇のエリアでの、今の自分の余裕のレベルを確認しよう。このテストの基準は非常に厳しいので、初回は自分の点数をかなり低いと感じると思う。でも、そこでがっかりしないでほしい。時間をかけてトレーニングしていけば、結果は向上していくものだからだ。

それから、このテストを通じて、自分がすぐに進化を実感できる分野もはっきりと分かるだろう。そこから着手すれば、モチベーションも保ちやすい。その上で、もっと時間や努力を必要とするような分野に少しずつ挑戦していけばいい。

このテストで一〇〇点を取れるように試行錯誤していけば、それ自体が「スーパーリザーブ」の構築につながる。経済面でも、人格面でも、仕事の面でも、あらゆる面でゆとりが生まれると、自分に与えられた特別な才能をもっと伸ばして、周りの人に還元しようと思えるようになるはずだ。

余裕レベル　チェックリスト

次の要領で進めていこう。

1. 書いてあることが完全に当てはまれば、「Y」に丸をする。完全にそうとは言えない場合は、「N」に丸をする。
2. 各セクションの「Y」の数を合計する。
3. 全セクションの「Y」の数を合計し、総得点を出して、「スコアの見方」で結果を確認する。
4. もし記載の前提がそもそも自分に当てはまらないようであれば、そのカテゴリーの中で自分の状況に合うように言葉を置き換える。

1. 住まいの快適さ

Y　N　1. 家の中に、普段はあまり使わなくていい部屋や空間の余裕がある。

Y　N　2. 収納スペースには、今使っている分の２倍は空きがある。

Y　N　3. いつもきれいにアイロンがかけられて、すぐに着られる予備の衣服がある。

Y　N　4. ベッドの寝心地は最上級で、肌触りが最高なシーツを使っている。

Y　N　5. 家族との触れ合いを通して、心が満ち足りている。

Y　N　6. 家はいつもきれいに片付いている。

Y　N　7. エアコンの調子は万全で、室内は適温に保たれている。

Y　N　8. 食器類や調理器具、キッチン周りの備品は十分に足りている。

Y　N　9. リラックスしたり考え事をしたりして過ごすお気に入りの場所が家にある。

Y　N　10. 家の中に気に入らない場所は一つもない。

‥‥→　　　点　（*Y* の合計数）

2. 車、バイクなどの乗り物

Y　N　1. 車のトランクの中には高品質なブースターケーブルを常備している。

Y　N　2. 充実したロードサービスが利用できる保険に加入している。

Y N 3. 運転するときは携帯電話を必ず携行している。

Y N 4. いざというときのために、車内に１万円ほどを千円札で用意している。

Y N 5. ガソリンのメーターが残り４分の１を切る前に給油するようにしている。

Y N 6. 高性能でハイパワーなバッテリーを使っている。

Y N 7. エンジンの状態は良好で、路面状態が悪い道でもすぐに抜け出せる。

Y N 8. 車にはアンチロック・ブレーキ・システムとエアバッグが備わっている。

Y N 9. 耐衝撃性の検査で「安全」と査定された車（またはバイク）に乗っている。

Y N 10. 発煙筒、ブランケット、予備の水とタイヤ、チェーンを常備している。

……→　　点（*Y* の合計数）

3. 経済状況

Y N 1. 今すぐ使わなくてもよい貯金か投資運用金が 250 万円はある。

Y N 2. 請求書は早めに処理している。

Y N 3. 口座振替かクレジットカード払いで支払いをできるだけ自動化している。

Y N 4. （窓口での手続きやファックスではなく）ネットで電子送金ができるようにあらかじめ銀行で手続きをしている。

Y N 5. 家には常時、現金で５万円は用意してある。

Y N 6. 住宅ローンや事業融資の他にクレジットカードの分割未払等の借金はない。

Y N 7. 収入の 5%は自分への投資として、新しい経験、本やセミナー代、身の周りを整えることに使うようにしている。

Y N 8. 年収のうち少なくとも 25%は受動的収入で賄っている。

Y N 9. 自分が提供する価値に見合う報酬を得られる仕事をしている。

Y N 10. この先 10 ～ 20 年は経済的自立を保つことができる見込みが十分ある。

……→　　点（*Y* の合計数）

4. 安全管理

Y N 1. 危害を加えられたり、強盗に遭ったりした場合の万一の対応を心得ている。

Y N 2. 身の危険を感じるような場所には決して行かないようにしている。

Y N 3. 一緒にいると、いら立ちや心身の消耗を感じる人とはすぐ距離を置いている。

Y N 4. 家の中で必要な場所全てに火災報知器を設置している。

Y N 5. 家の中で必要な各所に消火器を置いている。

Y N 6. シートベルトはいつも必ず締めている。

Y N 7. 家に警報器や安全錠等の安全装置がある。

Y N 8. 遠隔で車のロックを操作できるキー（キーフォブ）を持っている。

Y N 9. 投資の運用状況について特に心配はしていない。

Y N 10.（特定のパートナーがいる場合を除いては）無防備なセックスはしない。

……→　　点（*Y* の合計数）

5. エネルギー、バイタリティ

Y N 1. 自分の血中コレステロール値を把握しており、数値も問題ない。

Y N 2. 毎晩よく眠れており、疲れはない。

Y N 3. 新鮮で栄養価が高い食べ物を十分に摂っている。

Y N 4. 浄水を１日にコップ８杯以上飲んでいる。

Y N 5. １週間に最低３回は運動をしている。

Y N 6. 自分にとってのストレスの芽はすでに摘んである。

Y N 7. 年に４回は休暇を取り、しっかり休んで活力を養っている。

Y N 8. 毎朝、何らかの楽しみを用意している。

Y N 9. 毎晩、何らかの楽しみを用意している。

Y N 10. カフェインや薬に頼ることはない。

……→　　点（*Y* の合計数）

6. 機会、チャンス

Y N 1. インターネットには常に接続できるようにしている。

Y N 2. 自分のウェブページやウェブサイトを持っている。

Y N 3. 挑戦に耐えられる強い自信があり、恐れに足がすくむことはない。

Y N 4. 少なくとも２～３年間は楽しめる仕事や活動を持っている。

Y N 5. 仕事で必要なものは、不足する前に必ず要望して手元に用意しておく。

Y N 6. 正確で安定した判断ができるよう感覚を研いでおり、不測の事態はほぼない。

Y N 7. 世の需要が大きいスキルや専門知識を身につけており､将来の不安はない。

Y N 8. 自分の能力が十分に伸ばせる会社や学校等の集団に所属している。

Y N 9. 長い目で見てリターンが得られるものに時間やお金を投資している。

Y N 10. 小さなアイデアの種の核心を捉え、大きく成長させていくことができる。

…→ 点 （*Y* の合計数）

7. 時間や心のゆとり

Y N 1. 人との約束の際は 10 分前には到着するようにしている。

Y N 2. 何か約束をする際は、自分ができると思うよりもレベルを低めに設定する。

Y N 3. 何かをするよう人に指図されることはない。

Y N 4. 一日を静かな気持ちで終えることができている。

Y N 5. 運転するときは、いつも他の車に道を譲る余裕がある。

Y N 6. いつでもすぐに仕事を頼めるバーチャル秘書（または現場スタッフ）がいる。

Y N 7. 運転するときは、スピードを上げすぎることはない。

Y N 8. 予定を詰めすぎず、１日に１～２時間は予備の時間を設けている。

Y N 9. 気掛かりなことやストレスを感じること、気力を削がれることは何もない。

Y N 10. パブロフの犬のように条件反射で飛びつかず、チャンスを吟味できる。

…→ 点 （*Y* の合計数）

8. 災害への備え

Y N 1. 車のシガーライターで自動充電できる小型懐中電灯を常備している。

Y N 2. 週に一度は PC のバックアップを取り、データを退避させている。

Y N 3. 月に一度、PC のバックアップデータをさらに別の場所に退避させている。

Y N 4. 普段利用しているインターネット環境の不具合に備えて、別の手段も用意している。

Y N 5. クレジットカード番号と、カード紛失時のフリーダイヤル先の番号を、確実な場所にメモしている。

Y N 6. 運転免許証、パスポート、保険証と戸籍抄本のコピーを金庫に入れている。

Y N 7. 遺言書を作成しており、弁護士と証人もう一人に最新の写しを預けている。

Y N 8. 保障が十分な医療保険に加入している。

Y N 9. 保障が十分な自動車保険、住宅保険、損害賠償責任保険に加入している。

Y N 10. 自分に万一のことがあっても、家族の生活は保障できている。

…→　　点（*Y* の合計数）

9. 日用品と設備機器

Y N 1. 予備のトイレットペーパーを 6 カ月分備蓄している。

Y N 2. 1 年間は足りるくらいの郵便切手を用意している。

Y N 3. 家の中の照明それぞれに、予備の電球を少なくとも 1 つずつ用意している。

Y N 4. 洗濯用洗剤、漂白剤と柔軟剤の買い置きが 1 年分はある。

Y N 5. 30 日分の下着がある。

Y N 6. 掃除機用の紙パックの買い置きが 2 年分はある。

Y N 7. ストレスなく安定したインターネット環境を使っている。

Y N 8. PC には未使用のドライブ容量が十分残っている。

Y N 9. 何かの機種を選ぶときは、必要十分なレベルより上位のものを購入している。

Y N 10. 作業効率が飛躍的に向上しそうな、高グレードの機器のみを購入する。

…→　　点（*Y* の合計数）

10. 人間関係

Y *N* *1.* 子どもたちからは素晴らしい愛情をもらっている。

Y *N* *2.* パートナーは愛情を（言葉だけではなく）行動でいつも示してくれる。

Y *N* *3.* どんな問題でもすぐ相談できる、頭の切れる弁護士をつけている。

Y *N* *4.* パートナー、クライアント、店員、知り合い等、どんな人に対しても、相手を尊重し、前向きに愛を込めて接している。

Y *N* *5.* 幾度も自分をいら立たせたり、失望させたりするような人とは付き合わない。

Y *N* *6.* 少なくとも 50 人は、各種分野の専門家に相談先としての心当たりがある。

Y *N* *7.* どんなことでも不安なく相談して頼ることができる人がいる。

Y *N* *8.* アドバイスをもらえそうな成功者を少なくとも 5 人は知っている。

Y *N* *9.* 家族や友人や仲間のおかげで、十分すぎるほど心が満たされている。

Y *N* *10.* 自然、神、人智を超えた大いなる存在とのつながりを感じている。

‥‥→　　　点　（*Y* の合計数）

‥‥→ 合計　　点　（最高 100 点）

さて……「余裕チェックリスト」と言うからには、100 項目で終わらず 110 項目はあってしかるべきだろう。さあ、最後の 10 項目だ。これで「スーパーリザーブ」なレベルまでやりきったと言えるだろう。

Y *N* *1.* 夜寝る前に翌朝の用意（やかんに水を入れる、服を準備する等）をしている。

Y *N* *2.* 家と車の予備の鍵を 3 セット、すぐに出せる場所にそれぞれ置いている。

Y *N* *3.* 車のフロントガラスクリーナーが容量の半分を切らないよう補充している。

Y *N* *4.* 日用品を買うときは、すぐには不要でも余裕をみて大きいサイズを選ぶ。

Y *N* *5.* PC で困ったときは、すぐにサポートデスクに問い合わせている。

Y *N* *6.* プロジェクトでは常に次善の策も検討し、何かあれば「保険適用」する。

Y *N* *7.* ダブルチェックを欠かさない人としか仕事をしないようにしている。

Y *N* *8.* 問題になりそうな芽は完全に摘んでおき、発生を未然に防ぐ。

Y *N* *9.* 問題発生直後、最低 30 分はかけてあらゆる関連分野に強化策を講じる。

Y *N* *10.* 裏でコソコソしない。そこまでは必要ないと思われるときでも、何でも率直にコミュニケーションするようにしている。

･･･━━▶　　点 （*Y* の合計数）

スコアの見方

110 点	最高の結果だ。余裕オールスターの殿堂へようこそ！
100 ～ 109 点	素晴らしい、よくやった！
90 ～ 99 点	おめでとう、「スーパーリザーブ」なレベルだ。
80 ～ 89 点	「スーパーリザーブ」までもうあと少し。その調子！
70 ～ 79 点	「スーパーリザーブ」の兆しはある。85 ～ 95 点を目指そう。
60 ～ 69 点	余裕のレベルは平均より高い。あと 10 点プラスを狙おう。
50 ～ 59 点	中間地点というところ。ここから流れに乗れるはずだ。
40 ～ 49 点	壁を感じていると思うが、それこそ挑戦している証しだ。
30 ～ 39 点	ブロックが外れればもっと高得点を目指せるだろう。
20 ～ 29 点	初回はだいたいこの層だ。次の 10 点を目指そう。
10 ～ 19 点	「スーパーリザーブ」の重要性をまず腑落ちさせよう。
0 ～ 9 点	正直であることは美徳だ。スタートとしては申し分ない。

ステップ 5

自らの喜びを追求することで価値を与える

Add Value Just for the Joy of It

楽しみながら価値を与えている人に、
人は自然に惹きつけられる

自分が持っているものを与えよう。
誰かにとっては、自分が思うより
価値があるものだ。

――ヘンリー・ワーズワース・ロングフェロー(詩人)

与えられる喜びには飽きるものだが
与える喜びは尽きないものだ。

――ジャン・プティ＝セン(詩人)

自分のアイデンティティを確立し、自分にとっての豊かさをつかもう、という主旨のことを、これまでたくさん述べてきた。その言葉に全く嘘はない。だがその一方で、人生は常にチームスポーツである、ということも心に留めておかなくてはならない。

組織に属している人や、家庭を持ち家族の一員であるという人には分かりやすいだろう。でも実は、起業している人や独立開業している人、また独身の人にも、このことは同じように当てはまるし、場合によってはより強く実感させられることもある。お客様やクライアントからの支持なくしては、どんな成功も一瞬で崩れ去ってしまうからだ。

お客様の心をつかみ、支持を得て、しかもそれを持続させていく。このことに、本章で述べる「魅力の法則」はどのように役立つのだろう。家庭や仕事の場の一員として身を置きながらも、自分らしいあり方や自分のしたいことを大事にしていくためには、どうしたらいいのだろう。

その問いの答えは、自分をコーチングすることにある。つまり、周囲から自分に寄せられるあらゆる期待に応え、また少しでもそれを超えていく過程において、なるべく負担なく、しかも自分も喜びを感じられるような方法で達成できるよう、自らを導いていくのである。

仕事でもプライベートでも、人生で大事な人間関係の場面で成功するためには、価値を与えつつ期待を超えていくこと。しかも、自分になるべく無理のない（または全く苦にならない）方法でそれを実現することが必要なのだ。

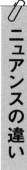

ニュアンスの違い

価値を与えること（ADDING VALUE）VS. 与える量を増やすこと（ADDING MORE）——「価値」とは、求められていることそのものに加えて、さらに何かを与えることをいう。もとから与えるつもりで想定しているものをたくさん与えるのは、「量」の問題だ。

価値を与えること（ADDING VALUE）VS. 販売すること（SELLING）——創造力を柔軟に使って、お客様の潜在的なニーズに応えるものを与えるのが「価値を与える」ということだ。一方、「販売する」とは、すでに取り揃えてあるものをお客様に買ってもらおうとすることをいう。

カスタマイズ（CUSTOMIZATION）VS. 既製品（PROGRAM）——単に「既製品」を売るよりも、クライアントに完璧にフィットするものを作るほうが楽しいものだ。

喜び（JOY）VS. 満足（SATISFACTION）——「喜び」は内側から湧き上がるもの。「満足」とは、外的要因からもたらされる結果に対して抱く感情のことだ。

仕事の場面では、接するお客様全員に価値を与えれば、お客様のほうも仕事を頼むのにあなた以上の人はいないと思ってくれる。

プライベートの場面では、身近な人に対して何かしらの価値を与えれば、その人たちもあなたの側《そば》にいられることを喜び、これからも一緒にいたいと思ってくれる。

いずれの場面でも、誰かの支持を得るために甘い言葉で誘う必要はないし、結果として共依存に陥ることもない。ただ自分がポジティブな気持ちでいられる関わり方をすればいい。要するに、**自分自身が喜びを感じることをすれば、相手に見返りを求めることなく価値を与えていくことができるのだ。**

これをうまく実践しているのが、ミツバチだ。ミツバチは花から花へと飛び回る過程で、花粉を集めては拡散させていく。厳密に言えば、ミツバチ自身は、ただ自分と巣にいる仲間たちのために蜂蜜づくりをしているだけなのだが、そこにはオマケの効果も生まれている。ミツバチは木や花を飛び回り、結果的に受粉を助けることで、世界に価値を与えているのだ。ミツバチにとっては何ら損することもなく、この惑星に生きとし生けるものに恩恵が拡大していくのである。

親指よりも小さな昆虫にだってこれだけのことができる。私たち人間にできることはもっとずっと大きいはずだ。

これから述べていく「10の方法」では、**自ら喜びを感じながら他人に価値を提供するやり方を紹介していく。価値を与えようとする行動自体に自分が喜びを感じていること**――ただそれだけで、そこでの価値の量や質さえもはや関係なく、あなたの人間的魅力は高まっていくことになる。

この法則が身につくと……

✓新しいアイデアが浮かぶようになる。
✓与えること自体に喜びと満足を感じる。それがどう受け取られたかの結果は関係ない。
✓寛大になることに心から喜びを覚えるようになる。自分の内側も強くなっていく。
✓今までは気に留めていなかった、周りの人が自分に与えてくれていた価値に気付き、感謝するようになる（無下《むげ》にしてきてしまったことを謝りたくなることもある）。
✓他の人が求めているものをより深く感じ取れるようになり、そのニーズを満たすものを作りたいという意欲が増す。

自分の喜びを追求することで価値を与える10の方法

1．他の人が何に価値をおいているのかを知る

人生において価値を感じるものは、人によってそれぞれだ。自分にとって大切な人たちとじっくり話して、その考えを聞いてみよう。

自分以外の人は、何を「価値」としているのだろう。自分が持っているものを、他の人の価

値観そのものにぴったり当てはめなければならないと思うとなかなか難しいと思うが、**まずは他人の価値観に対してオープンになろう。そのプロセスを通じて、他の人にとって重要なものを敏感に察することができるようになれば、それが自分の価値になる。**

こうした広い視野を持つことから知恵が生まれる。周りの人を喜ばせることで自分も心が豊かになる、そんな実践の積み重ねで、自分もますます幸せになり、周囲に影響を及ぼせる範囲も拡大していくのだ。

2．自分が喜びを感じることを見つけて、とにかく実践する

自分の喜びの源泉を知っている人はかなり稀《まれ》だ。これが見つかれば、自分の魅力をもっと自覚できるようになる。自分はどんなことに喜びを感じるだろう？　例えば、知的好奇心が刺激されること。他人に奉仕すること。問題を解決すること。それとも、何かをデザインすることだろうか。

人は、自分の持つ価値を表現することに喜びを感じるものだ。だから、**喜びを感じながら何かに打ち込んでいるとき、自分ではほぼ何も苦にすることなく、同時に他の人にもたくさんの価値を与えていることになる。**一方、自分がやっていることに喜びを見いだせていないときは、関わる相手にも何となく違和感が伝わってしまう。

このことについて体験談を寄せてくれたのが、カンザス州でコーチをしているデイヴィッ

ド・ネルソンだ。彼は映画が大好きで、ある日その情熱をコーチングに活かそうと決めたのだそうだ。以下はデイヴィッドからのメールである。

「私はこれまでもう何年も、クライアントのニーズを理解し、それを満たす手助けをしようと頑張ってきました。というより、そうしなければと思う気持ちを、あまりにも握りしめていたようにも思います。また、大好きな映画のことも、仕事が終わらない限り楽しんではいけない、ある種の贅沢《ぜいたく》だと思っていました。ところが、コーチングで行なうトレーニングやセッションに映画のストーリーやエピソードの例を使うようになって、全てががらりと変わったのです。クライアントの反応も良かったし、私という人間のこともいっそう気に入ってもらえるようになりました。映画の要素を取り入れたセッションを通して、クライアントは物事を目で見るだけでなく、心で感じられるようになっていきました。

今では、私は以前よりも頻繁に映画を観に行くようになり、しかもより楽しんで観られるようになりました。後ろめたさはもういっさいなく、クライアントや友人、家族との関係もますます良くなり、毎日が喜びでいっぱいです。最近は執筆作業もしています。セッションで扱った映画のシーンと、そこからクライアントの思考や感情を深掘りしていく過程についてのもので、いつか本にできたらと思っています。こうした変化の流れに乗れたのも、自分が心から楽しめることによって価値を与える方法を見つけられたことが全ての始まりだったと感じています」

3.自分が提供できるものをノーコストで広く発信する

インターネットのおかげで、ほとんどコストをかけることなく他の人に価値を提供することができる。例えば、週一回のメールレターの発行、オンライン講座やトレーニングの提供、本の執筆、音声収録、ウェブサイトの立ち上げ（これも費用はほとんどかからない）等が考えられる。

これらはいずれも、自分が知っていることを人に伝える、その伝達量を増やすための手段である。こうした手段を使うことで、あなたが他の人に与えられる価値も比例してどんどん増えていく。

4.自分と自分が提供できるものを押し売りしない

自分や自分が提供できるものを他の人に売り込もうとするのをやめるだけで、あなたの魅力はぐっと増す。価値を提供しようとする際、わざわざ他人の家まで押しかけて訪問販売するのではなく、自分の家の「玄関先」に並べておいて、気に入った人がそれを取っていく、というやり方をすれば、自分にも相手にもほとんど負担はかからない。なぜこれが可能なのかというと、相手のほうでもあらかじめ、その提供物から得られる価値が自分を満足させるものであると分かってくれているからだ。大々的に宣伝をして売り込むというやり方をやめるのは、誇大広告で常に溢れている現代にあってはかなり大きなシフトチェンジになる。でも、**価値を押し売りしようとしても、そこに喜びはほとんど感じないものだ。**

売ろう、売ろうとするのはやめよう。もっと他の良いやり方で、ビジネスをうまく回したり、ゴールを達成したりできないか考えるのだ。その過程では困難にぶつかることもあるだろう。収入も一時的には減るかもしれない。でも、そうすることでプラスの喜びを感じられるというだけでも、ほとんどの人にとっては大きな慰《なぐさ》めになるし、時間が経てばいつの間にか収入も以前のレベルを上回るようになるものだ。

このことを実証してくれたのが、ダラスで保険の営業マンをしているトッドである。とある熱心なコーチのもとでセッションを受けていた頃の彼は、それまで一五年間やってきた自分の仕事に嫌気がさしていた。というのも、勤めていた代理店で新規契約の獲得数を牽引《けんいん》していたにもかかわらず、昇給はほんのわずかで、もっとたくさんの顧客を獲得しなければと躍起になっている状況が続いていたからである。トッドは、売上を増やすことから、サービスの価値を上げることに焦点を変えた。**自分のサービスによって事業に貢献できる余地が大きい顧客に、より時間を割くようになったのだ。**クライアントの要望やニーズを中心に考えることで結果がついてくるのも速くなり、トッドは自分の仕事に新たな情熱を感じられるようになった。担当する顧客の数は以前よりも少なくなったが、その分関わり方も有意義になった。営業活動を憂《ゆう》鬱《うつ》に感じながら毎朝起きていた頃とは異なり、今トッドの頭を占めているのは、ローコストで価値を与えられる関係をいかに顧客と築くかの一点のみだ。たったの一年で、トッドの収入は三八％も上がったという。今や、会議の場で他の営業担当者に自分の「企業秘密」を発信することも行なっているということだ。

5.自分が与えられる価値を、他の人に最大化してもらう

口の中に食べ物を詰め込みすぎると、噛んで呑み込むのも一苦労になる。ちょうどそれと同じように、自分のお客様、またはお客様になってくれるかもしれない人に、あれもこれもと自分の価値を与えようとしすぎると、かえって引かれてしまうこともある。

あれこれ付け足すのではなく、自分がいまの段階で与えられるものの価値を最大限に使ってもらう。このほうがシンプルで、ずっと対処しやすい。

既存の、あるいは潜在的なお客様に、自分が提供できるものをとことん活用してもらう方法をどのように示したらよいか？　**お客様が商品やサービスを十分に理解して使いこなせるようになるまで、説明を提示したり、直接教えたり、何かしらの接点を持ち続けることが大切だ。**

そうすれば、いずれそのお客様自身が誰よりもあなたの商品に詳しい広報担当者になってくれる。そこまでいけば、前章のステップ４で述べた、「スーパーリザーブ」の構築の法則を実践するのもうんと簡単になるだろう。

もしかしたら、お客様が自分の商品やサービスの新たな用途を開発してくれるかもしれない。それもまた純金を探り当てたようなもので、そこからさらに豊かさが巡ってくるだろう。新しい商品を投入しなくても与える価値は増やしていけるのだと、ぜひ覚えておこう。

6.他の人に価値を与えることが大切で、決して自分のニーズを埋めようとしない

「価値を与える」という言葉は、それ自体が魅力的なフレーズだ。だが、これが単に自分の中で満たされていないものを埋める手段になってしまうと、その魅力は途端に色褪せてしまう。本音の部分を隠したまま、他の人に対して打算で何かを与えようとしているときは、この状態に陥っていると考えよう。「笑顔は時々真実を覆い隠す」と昔の歌の歌詞でも言われているとおりだ。

どんなに巧妙に隠そうとしても、相手に違和感は伝わってしまうものだ。そこで与える価値自体も、ギフトに見せかけた「撒き餌《まえ》」のようなものだろう。お客様も一度は食いついてくれるかもしれないが、口の中にはまずい味が残るもので、おそらくリピーターにはなってくれない。

自分の中の欠乏感ゆえに結果を求める気持ちが強ければ強いほど、こうした巧妙さはますます微妙になり、自分でも気付けなくなってしまうところが難しい。だが、それでもお客様には隠し通せるものではない。お客様のほうも構えてしまうので、自分の商品やサービス、あるい

は自分自身の良いところも伝わりにくくなってしまう。

価値を与えるときは、必ず純粋な喜びを行動の動機にすること。決して自分の穴を埋めようとしてはいけないのだ。

7. お客様のニーズに合わせて、自分が提供する価値をカスタマイズする

できるだけ余計な手間をかけずに、自分が与える価値を増大させる最も簡単な方法の一つが、**大事なお客様のニーズに「ぴったりと完璧に」合うように商品をカスタマイズすることだ。**

買い手の見る目はどんどん厳しくなるものだ。例えば靴の色一つとっても、ベージュなのか、淡い褐色《かっしょく》なのか、はたまた象牙色なのか、四〇通りはありそうな微妙なニュアンスが購入者にとってはとても重要になる。今日ではあらゆる商品やサービスに同じことが言えるだろう。自分にクリエイティビティがあれば、お客様に合わせてカスタマイズするのも楽しく感じるはずだ。継続すればするほど、自分の商売に対する感覚も研ぎ澄まされていく。お客様から返ってくる喜びの反応も、どんどん増していくだろう。

8. 世の中の大きなトレンドをつかんで、その波に乗る

現代の情報化時代において「価値がある」と呼ばれるものの大部分は無形のもの（特にオン

ライン上の情報とスキル）だ。従って、他の人の無形資産に、自分がさらに価値を与えられるとなおいい。**情報をはじめとする無形資産の価値を左右する、大きな流れをつかんでおくのが賢いやり方だろう。**

今の社会全体を覆う傾向としては、二つのものがあると思う。一つはインターネット。もう一つは「意味付け」とも言うべき、人生においてつながりや精神的な充足を模索する動きだ。前者のインターネットの発展はめざましく、新たな財や娯楽が生まれ、個人の生活もビジネスの世界も社会も刷新されてきている。後者の「意味付け」のほうは、もっと幅広いカテゴリーで捉えられるものだ。伝統的な宗教のあり方を否定する人々が現れる一方で、「原理主義」に回帰する動きもあれば、他の時代や文化に精神的な拠《よ》り所を見いだそうとする人々もいる。ニューエイジ的な内面への没入を通して神とつながる感覚が得られると考える人もいる。反対に、そうした精神的な探索の試みを否定して、「今ここ」を大切に、情熱的に全力で生きることに意味を見いだそうとする人々もいる。もっと日常的な場面で、自分の民族的アイデンティティを強調したり、他の文化から宗教要素、音楽、ダンス等を気軽に取り入れたりする動きもあって、こちらもやはり重要だろう。セラピストに目を向けると、アメリカ医師会公認のものからもっと前衛的なものまで、あらゆるものが流行《はや》っている。ヨガ教室も、もはや昔の中年ヒッピー仲間の集まりではない。老若男女、キャリア志向の人から自分探しをしている人、アスリートからダイエット目的の人まで、いろんな人が教室に通っている。精神的な飢餓感と、それを満たすこと――これが私たちの時代を表わす、一つの特徴なのだ。

こうしたメタ傾向とその背景にあるものに、自分をうまく合わせていこう。いろいろと模索すれば、世の中のトレンドに乗っていく、自分らしく自然な方法がきっと見つかる。それがまた、自分の人生において大切な人に、自分の価値を無理なく与えることにつながるのだ。

自分の商品やサービスの実体面の特徴やスペックを上げなくても、こうした示唆を活かしていけば、自分の与える価値をアップグレードすることができる。

9．相手が豊かになるように、人と人をつなぐ

ごく自然にできることで大きな価値を与える、というやり方もある。それは、**人と人をつなぐことだ。**自分の連絡先リストにすでに載っている人でも、これから出会う人でもいい。人と人がつながる輪が広がるほど、皆が受け取る価値も大きくなる。特に、自分がスポンサーやホストになることで、利益関心の対象を同じくする人たちのネットワークを形成できればなお望ましい。

エスター・ダイソンは、私が知る中でも特に優秀な人物の一人だ。ジャーナリストだった彼女はウォール街のアナリストに転身してハイテク企業を担当し、コンピュータ産業関係のニュースレターを発行する会社に関わった。やがてエスターがその会社の社長になった頃、ちょうど記事にしたのが、ワシントン州ベルビューに拠点を持つ魅力溢れる小さなスタートアップ企業――マイクロソフトだった。エスターは一九八三年に、「ＰＣフォーラム」という年に一度

開催されるコンピュータ関連のシンポジウムの主催を引き継ぐ。それまでのPCフォーラムは、広範な分野を対象とする産業シンポジウムの中の午後の一セッション、という位置付けでしかなかったが、コンピュータという成長著しい産業におけるさまざまな問題を話し合う場として次第に存在感を増していった。ビル・ゲイツやミッチ・ケイパーのような人物らが深い議論を交わしているかと思えば、会場の隅では商談や情報交換、ビジネス交流が盛んに行なわれ、人々は新しいパートナーや資金調達先を探すことにいそしんだ。PCフォーラムが盛り上がるにつれて、コンピュータとインターネットの可能性についての専門家として、エスターの知名度も上がっていった。彼女の持つ思想については、本書の他の箇所でもいくつか触れたいと思う。エスターの例が示すのは、人は「仕事上必要だから」というだけでなく、情緒的な理由から、とある集団やネットワークに所属したいと思う傾向が強くなってきている、ということだ。このニーズを満たしてやればよい。そうすれば、自分にとって大事な人やモノとのつながりをさらに強固なものにすることができるだろう。

10.コーチングのスキルを身につけ、お客様にとってのコーチになる

コーチとは、ある重要な目標を達成することや、困難な変化を起こすといったことについて、やり方や身につけ方を教える人をいう。本人がゴールを設定し、取り組み、その過程で進歩し、ゴールを達成し、その成果を人生にきちんと根付かせる、という一連の過程を側で見守

り、手助けする——本書が目指すところでもあるが、これを一対一のカスタマイズで行なうのがコーチの役割だ。

コーチングの考え方を応用すれば、お客様に対して単にやり方を伝えて終わりではなく実際に自分でやって見せて教える、という発想ができる。それぐらいのコミットメントで気持ちを注いでもらうことを、お客様は求めているものだ。ぜひ実践してみよう。

ステップ6

周りに絶大な影響を与える

Affect Others Profoundly

人と心で触れ合うほど、
あなたの魅力は大きくなる

リーダーが現われるのを待たないこと。
自分ができることを
一人一人にやっていきなさい。
——マザー・テレサ（修道女）

孤立することこそ
人にとってあらゆる不幸の結晶である。
——トーマス・カーライル（歴史家）

コミュニケーションなき人生は、冷たくて暗いものになる。だが、コミュニケーションがうまくいけば、心の触れ合いというこれ以上ない感動を味わうことができる。たとえそれが死や喪失という深い哀しみをともなっても、私たちは生きているからこその喜びを見いだし、心に刻むことができる。コミュニケーションで伝えるメッセージそのものよりも、オープンな心で誠実に向き合おうとする姿勢のほうが重要なこともある。そして、誰かと強く深くつながることは、人との交流のどんな場面においても可能なのだ。

人と心で触れ合い、相手を生き生きと輝かせることに長《た》けている人は、魅力に溢れ、相手の心の中にもその存在が残る。私たちは自分で思うよりはるかに、日々他の人に何らかの影響を与えているものだ。だから、本章のステップは前章のステップ5と密接につながっている。自分の言葉や行動が誰かの心に触れ、影響を与えたなら、それはすなわちその人の人生に価値を与えられたことになる。そこで生まれたポジティブなつながりは、きっと相手の頭や心のどこかで生き続けるはずだ。ぜひとも自分の能力を活かして、他の人に絶大な影響を与えることを目指そう。

これから、**人と心で深くつながるための確かな方法**を一〇個紹介していく。実践すれば、他の人にとってはもちろんのこと、自分でも自分のことをいっそう魅力的だと思えるようになるだろう。仕事の場面だけでなく、プライベートな友人関係でも応用できるので、ぜひ試してみてほしい。

ニュアンスの違い

絶大な（PROFOUND）レベル VS. 役に立つ（HELPFUL）レベル――人が明らかに求めているものを与えるのは、せいぜい「役に立つ」という程度だ。人が思っていた以上の大きなものを与えると、「絶大なレベル」で影響を与えていると言える。

やる気を呼び覚ます（INSPIRE）VS. やる気を与える（MOTIVATE）――「やる気を呼び覚まされた」ときは、自然に前へと引き寄せられるような感じがする。「やる気を与えられた」ときは、自分自身、あるいは他の人の手で、前へと押し出されるような感じがする。

気付き（AWARENESS）VS. 知識（KNOWLEDGE）――「知識」は他の人に伝えることができる。自分の「気付き」はそのまま誰かに渡すことはできないが、相手に触媒作用を及ぼすことができる。

人（PEOPLE）VS. 情報（INFORMATION）――目の前の「人」にフォーカスすると、その人にぴったりの情報が自分の中に浮かんでくる。自分の手持ちの「情報」にフォーカスしてしまうと、その情報を受け入れるか否かの二択を目の前の人に迫ることになる。

感情（FEELINGS）VS. データ（DATA）――目の前の人の「感情」にフォーカスしながら伝えると、相手もこちらが伝えたい「データ」をよりスムーズに受け取ってくれるようになる。

誰が（WHO）VS. 何を（WHAT）――情報は、今日では本質的に自由で誰でもアクセス可能なものになりつつある。だから、自分が「何」を知っているかよりも、自分が「何者」で、「誰」を知っているか、ということのほうがより価値がある。

この法則が身につくと……

- ✓人生がとてもシンプルに感じられるようになる。どうして以前の自分はあれほど難しく考えていたのだろうと思う。
- ✓自分の考えを正直に言うだけで、周りの人がすぐさま反応し行動してくれるようになる。
- ✓進化のスピードを上げるためには、自分が他人に与える情報に深みがあることが必須だと気付き、それを追求するようになる。そこまで突き詰めたものは単なる情報ではなく、自分にとって価値ある知的表現手段になる。
- ✓他の人に確かな影響を与えられる自分の中の要素を見つけ、その部分を磨くようになる。
- ✓他の人との調整がうまくいくので、仕事がスムーズに運ぶようになる。

他の人に絶大な影響を与える10の方法

1．相手の話をよく聞き、その人の特別な才能を見つけて褒める

ほとんどの人は、自分が求めているものを得ることだけを考えて相手の話を聞いている。相手の発言がひと段落するのを待って、相手が話し終わるや、自分が言おうと思って準備していたフレーズを口に出す。そうして自分の発言によって何かしらの結果が導かれ、「コミュニケーション」が完結することを期待しているのだ。

そうではなく、**相手の中にある特別でユニークなものを見つけようとしながら相手の話を傾聴しよう。**見つかったら、まずはそれを相手に伝えるのだ。そうすれば、自分が話す段になってもほとんど頑張ることなく、相手にポジティブな影響を与えることができる。

これからの人生、誰かと交わす全ての会話でこのことを心掛けたら全く違うはずだ。そのためには、自分のニーズは当初の期待を超えたレベルで最終的にはきっと実現されると信じること。自分の欲求を満たすことをいったん脇に置くことができれば、もっと大きな可能性が開けてくる。

2.相手の感じている気持ちに心を寄せて反応する

事実と情報はどちらも価値があるが、人に対して絶大と言えるほどの影響を及ぼせるかというとそうでもない。

その可能性を持っているのは、**「人間らしさ、感情、概念」**といった要素だ。子どもやクライアントや友達の話を聞くとき、**相手の感情に共感することを意識しよう。単に相手の話の内容に反応するのではなく、その中にある気持ちと同じものを返すようにするのだ。**

ロナルド・オルトマンズは、最近「魅力の法則」のトレーニングを修了したコーチである。その彼がこんな声を寄せてくれた。

私はクライアントの勧誘に躍起になるのをやめて、質問をするようにしたのです。例えば「次の四半期でどんな目標を達成したいですか？」とか「自分が死んだら、皆にどんな風に自分のことを覚えていてもらいたいですか？」とかいったことです。

こういった質問をきっかけに相手は物事を深く考えるようになり、私はその言葉にじっくり耳を傾けるのです。そうするうちに、私はクライアント曰く、相手の「鏡」になることで成功を促すコーチだ、という評価がもらえるようになりました。無理に勧誘もしないので、相手に警戒心を持たれることもなく、クライアントにとってのパートナーになれていると実感しています。息の長い関係を築けるようになってきたし、忍耐力も身についてきました。クライアントの人数もどんどん増えています。論より証拠ですね。
自分が相手から感じ取った以上のものを提供することは決してできない。心からそう思います。

感情こそ、相手の心に最速で触れるための鍵である。自分自身が良い気分でいることも人としてもちろん大事だが、**誰かの感情に応えることを意識すると、ビジネスセンスの大幅な向上につながるだろう。**

3.人の心に残って広まりやすい、小さく価値あるメッセージを届ける

「ミーム」(memes)という言葉がある。基本的には「遺伝子」(genes)と同じで、人から人へと伝わっていくものという意味だが、ミームが表わすのは概念やアイデアである。これがどんどん伝達されて、現実の生活の場面に当てはめられていく過程で、ミームはその形を変えていく。伝達されていった先の環境にうまく適応できれば、ミームは生き残っていくことができるのだ。

ミームが遺伝子と同じように進化の法則に従うとすると、あるミームは生き残り大きく繁栄する一方で、消えていってしまうミームもある、ということになるだろう。

ミームについて押さえておきたいことがある。それは、情報や概念、真実といった自分が伝

えたいものを小さなパッケージにしておくと、①伝える相手に理解してもらいやすく、②その人から別の人に伝えてもらうのも簡単になるということだ。

現代に生きる私たちにとって、ミームと遺伝子のせめぎ合いは最大の命題になっている。何世紀もの時を経てDNAに刻み込まれたプログラムに命じられるままに生きるか、それとも社会文化的なレベルで進化していくことで所与のものをより良くしていくのか。その狭間《はざま》で揺れ動くのが人間なのである（ミームのほうが遺伝子よりも変化と伝達のスピードが何百万倍も速いので、その点では競争優位性がある）。目指すべきは、ミームの特徴を活かして自分の魅力を高めることだ。**自分の中でじっくり考え、感じたことを表現して、その言葉に自分が込めたものを信じよう。**フレーズがしっくりくるまで時間をかけて表現を磨き、**短い言葉の中に刺激に富んだ思想をぎゅっと凝縮するのだ。**

自分の中には、いつだって何かしら言葉にする価値のある魅力的なものがあるものだ。難しく考えず、とにかくやってみよう。

4.自分の最大の欠点を受け入れれば、他の人も安心して集まってくる

多くの場合、自分がわざわざ「何かをする」ことがなくても、良いものは自然と引き寄せられてくるものだ。気付けば自分の背景で勝手に起こっている、という感覚である。ここで、他人に絶大な影響を与える一つの方法として、自分は何があっても大丈夫だという揺るぎない安

心感を持つことを挙げておきたい。そうすれば、そんなあなたの周りにいる人も安心することができる。

私たちは皆、驚くほど恐怖や渇望にとらわれている。そんながんじがらめの状況を脱却するには、自分の人間臭さや欠点、そしてその裏にある才能を完全に受け入れることが大切だ。このプロセスを経てぶれない基盤を構築できれば、周りの人も自然と同じようになっていく。まるで魔法のように、素晴らしい効果がどんどん波及していくのだ。

この「自分の欠点を受け入れる」というテーマについては、ステップ17で改めて直接取り上げる。それ以外のステップも、このプロセスを何かしら下支えしてくれるはずだ。**自分の欠点だと思っていることが、実は自分の一番根底にある強みへと導いてくれるヒントになるかもしれない**、ということだけ今は心に留めておこう。

こうしたヒントを見つけては閉ざされていた扉を開き、**自分の中に潜む「怪物」の正体を見る。**怖い怖いと思っていたけれど、実はそうでもないのかもしれない、と別の見方ができるようになると、そこから自分の人間性の中でも特に強みとなる大事な要素が見えてくる。そうして、最終的にはその強みからたくさんの恩恵が得られるようになる――。人生という旅路は、そういう側面を持つものなのだ。

たとえ失敗や挫折があっても自分の基盤は揺らがない、という自信が溢れ出ていれば、周りの人も触発され、自分らしさを心地よく受け入れてくれるようになる。そういう感情の波長に、人は知らず知らずのうちに引き寄せられるのだろう。

5. 新しい考え方や感じ方、価値観につながる扉を開いてみせる

隙があればいつでも他人の足元に敷いてあるじゅうたんを引き抜いて、その人がバランスを崩したところにさっと新しい椅子を差し出してやるようなイメージだ。実際どうするのかというと、例えば、相手が見逃している相違点を明確にする。時代遅れな決めつけに疑問を呈する。凝り固まった妄信を打破する。新しい考え方の種を植える。本気で向き合って相手のことを知ろうとする。そして、相手がぼんやり感じてはいるもののまだ言葉にはなっていないことを表現してやる。こうしたことを、決して攻撃的にならず、相手を尊重しながら実践できれば、ポジティブで深い印象を相手の心に残すことができる。

こうしたコミュニケーションスキルにまだなじみがないようであれば、これから学ぶべきことはたくさんある。でも、そのプロセスだって楽しいものだ！　相手を追い詰めるためではなく、優しく寄り添う気持ちで接する限り、悪いようには絶対にならない。

6. すでに持っているものをより活かす方法を人にも教える

未来にとらわれず現在を精一杯生きる、ということについては、すでにステップ2である程度焦点を当てて考えた。そこで述べた法則の応用編がこの項のポイントだ。つまり、**自分がすでに持っているものを活かして、より多くの利益を得る方法を他の人にも教えること。**対象

は、その人が抱えている問題でも、もともとの特質でもいい。

　ほとんどの人は未来志向すぎるあまり、目の前にあるチャンスを取りこぼしてしまう。だから、少しの間だけでも、**そういう人たちの目となり耳となってやるのだ。**すぐそこにすでにあるものの価値を見せてあげよう。

「もっと恵まれていない人だっているのだから、今あるものに感謝しよう」といったことを言えということではない。今この瞬間や現在の状況は、幸せ、成長、満たされた気持ちといったものと強くつながっている。そういうことに**他の人も気付けるように、広い心で、マインドフルに人と接する**ことが大事だと言いたいのだ。他の人に教えることで、自分自身もさらに深く理解が進むことだろう。

　エスター・ダイソンが、ＡＴ＆Ｔの役員だったイタリア人、ヴィットリオ・カッソーニとのエピソードについて、こんなことを述べている。経営の仕事について回るもの、というテーマでエスターが質問をすると、ヴィットリオは「不確実性を飲み込むこと」と答えたという。私たちの生活や仕事環境は目まぐるしく変化していくので、ちょっと慣れたと思ったルーティーンにも、次々と別れを告げていかなくてはならない。だからこそ、人は何か確実なものを自分の中に持っておく必要がある。この本質を人々に真摯《しんし》に伝えることができれば、あなたは紛れもなく周囲にとってのキーパーソンになることだろう。

7.ただ実績を褒める代わりに、相手の中身を見るようにする

人を褒めたり認めたりするのは良いことだが、それだけだと少しもったいない。たとえるなら、飼い犬に「尻尾《しっぽ》が上手に振れているね」と声をかけるようなものだ。犬が尻尾を振っている様子自体はもちろん見ていて可愛いが、本当に見るべきなのは、犬が尻尾を振る原因になる喜びや幸せそのものを、いかに育《はぐく》んでやるかということなのだ。

二足歩行をする人間で言うと、**目の前の人に付随する功績や問題といったものよりも、その人自身を見てあげるべきだろう。**

その人の人格と行動の結果とは、根本的に異なるものなのだ。

正しい注目を向けてやれば、それに触発されて相手のほうでも自分がどんな人間なのかをより自覚しやすくなる。すると、良い結果も自然とついてくるものだ。「自分は認められている」「自分の価値を分かってもらっている」という気持ちを相手により深く感じさせるために、その人のパフォーマンスよりもポテンシャルを見るようにしよう。そうすれば、目の前の相手はリラックスできる。自分はちゃんとやれているだろうか、という緊張に自分をさらすこともなくなり、自らの潜在能力を存分に活かすことを心掛けるようになるのだ。

もしそこでパフォーマンスのほうに意識が引っ張られてしまったら、先のたとえでいくと、尻尾のほうが犬自身を振り回す、なんてことになってしまうだろう！

8.有意義なことをする機会を人に与える

残念なことに、ほとんどの人は生きることに退屈している。何か面白いことや有意義なことはないかと皆が待っている。現代の生活は目まぐるしく、テレビ依存が蔓延《まんえん》し、ストレスを和らげる娯楽の類はどれも一様で似たようなものばかり。このような状況の中で、人は興奮することに麻痺してしまっている。常に興奮状態にありながらも退屈している、という矛盾が起きているのだ。

何か面白いことを企画したら、ぜひそのゲームやプロジェクトに、やる気のありそうな人を巻き込もう。遊びに誘うような感じだ。参加した人は、ゲーム自体はもちろんのこと、そこで新しく出会う人との交流も楽しんでくれるだろう。巻き込む側としては貴重な手助けを（時には無料で）得ることができるし、参加する人の側も、そこから個人としての成長を得ることができる。それがきっかけになって、仕事のほうでもより良いキャリア・チェンジへとつながることだってあるかもしれない。

見込みのありそうなプロジェクトに取り組んでいるときは、その情報を広く公開しよう。そうして、たくさんの人に絶大な影響を与えるのだ。これも自分の魅力を構築するための完璧なアプローチの一つになる。

自分はプロジェクトを立ち上げるようなタイプではないという場合は、代わりにそういう才能や特別な熱意を持っている人を探そう。どんな報酬が期待できるか、あるいは期待してはいけないかをお互いオープンに確認した上で、企画に参加するのだ。倫理観の合う、公明正大な人たちだけを「遊び仲間」に選び、プロジェクトに深く入り込もう。そして、物事を始める才能のある人から学んでいこう。必ず上昇気流に乗れるはずだ。

9．人の成長や進化のきっかけとなるツールを与える

私はコンピュータが大好きだ。コンピュータは私たちの知性や個性など、人間らしくあるために欠かせないものの可能性を倍にしてくれる、素晴らしい機械だと思っている。これがますます普及することが、より高度な文明社会への進展の発火点であるとも見ている。偉大なるウィンストン・チャーチルが「私は楽観主義者だ。それ以外のものになってもあまり意味がないと思うからだ」と言ったが、コンピュータ関連のものについては私もまさしく同じスタンスだ。Eメールやウェブサイトなど、比較的最近になって私たちの文化に登場したツール類のおかげで、私は未来をいっそう楽観視するようになったのである。

私がコンピュータに触れるようになったのは一九八七年からだ。当時勤めていた会社の上司がある日、表計算ソフトのLotus 1-2-3の複製版が余っているが使うか？　と聞いてくれたのだ。

使うかどうかなんて見当もつかなかったが、とりあえず私は大きな声で「ぜひ！」と答えた。時間にして一〇秒もなかったと思うが、このたった一つの出来事が私の人生を永久に変えた

のである！　その上司は、なぜかは分からないけれど、私の役に立つだろうと思って便利なツールを勧めてくれた。そしてそれが、新しい世界への私の探索のきっかけとなったのだ。お察しのとおり、コンピュータとインターネットは私にとって非常に重要なものだ。私も初めからこれらに詳しかったわけではない。この素晴らしいツールを使えばすごいことがたくさんできるかもしれない、という感覚に導かれるまま、学びを進めていったのだ。そして、そうした探究を通じて、夢のようなことも実際たくさん起きた。私の豊かさの大部分は、コンピュータとインターネットのおかげで直接もたらされたものだ。

ある人がふと私のことを想って、心配りをしてくれたおかげなのだ。

今自分が持っているツール類で、他の人にも絶大な影響を与えられそうなものはあるだろうか？　もしあれば、ぜひ周りの人に惜しみなくシェアしよう！

10．他人に絶大な影響を与えようとしない

このことはぜひともここでお伝えしておかなくてはならない。悟っている風を装うためではなく、扱うにはややコツのいる知恵を伝えようとしているからだ。

他人に絶大な影響を与えるのはもちろん良いことだ。だがその目的があまりに「前面に」出すぎてしまうと厄介《やっかい》なことになる。なぜなら、人は皆、心の奥底では他人に深く影響されたいと思っているものの、他人に操られたり、下手《したて》に出たり、庇護《ひご》を受けたりするのは嫌がるものの

だからだ。

あまりにも他人に影響を与えようとしすぎると、かえって反感を買ってしまうこともある。「余計なお世話だ！」と言われてしまう場面も想像にかたくないだろう。

実際のところ自分にできるのは、他の人のことを思いやり、自分の持っている知識を欲しがっている人に分け与えることくらいだ。これなら「他の人に絶大な影響を与えること」が自分の生きる目的や人生の旗印になることはない。もしそうなってしまえば、どうやっても自分の魅力は生まれないだろう。

それに、特に自覚しないままに他の人に絶大な影響を与えることだってある。むしろこれぐらいが一番ちょうど良かったりするものだ。

私は以前、「魅力の法則」の遠隔クラスで教えていたとある生徒が、一二講の講座中ほとんど話をしなかったことを気がかりに感じていた。ところが、のちにその生徒が他の講座のことを聞きに来た際、こんなことを言ってくれた。「これまでお伝えしていませんでしたが、先生からは本当にたくさんの影響を受けました。教えていただいた法則のおかげで、いろんな可能性が開けたんです。講座は終わったけれど、私の中ではここからがスタートのように感じています」

私が考える、他の人に絶大な影響を与える方法とは、次のようなことだ。――相手の自己肯定感を早く高めてやること。そして、その人の中で生き続けるものを残すこと。たとえるなら、パン生地に混ぜ込む発酵用の種菌のように、その後の相手の人生をプライベートでも仕事でも支え続けてくれるものの種を、そっと植えるのだ。

これは意識的に行ないつつも、点数稼ぎをしてはいけない。誠実さが行動の源泉でなければならないのだ。**ただ、自分にできることをやって、あとはその人に委ねる。**そうすれば、素晴らしいものが返ってくるだろう。

コミュニケーションスキルを磨く100の方法

コミュニケーションスキルを磨けばもちろん大きな見返りが返ってくる。そこで、このパートでは次ページからのワーク「コミュニケーションスキルをチェック」と「コミュニケーションの10のポイント」に取り組んでもらう。点数をつけて、自分のスキルを見える化していく。このワークを通して自分自身について素晴らしい気付きを得るとともに、他の人に与える影響を最大化するための方法についても、多くのヒントが得られるだろう。

あなたのコミュニケーションスキルをチェック

対の文や言葉のうち、上段がだいたい当てはまると思ったら、1に丸をつけよう。

上段も下段（太字のほう）もどちらも当てはまると思ったら、2に丸をつけよう。

下段（太字のほう）がほぼ当てはまると思ったら、3に丸をつけよう。

全ての問題に答えたら丸をつけたスコアを合計して、あなたの現在のスキルを診断する。

(1) 出会いの場面で魅力的な印象を与えているか？

1.	大声、粗雑、うるさい、傲慢、苛烈 **上品、繊細、優美、洗練、静か**	*1　2　3*
2.	躁状態、盛り上がり、興奮状態、押しが強い、構えている **自然なペース、冷静、落ち着いている、地に足がついている**	*1　2　3*
3.	鈍い、元気がない、平坦、精彩を欠く、退屈 **自然なペース、意欲的、生き生きしている**	*1　2　3*
4.	不平、不満、不快、耳障り **満足、感謝、ありがたい気持ち、喜び**	*1　2　3*
5.	媚び、大げさ、「良い人」すぎる、偽物 **まっすぐ伝わる、媚びない、本物、正確、誠実**	*1　2　3*
6.	相手に向かって話す **相手とシェアする**	*1　2　3*
7.	重い、重大、心配しすぎる **軽やか、重さがない、適度に重んじる、気にかける**	*1　2　3*
8.	複雑、入り組んでいる、テクニカルで難しい **シンプル、分かりやすい**	*1　2　3*
9.	疑い深い、不信感、ネガティブ、冷たい **親しげ、オープン、ポジティブ、期待感、温かい**	*1　2　3*
10.	堅苦しい、型にはまっている、独断的、直線的 **柔軟、流動的、カジュアル、立体的**	*1　2　3*

セクション合計 ･･･→　　　点（最高 *30* 点）

(2) 相手の話を傾聴できるか？

11.	一言も聞き漏らすまいと前のめりで聞く **話を全て聞かなくても、何が言いたいか分かる**	*1　2　3*
12.	事実や情報に着目して聞く **言葉の裏にあるものを聞く**	*1　2　3*
13.	はっきりした証拠が揃うまで判断しない **かなり早い段階で自分の直感を信じる**	*1　2　3*
14.	情報を収集して使えるものは使おうと常に構えている **聞いたことを吸収して統合する**	*1　2　3*
15.	受動的に、盲目的にただ聞く **聞きたいことを見失わず、ヒントに気付く**	*1　2　3*
16.	相手の話を聞きながらも、自分の返答を考えるのに忙しい **相手の話を集中して聞く**	*1　2　3*
17.	言われたことに対して否定的な反応をする **言われたことはそのまま受け止め、反抗はしない**	*1　2　3*
18.	間違いを訂正したり、助言したり、 本筋に戻したりすべく相手の話の腰を折ることがある **相手にもっと話してもらえるよう促す**	*1　2　3*
19.	一度に一つのことしか聞くことができない **複数の会話の流れを一度につかむことができる**	*1　2　3*
20.	情報をフィルタリングして、相手の話の内容を部分的に聞く **相手が伝えてくれたことは全て聞く**	*1　2　3*

セクション合計 ･･･→　　　　点（最高 *30* 点）

(3) 自分の話をよく理解してもらえるか？

21.	新しい情報やアイデアをやたらと発信する **新しい情報やアイデアについて、まずは発信する文脈を考える**	*1*	*2*	*3*
22.	相手にレクチャーする、情報を一方的に伝える **相手を教育する、相手の理解のレベルに気付く**	*1*	*2*	*3*
23.	とりとめなく話をし、話の筋を混乱させたり説明を詰め込みすぎたりする **話を簡潔かつ明快に、分かりやすくまとめる**	*1*	*2*	*3*
24.	常套句や専門用語、技術用語を使う **大事な点をシンプルで説得力のあるメッセージで伝える**	*1*	*2*	*3*
25.	相手を説得し、何とか売ろうとする **聞いている人のニーズや興味に応えようとする**	*1*	*2*	*3*
26.	誰に伝える際にも、同じ内容と構成で話す **聞く人に合わせてメッセージをカスタマイズする**	*1*	*2*	*3*
27.	一般的で曖昧な言葉を使い、話を単純化しすぎてしまう **伝えたいことにぴったりの、きちんと伝わる言葉を選ぶ**	*1*	*2*	*3*
28.	他の人が聞きたいであろうことを言う **言うべきことを言い、言葉を惜しまない**	*1*	*2*	*3*
29.	うまく伝わらなかった場合、同じことを大きな声でもう一度言う **うまく伝わらなかった場合、例を出しながら違う伝え方をする**	*1*	*2*	*3*
30.	語彙が少なく、言葉の理解が浅い **語彙が豊かで、言葉をうまく扱える**	*1*	*2*	*3*

セクション合計 ···→ 点（最高 *30* 点）

(4) 話すテーマは適切か？

31.	問題の兆候や状況 **問題の根源や取りうる解決策**	*1 2 3*
32.	物事のネガティブな側面や、間違っていること **物事のポジティブな側面や、嬉しいこと**	*1 2 3*
33.	過去や未来のこと **現在のこと**	*1 2 3*
34.	自分がすべきこと、できるはずのこと、本来しているはずのこと **自分が本当にやりたいことや、わくわくすること**	*1 2 3*
35.	事実や情報、歴史的なデータ **概念、アイデア、今後のトレンド**	*1 2 3*
36.	自分が興味を持てること、自分が話したい話題のみ **会話の中で双方が興味を持てること**	*1 2 3*
37.	他の人のこと **自分自身のこと**	*1 2 3*
38.	自分が知っていること **自分が学んでいること**	*1 2 3*
39.	相手がすべきことやしてはいけないこと **相手がしたいであろうこと**	*1 2 3*
40.	相手に信じてほしいと自分が思うこと **相手の状況、ゴールや問題**	*1 2 3*

セクション合計 ‥‥→ 点（最高 *30* 点）

(5) 会話をスムーズに進められるか？

41.	自分の気持ちの状態やスタイルに相手を引っ張り込む **相手のトーン、状態、ペースに自分を合わせる**	*1　2　3*
42.	話すか聞くかのどちらかのみで、両方を同時にすることができない **話すことも聞くこともどちらも、同時にできる**	*1　2　3*
43.	集中力が途切れやすく、気配りに欠ける **出しゃばりになることなく、配慮を行き届かせることができる**	*1　2　3*
44.	自分は面白い **自分は物事に面白みを見いだす**	*1　2　3*
45.	与えられた情報に対して反応する **聞いてくれた人に対して反応する**	*1　2　3*
46.	情報が全て理解できないうちに話の内容を見失ってしまう **話の要点を容易につかむことができる**	*1　2　3*
47.	自分が言いたいことを言い切るまで話の主導権を渡さない **話の雲行きを素早く察して、柔軟にリードを切り替える**	*1　2　3*
48.	常套句やことわざや引用を好んで用いて、うまい返しをする **聞く人に応じて、その人に深く刺さるようなコメントを返す**	*1　2　3*
49.	論理の飛躍を起こし支離滅裂になりやすく、主題から逸れてしまう **言われたことの内容に沿って、的確に反応する**	*1　2　3*
50.	話している人に質問を浴びせる **言われたことの内容や意味を明確にする**	*1　2　3*

セクション合計 ･･･→　　点（最高 *30* 点）

(6) 自分は信頼される人間か？

51.	見栄っ張りで虎の威を借り、良い恰好をしようとしてしまう **飾り気がなく控えめで、等身大である**	*1　2　3*
52.	人を喜ばせようと偽善的になりがちで、態度が豹変しやすい **人の役に立って喜ばせるのは好きだが、嘘はつかない**	*1　2　3*
53.	秘密主義で、真実や事実を部分的にしか語らない **まっすぐ社交的で、事実を全て気負わずに言える**	*1　2　3*
54.	他人に対して不誠実なところがあり、自分を正当化する **いつも心の底から誠実で、自分の行動の結果の責任を取る**	*1　2　3*
55.	できない約束をしたり、物事を大げさに言ったりしてしまう **できる約束しかせず、物事は控えめに言う**	*1　2　3*
56.	相手に押し売りしたり、誇大に宣伝したり、ひっかけたりする **情報をまっすぐに伝え、相手の興味に対して応える**	*1　2　3*
57.	聞く人に気に入られようと必死になる **対等な気持ちで、共に創り上げる感覚を大事にする**	*1　2　3*
58.	ハングリー精神に溢れ、必死で評価を得ようとする **経験豊富で堂々としており、自信と安定感に溢れている**	*1　2　3*
59.	不誠実で陰険なところがあり、偽善的である **誠実で思いやりがあり、立派な人物である**	*1　2　3*
60.	前のめりになりすぎて、アドレナリンに駆られて緊張状態にある **地に足がついて落ち着いており、目の前の人にきちんと向き合う**	*1　2　3*

セクション合計 ‥‥→　　点（最高 *30* 点）

(7) 自分はポジティブな人間か？

61.	正しいことに対しても、批判的に厳しく受け止める **建設的でありながらも、まっすぐ誠実に受け止める**	*1　2　3*
62.	相手のことを無視したり、否定したり、取り合おうとしないことがある **相手の功績を喜びたたえる**	*1　2　3*
63.	頑固で狭量なところがあり、人や集団を拒絶することがある **違いを広い心で受け入れ、多様性から学ぶ**	*1　2　3*
64.	他人に失礼を働くことがあり、 厳しい言葉を放ったり、当てこすりを言ったりしてしまう **相手が間違っているときでさえも、相手に対して丁重に接する**	*1　2　3*
65.	相手を批判的に見て、無視したり勝手にレッテルを貼ったりする **どんな人もポジティブで善意ある人だと思って接する**	*1　2　3*
66.	根に持つタイプで、ゴシップを吹聴したり、 裏で汚いことをしたり、足を引っ張ったりする **心が広く、思いやりがあり、率先して人を許し、** **歪みがあれば癒して治そうとする**	*1　2　3*
67.	相手をやっつけ、欠点を指摘し、知らぬ間に傷つけてしまう **いつでも相手の自尊心を育もうとする**	*1　2　3*
68.	正当性を振りかざし、自分の見方を容赦なく押し通そうとする **好奇心を持ち、相手を理解してさらに進化しようとする**	*1　2　3*
69.	相手の話を聞くより自分が話す **自分が話すより相手の話を聞く**	*1　2　3*
70.	自分の勝ちのみを優先する **ウィンウィンの関係を目指す**	*1　2　3*

セクション合計 ••••➡　　　　点（最高 *30* 点）

(8) 他人にどんな影響を与えているか？

71.	話し方や話す内容、自分の性格で他人をいら立たせてしまう **特にそうしようと思わなくても他人に良い印象を与えられる**	*1　2　3*
72.	自分のスキルのレベルや専門性を相手に不安に思われてしまう **信頼が置け、知見も豊富な人間だと思われる**	*1　2　3*
73.	人の心を傷つけたままにしてしまう **冗談を言うときでさえ徹底的に建設的な言い方をするようにしている**	*1　2　3*
74.	自分の話を聞いてもらえない、と人に思わせたままにしてしまう **本当に興味を持って向き合ってくれている、と人に感じさせる**	*1　2　3*
75.	結果のみで途中の過程は分からなかったと人に思われてしまう **この人はしっかり物事に取り組んでいる、という感じを人に与える**	*1　2　3*
76.	「結局よく分かっていないんじゃないか」と人に思わせてしまう **頭の切れる、知識豊富な人なのに控えめだと人に思ってもらえる**	*1　2　3*
77.	感情のコントロールができず、人をびっくりさせてしまう **相手に心のつながりを感じさせ、インスパイアすることができる**	*1　2　3*
78.	情報を詰め込みすぎて、聞く人に負担をかけてしまう **物事が分かりやすく学べたという感触を人に与える**	*1　2　3*
79.	聞いていて退屈だと人に思われてしまう **もっと話していてほしい、と人に思わせる**	*1　2　3*
80.	こいつは連絡先からすぐに削除しよう、と人に思われてしまう **もっと一緒にいたいと人に思ってもらえ、いろんな場に招かれる**	*1　2　3*

セクション合計 ⋯⋯→　　　　点（最高 *30* 点）

(9) 効果的なコミュニケーションができるか？

81.	自分の結果が第一で、負担は各自で持つものだと思っている **他人に気前よく投資し、そこから結果を育もうとする**	*1　2　3*
82.	理論や本で学んだことをもとに話す **自分の実体験や実証がされているものをもとに話す**	*1　2　3*
83.	欲しいものや必要なものがあれば間接的に言ったり、 ほのめかしたりする **物事は率直に質問したり伝えたりする**	*1　2　3*
84.	自分からはほとんど情報を与えない **自然と人にインスピレーションを与える**	*1　2　3*
85.	自分からあまり話さず、弱気で受け身的なため、 コミュニケーションが得意ではない **自然体なままで自信がある、** **心に浮かんだことを素直に聞いたり伝えたりできる**	*1　2　3*
86.	すぐに満足感や反応や結果を求める **種を蒔き、じっくりプロセスを経て人を育む余裕がある**	*1　2　3*
87.	問題や状況に思考を向ける **解決策に思考を向ける**	*1　2　3*
88.	問題の本質とは無関係な側面や兆候にとらわれてしまう **すぐに問題の根源を明確に突き止めることができる**	*1　2　3*
89.	確信が持てることしか言わない **話しながら思考を巡らせ、その場で実行していく**	*1　2　3*
90.	陰謀を巡らせ、派閥を作る **共創志向で、パートナーやチームを大事にする**	*1　2　3*

セクション合計 ⋯→　　　点（最高 *30* 点）

(10) 物事からどれくらい気付きを得られるか？

91.	自分のコミュニケーションの仕方はなかなか優れていると思う **自分のコミュニケーションの仕方について あらゆる角度から見るようにしている**	1　2　3
92.	相手にはもう十分伝わっているにもかかわらず話し続ける **相手に伝わったという瞬間がすぐに分かる**	1　2　3
93.	自分がどんな風に受け取られ、 どんな反応をされているかに気付いていない **自分が相手にどんな反応をさせたかをよく分かっている**	1　2　3
94.	自分が知っていることにしか考えが及んでいない **人生や物事や価値観を広い視野で捉えることができる**	1　2　3
95.	ローカルやグローバルに起きる、 さまざまな出来事やトレンドに驚くことがある **どうしてそういうことが起きるのかの理由を正確に理解している**	1　2　3
96.	無知で情報に疎い **教養があり情報に詳しく、現在のトレンドや出来事をよく把握している**	1　2　3
97.	ゴール志向である **ビジョン志向である**	1　2　3
98.	余裕やエネルギーを消耗しがちで、 物理的な空間を自分のもので占拠する **会話を通して余裕やエネルギーを養い、他人の領域を尊重する**	1　2　3
99.	自分が持っている考えや知識に従う **自分の身体の感覚や直感、相手の反応に従って何を言うかを決める**	1　2　3
100.	「私」を主語に話すことがほとんどで、 自分の単一の視点に依って生きている **「あなた」を主語に話すことがほとんどで、 複数の視点に立って生きている**	1　2　3

セクション合計 ⋯→	**点（最高** *30* **点）**
総合計得点 ⋯→	**点（最高** *300* **点）**
3で割って算出した パーセンテージ・スコア ⋯→	%

スコアの見方

スコアから導き出される、自分の現在のコミュニケーションスキルの状態は以下の通りだ。

点数	コメント
100 ～ 90%	申し分ない。現在の仕事の領域でここまでのコミュニケーションの才能を活かせないようであれば、仕事を変えよう。コーチになることもぜひ検討してほしい。クライアントに与えられるものがきっとたくさんあるはずだ。
89 ～ 80%	コミュニケーションを極めるまであともう一歩だ。数カ月もすれば 100%まで到達できるかもしれない。ここまでの高得点を出せる人はなかなかいない。このままスキルを磨き続けよう。価値ある投資になるはずだ。
79 ～ 70%	おめでとう。なかなかコミュニケーションに長けているようだ。スキルをさらに磨いて、スコアを 100%まで伸ばしたければ、コーチングを受けるといい。9 カ月もあれば十分だろう。
69 ～ 50%	通常のコミュニケーションのレベルとしては十分だ。10 のカテゴリーの中でも、どこかに特に点数を押し下げている要素があるかもしれない。問題のありそうな領域に特化して取り組めば、スコアは劇的に上がるだろう。
49%～	コミュニケーションのレベルとしては平均だ。少なくとも 1 年間は、生活の中でコミュニケーションを真剣に意識してみてほしい。そうすれば、一見無関係に思える他の領域も一緒に向上していくだろう。コミュニケーションは人生の質をあらゆる面で向上させるための近道であり、レバレッジポイントでもあるのだ。

コミュニケーションの10のポイント

コミュニケーションスキルをバー・チャートでチェックしよう

以下に並ぶボックスの列を左から右へと塗りつぶして、それぞれのセクションでの自分の現在の状態を表わすバー・チャートを作ろう。「あなたのコミュニケーションスキルをチェック」で、「3」のスコアをとった項目の数だけボックスを塗りつぶしていく。例えば、チェック(1)で4と5がスコア「3」だったらボックスを2つ塗りつぶす。

本書のプログラムを進めていくに従って、このチャートも更新していこう。

全てのカテゴリーで10のボックスを塗りつぶせるまで頑張ろう！

	1	2	3	4	5	6	7	8	9	10
(1) 出会いの場面で魅力的な印象を与えているか?	□	□	□	□	□	□	□	□	□	□
(2) 相手の話を傾聴できるか?	□	□	□	□	□	□	□	□	□	□
(3) 自分の話をよく理解してもらえるか?	□	□	□	□	□	□	□	□	□	□
(4) 話すテーマは適切か?	□	□	□	□	□	□	□	□	□	□
(5) 会話をスムーズに進められるか?	□	□	□	□	□	□	□	□	□	□
(6) 自分は信頼される人間か?	□	□	□	□	□	□	□	□	□	□
(7) 自分はポジティブな人間か?	□	□	□	□	□	□	□	□	□	□
(8) 他人にどんな影響を与えているか?	□	□	□	□	□	□	□	□	□	□
(9) 効果的なコミュニケーションができるか?	□	□	□	□	□	□	□	□	□	□
(10) 物事からどれくらい気付きを得られるか?	□	□	□	□	□	□	□	□	□	□

現在のあなたの総合スコア（満点　*100*点）➡　　　点

スコア・パーセンテージ（最高　*100%*）➡　　　点

ステップ 7

自分の才能を堂々と売りだす

Market Your Talents Shamelessly

自分の才能を安売りしていては
魅力は花開かない

技能は神からの贈り物だが
人の手がなければ何にもならない。
アントニオ・ストラディバリのバイオリンは
私なくては存在し得なかった。
——アントニオ・ストラディバリ（バイオリン職人）

自分で自分を低く見積もる人が
世の中にも高く評価されないのは当然だ。
——出典不詳

自分を堂々と売りだす？　それと自分の魅力を高めて成功を引き寄せることがどう関係するのかって？

良い質問だ！

自分の魅力で成功を引き寄せるというのは受動的なプロセスだと思っている人もいるようだが、実際には非常に能動的なものだ。種を蒔《ま》き、そこに価値を与え、（押し売りではなく）価値を伝えて、返ってくる反応に対応して、そして売る。このベースの上で、さらに自分に魅力があれば、人やチャンスを自動的に引き寄せることができる、という仕組みなのだ。

すでに告白したとおり、私はコンピュータとオンラインの世界には目がない。そこでは、コミュニケーションの形もオフラインの世界とは違ったものになる。オンラインの世界では、自分が思うまま、自由に「合う・合わない」を判断して行動することができる。**ビジネスの世界にネットが浸透してくるほど、自分自身を売りだすのが上手な人がより多くのチャンスをつかむことになる。**もちろん、情報を持っていること自体も、いつだって大事な要素ではあるが、情報をうまくパッケージ化して魅力的に見せることができるスキルには、やや敵《かな》わないところがある。ネットの世界での成功は、圧倒的な人間的魅力を備えた人のところにやってくるものなのだ。

自分にふさわしい価値をつけるには、自分の魅力を自分で思い切り感じることが必要だ。その方法を、以下の一〇項目のリストで見ていこう。これができるとできないとで生まれる差は、きっと大きい。自分が本当に良いと思うものを、何の制限もなく売りだしていこう。

ニュアンスの違い

自分の才能を売りだす（MARKET YOUR TALENTS）VS. 自分自身を売りだす（MARKET YOURSELF）――自分の中の特にどの部分に人が魅力を感じて、お金を払いたいと思ってくれているのかを正確に知っておくことが大事だ。自分の存在そのものである、なんてことはまずない。買い手側の決め手はある程度共通しているはずなので、そこを押さえれば拒絶されることもなくなっていくだろう。

自信（CONFIDENCE）VS. 傲慢（ARROGANCE）――「自信」とは、自分がうまくできることとできないことを正確に知っている状態のことをいう。「傲慢」とは、自分がうまくできないことを覆い隠そうとする姿勢のことをいう。

誘う（INVITE）VS. 申し出をする（OFFER）――自分が提供する価値について、「これをどうぞ」と「申し出る」のは、相手の顕在的なニーズを満たすものをこれ見よがしに与えようとすることである。「よかったらいかがですか？」と「誘う」のは、自分が持っている価値の余裕分を気軽にシェアしようとすることである。

知らせる（INFORM）VS. 自慢する（BOAST）――自分を素晴らしく見せようとするのは「自慢」である。「知らせる」とは、自分ができることを他人に教えることだ。

自分のスキルと利点を明確に表現する（ARTICULATION OF SKILLS AND BENEFITS）VS. 自分のスキルと利点を知っている（KNOWING SKILLS

AND BENEFITS）——自分にできることを明確に表現できれば、スキル自体もさらに向上していく。

モデル（MODEL）VS. 専門家（EXPERT）——商品の単なる「専門家」であれば、その対象物を非常に良く知っているということだ。「モデル」になるということは、人はあなたの生き方を見るだけで、あなたが商品にしているものを自然に知ることができるということ。単に伝えるのではなく、体現して見せることができるのだ。

キャピラリーシステム（毛細管的な網目状のシステム）（CAPILLARY SYSTEM）VS. 販促マシン（PROMOTION MACHINE）——「販促」とは、ビジネスチャンスを自分の手元へと持ってくることをいう。「キャピラリーシステム」とは、ビジネスを自分の手元へと引き寄せる網目のようなシステムのことである。

この法則が身につくと……

- ✓自分で言わなくても、人が買わせてほしいと寄ってくる。
- ✓理想的なお客様になぜ興味を持ってもらえないのか、その理由を知りたいと強く思うようになる。もっと頑張って売ろうとするよりも、背後にあるものを意識するようになる。
- ✓怖さを感じることがなくなる。拒絶されても自分が否定されたとは思わない。
- ✓単に面白いだけの人物ではなく、他人に興味を抱ける人になる。

✓自分が差し出しているものの中で、最も重要なものは何かを理解できるようになる。
✓人生の他の領域でも自信がついてくる。

自分の才能を堂々と売りだすための10の方法

1．他の人に自分が何を与えているのかを正確に知る

自分が他人に何を提供しているのか、考えてみたことはあるだろうか？　例えばもしあなたが医者であれば、それは苦しみの緩和かもしれない。健康や、大病院への紹介や、診断サービス、喫煙の危険についてのシビアな講義、薬、あるいは予防療法かもしれない。もしかしたら全部が当てはまる、なんてこともあるかもしれない。

大事なのは、自分が提供できるサービスの内容を全て患者さんに知っておいてもらうことだ。そうすれば、患者さんがいずれかを必要としたときに、自分のことをまず思い出してもらえるからだ。

難しいがとても効果のあるエクササイズをやってみよう。**自分が提供しているもののエッセンスを、二語か三語で表現してみるのだ。**

これには少し気合いが要る。最初の案はせいぜい炭素の塊程度に思っておいて、それを凝縮

し続けることでダイヤモンドを生成しよう。フレーズとしては広く万人に伝わるものでありつつも、キラリと光るものになっていなければならない。

矛盾しているようだが、**自分が何者で、何をしているのかを表現する言葉を凝縮すればするほど、自分の考えもマーケットも広がっていくものなのである。**

例えば、私は長い間、ローカルな学校教育に携わる教師たちが「自分たちはエンターテインメント業界にいるのだ」と思うようになったら、どれほど生徒の学習が速く進むことか、と思ってきた。もちろん、勉強そのものだけでなく、文化の継承や、学ぶスキル習得の意欲を伝えていくという点においても、エンターテインメントな要素は発揮できると思う。

自分は面白い授業で生徒を楽しませるエンターテイナーだ、という教師がいてもいいだろう。もしくは、脳を知的に刺激するエンターテイナーである、というのもいい。

自分が提供できるものについて表わす言葉を完璧に磨き上げることができれば、いつでも躊《ちゅう》躇《ちょ》なく自分の価値を人々にシェアすることができる。これは間違いないという自負があるものを提供できるので、自分でも満足を感じながらやれるはずだ。フレーズの力があれば、自分の心にも人の心にも、よりリアルに価値が届くようになる。自分が提供するものが「ミーム」として伝達されていくことになるのだ。

2.潜在的なお客様を手ぶらでは帰さない

自分が提供するものに興味を示してくれた人に対して、どのようにサービスや商品を売ればいいだろうか？　例えば、「ＣｏａｃｈＵ」の場合。二年間のコーチ養成コースにいきなり二九九五ドルを払ってくれる人もいる。それはちょっとハードルが高いという人もいるだろう。では、「魅力の法則」を学ぶ三カ月講座を二九五ドルで提供するのはどうだろう？

それでもまだ高いって？　では五九ドルの音源セットはどうだろう。

それでもまだ決心がつかない？　大丈夫！　無料の音声通話クラスがある。四週間、無料でコーチングの基礎を学べる。

そんな時間はないって？　であれば、メールマガジン『デイリー・コーチ（ＤａｉｌｙＣｏａｃｈ）』を購読するのはどうか。毎日無料で読みたいだけ、ちょっとしたコーチングの情報が読める。

もうお分かりだろう。人が自分の提供するものに興味を持って近付いてきてくれたとする。そのときに、自分が気前よく提供できるものに、何かしら「イエス！」と心置きなく言ってもらうことが大切だ。最も高価格帯のサービスや商品は買ってもらえないかもしれないが、それでも構わない！　ほとんどの場合、こちらが苦労せずともお客様のほうからのちにアップグレードしてくれるものだ。どうせなら高価格の商品を買ってくれるクライアントをたくさん得たいと思う気持ちは分かる。でも、**少しでも興味を持ってくれた人に提供できるものを一通り揃**

えておけば、顧客基盤は安定する。そういった人々が自分の商品の価値を認めて、もっと欲しいと思ってくれれば、ゆくゆくは自分を押し上げる力になってくれるのだ。あらゆる人の求めに応えられるように、無料のものも含め、価格帯に応じたコンテンツを取り揃えておこう。もちろん、買ってくれた人には価値をたっぷりつけるのを忘れずに。

3．自分の仕事と自分が提供するものに心から誇りを持つ

認定ファイナンシャル・プランナーとして働いていた頃、皮肉なことに私は経済的に成功することはできなかった。なぜなら、自分がやっていることに心を込められなかったからだ。肩書はどうあれ、自分の仕事は「セールスマン」兼「株のブローカー」だと思っていた。それ自体に何ら問題はないのだが、自分の心が躍るようなものではなかったので、仕事に誇りは持っていなかった。何とかごまかして仕事に情熱を持っている風に装ってやり過ごしていたのだ。だが結局はその経験のおかげで、私はコーチングという、自分が本当に誇りを持てる仕事ができるようになったのだ。

何より変わったのは、コーチングの仕事は楽しくて、私がしたことが直接クライアントの利益につながり、しかもそれが目に見えるレベルで常に実感できることだった。しかも、クライアントにリスクを負わせることはほとんどないのである。

ファイナンシャル・プランナーをしていたことから結果的にコーチングの仕事につながった

わけではあるのだが、コーチングは私を全く別の世界に連れて来てくれたのだ。**自分がやっていることを全然好きになれず、仕事のやり方に誇りも持てないような場合は、自分の魅力を開花させるのは難しい。**仕事を変えるか、職業を変えるか、勤め先を変えたほうがいいかもしれない。ただひょっとすると、私のように、今自分がやっていることから「突然変異」とも言えるような変化を見いだすこともあるかもしれない。もしくは、今自分がやっている仕事に誇りや喜びを感じ、他の人にも胸を張って自分の仕事を言えるようになるまで、とことん極めてみることだ。

4. あなた自身が売っているもののモデルになる

カレン・ライトはごく最近コーチになったばかりだが、彼女のエピソードは、私がコーチングをやり始めた最初の数年間の経験とよく似ている。それはまさしく、本章の中でも特に述べたいこの項のポイントを実証してくれるものだ。

まずカレンは、「魅力の法則」のうち、自分の今の状況によく当てはまりそうなものをいくつか実生活に取り入れることから始めた。特に「いっさい大目に見ない」(ステップ15)という法則が、他の人と同じく、よく効いたという。そのうちいろんな効果が現われ始め、カレンはいっそう今ここに集中して、心満たされて生きられるようになった。クライアントや付き合う友人の層も良くなっていった。「理想の人」と彼女が言うところの男性とも婚約した。こうした効果が外側にも溢れて伝わっていったのだろう。カレンのもとに集まってくる新しいクライアントたちは、「あなたみたいになりたい」と口を揃えるという。最近、カレンからもらった便りには「ここ六カ月のうちに来てくれたクライアントのうち、少なくとも六人は、私の人柄や、私が人生で手にしているものに惹かれて、私を選んでくれたのだそうです」と書いてあった。

いくら優れたマーケティングの手腕を持っていても、お客様の目に触れる広告が残念なものだったらどうだろう。コーチをやっていても、コーチ本人の生活がぱっとしていなかったら？　そういう場合は、押し売りでもしないとお客様には選んでもらえないだろう。

当たり前のことではあるが、心に留めておくに越したことはない。**自分が他の人に提供しようとしているものから、他でもない自分自身が利益を得ていれば、自分こそが「生きた宣伝広告」になる。**チラシなどは必ずしも必要ない。誠実に、ありのままの自分でいながらも、潜在的なお客様は自分を通して商品の価値を見ているのだということを忘れないこと。では、どう見せればいいか？　本書を読み進めれば、自分の最高の魅力がひとりでに輝きを放つようになるためのメソッドや方法が、いくつも見つかることだろう。

5.自分にぴったり合うように自分の商品をカスタマイズする

第2項の内容では、自分が提供するものをクライアントに合わせて調整し、幅広い層にそれぞれぴったりのものを取り揃えておくことについて述べた。ここで述べることも関連はしているが、少し違うところもある。

ここでは、自分の才能を表現するのによりふさわしくなるよう、自分が提供するものを完璧にカスタマイズすることについて考えたい。つまり、**提供者である「自分」にぴったりフィットするように商品やサービスをカスタマイズする**、ということだ。

これは、あらゆる職業において当てはめることができる。医者がカイロプラクティックを学べば、癒《いや》しの要素を全面に出したサービスを提供できるだろう。精神科医がコーチングを学べば、患者に必要なことの診断も、その後の回復のサポートも、もっとスムーズにできるようになる。

職業に合わせるのもそうだが、自分のユニークな才能に商品やサービスをカスタマイズしてもいい。特別な才能はどの人にも必ず備わっている。本書を読み進めて、自己診断テストをいろいろと受けていけば、自分ならではの素晴らしい才能が自然とはっきり分かるようになるだろう。

6. 商品やサービスを使いこなす方法を教える

世の中にはさまざまな選択肢が溢れているので、一体どうしたらいいか分からなくなることが多い。だからこそ、人は指示をもらうことを必要としていて、それにありがたく従うことで利益を十分に得ている。高校生のときに「目標設定の基礎」なんて授業を受けて、自分で自分に指示を出すことを練習した経験がある人はほとんどいないはずだ（もしいたらぜひ教えてほしい！）。

物を買うときでも、使うときでも、サービスを試すときでも、人は何らかの指示を求めている。どうしたらいいか分からないままだと、商品やサービスに込められた価値を十分に体験することもないまま、「買って後悔」の状態に陥ってしまいやすいのだ。

人に指示を出すのをためらわないこと。それこそ、商品やサービスに価値を与える、非常に有効な方法だからだ。助けを必要としていないという稀《まれ》な人は、早々に自分からそう言ってくれる。買い手にぜひとも自分の商品やサービスを買ってもらいたいときは、一度断られてもそれを最後通牒《つうちょう》だと思ってはいけない。**どうすればその商品やサービスを使いこなせるか、その便利な点をあらゆる角度から説明しよう。**もしかしたら、それから先もずっと感謝してもらえることになるかもしれない。

7.自分の商品やサービスの宣伝の仕方をお客様に示しておく

これも直前の第6項の内容とうまい具合につながっている。

私は自分のクライアントやお客様に対して、私のことを友達や仲間に紹介してほしいと頼んだことは一度もない。それにもかかわらず、彼らは喜んで周りに勧めてくれる。なぜかというと、私ははっきりと口には出さずに、実は私の商品の宣伝方法をクライアントに伝えているからだ。そして、その方法はもちろんあなたにも実践できる。

例えば、私はとあるクライアントの事例と、それに対して私がアドバイスしたことを、短いエピソードにまとめて話すことが多い。そのクライアント自身や、その人の当時の状況の仔細を話すことは、秘密保持の倫理に反するので絶対にやらない。その代わり、クライアントが感じた感情や、どんな風に人生のステージを変えていったかを話す。事実はもちろん大事だが、**感情のほうがより力を持つものだと身に沁みているからだ。**

こういう話をすると、ほとんどの聞き手はたいそう感動し、私に信頼を寄せてくれるようになる。そして、自分（大抵はクライアントだ）もこの話を他の人にも広めたいと思ってくれるのだ。

ここで重要なのが自らの倫理である。**相手を引き留めたり、勧誘したりするためにこういう話をするのではない。そのような話を通してクライアントが自分自身を振り返り、自分が求めていることを自覚するとともに、同じような状況にあった人が見事にそれを乗り越え、より良いステージに行っているという事実を知ってもらうために話すのだ。**とはいえ、こうした話をシェアすると、やはり大きなボーナスが返ってくるものなのである。

ところで、自分を堂々と売り出すことに慣れてくると、結局自分がやること全てに「売る」というプロセスが絡んでくることに気付くだろう。わざわざ一日の中で、「売る」ための時間を別に取っておく必要はないのだ。全てが一体になっているからこそ、自分を売り出すこともずっと簡単になる。

8.クライアントが受け取っている価値を十分に理解させる

私のクライアントたちは、彼らと私が一緒に取り組んでいることの意味や、そこから彼らが得られる価値についてきちんと説明されているとはいえ、それでも実際に得ているものの三〇%程度しか理解していないだろうと思う（これでも頑張っているのだ！）。

クライアントと私が今一緒にやっていることが、今日、来月、来年、その後の一生においてどんな意義があるかを、クライアントにはきちんと感じ取って、理解してほしいと思う。それは称賛が欲しいからではなく、そうすればクライアントが目の前のワークにもっと真剣に取り組んでくれるようになると思うからだ。

取り組みの意義をしっかりと理解してもらうための方法として、クライアントに声かけをするといい。例えば、「〇〇がここですごく大事になってくる理由はね……」とか、「今まさにやってもらったことには名前が付いていて……」とか、そういった具合だ。

この仕組みが分かるだろうか？　こうした声かけによって、クライアントの中で理解が深まるだけでなく、自分のニーズを満たすプロセスにじっくり身を浸《ひた》してもらうことができるのだ。決して押し売りをしているわけではなく、ただ真摯に伝えているだけなのだが、結果的に売上も、新規のクライアントの紹介も、どんどん増えていくことになる。

9. 疑ったり、批判をしてくる人への切り返しの言葉を持っておく

うまい切り返しの言葉など必要になる場面は特にないかもしれないが、私は常に用意をしている。矢筒に弓矢を入れておくように、備えがあればその分自信を持って堂々と自分を売りだすことができるからだ。もし誰かにコーチングなんていんちきだと言われたら、「なるほど。ではなぜ、オリンピックの金メダリストは、自分の勝利をコーチのおかげだと言うのでしょうね？」と返す。あるいは、「プロスポーツの世界でトップ層にいるコーチたちが、アスリートと同じくらい稼いでいるのはどうしてだと思いますか？」と返すだろう。

コーチングなんて、贅沢《ぜいたく》好きでトレンドに目がないカリフォルニア（またはマンハッタン）のセレブだけのためのものでしょう、と言う人がいたら、「そうですね、自分の人生を精一杯良くしたいと思わない人にとっては、コーチングは何の意味もないでしょうね」と返すだろう。

私のコーチング料金が高すぎると文句を言う人がいたら、「それだけのお金をかけたいと思えるゴールがあなたにはないのですか？」と、純粋に興味がある、といった素振りで、丁寧に聞くだろう。

実際にこういった言葉を使うことはそうはない。でも、いつでも適切な返しができるように準備はしているし、実際これが役に立ったことも数回はあるのだ。

何を売るにしても、疑いの目を向けてくる人に出くわす場面はきっとあるだろう。意地悪く皮肉を言ってくる人もいると思う。それがそういう人たちのやり方なのだ。**過剰に防御を固め**

る必要はないが、切り返しのための言葉は手元に置いておこう。

世の中には、人と信頼関係を築くことがどうしても難しい人たちもいる。皮肉や当てこすりを言うのは、そういう人たちが自分の判断にさえも自信を持てていないサインなのだ。おそらく、そういう人たちは過去に手痛い失敗をしたのだろう。そして、今後もその可能性は十分にある。だから、自分の意見を刺々《とげとげ》しい言葉で固めて守る必要があるのだ。

というわけで、自分が提供しようと思うものを押し売りするのはやめておこう。無理強《じ》いするのは魅力に欠けるだけでなく、こうした人に当たれば頑張ったところで結局自分の面目がつぶれるのがオチだ。自分の魅力を高めることで、もっとオープンに公平な目で見てくれる人を惹きつけるようにしたほうがずっといいだろう。

10.あなたの知らないところでセールス活動をしてくれるような、自動販促システムを構築する

もし何でも好きにできるなら、私は自分の「キャピラリー(毛細管)システム」に、商品やサービスの売買のプロセスを全て任せて、自分は一時間四〇〇ドルのコーチング業に専念するだろう。

私のキャピラリーシステムはさまざまな媒体で成り立っており、**私自身のことや、私が提供するもの、そこから得られる価値について人々に知ってもらうための情報を提供している。**未

来のクライアントたちはこのキャピラリーシステムを通じて、液体が管の中を上がってくるように、自然と私のほうへと近付いてきてくれるのだ。彼らはすでにある程度私に興味を持ってくれており、情報にも容易にアクセスできる。もっと情報を集めるなり、サービスに申し込むなり、ここではないと思ったら別の場所へ行くなり、好きに決めてもらうことができる。

　このキャピラリーシステムのおかげで、**私はサービスを売るのにいっさい自分の時間を使っていない。だが、このパイプラインに情報をインプットすることには、稼働時間の一〇%をかけている。**例えば、私の各種ニュースレターの購読者は合わせて約二万五〇〇〇人にものぼる。毎月、無料の電話クラスでもいくつか講座を持っており、自分が興味を持っていたり、もっと研究したいと思っていたりすることをテーマに教えている（なので、私にとってはセールス行為では全くなく、完全に研究開発の時間である）。数十のウェブサイトにも定期的に情報を追加していっている。

　要は、私はセールスが嫌いなのだ。売ることに興味がいっさい湧かないのである。でも、求める人がいれば価値を与えることには心から関心がある。なので、キャピラリーシステムを使って、未来のクライアントに情報を与えて、惹きつけておくのだ。人々が私にメールをくれたり、電話をかけてくる頃には、もう私のコーチングを受けたり、サービスを購入したりする気満々になっているというわけだ。

　このようなやり方は、オンラインの世界の持つ力と可能性にあまりなじみがない人には無機質に聞こえるかもしれない。でも、これは情報を拡散するための単なるシステムなのだ。相手は必要な分だけ受け取ればいい。私に魅力を感じるかどうかも自由に決めてもらえる。

電話勧誘やネットワーキング・ビジネスの手腕を磨くよりも、よっぽど良いビジネスのやり方ではないだろうか。

しっかりとしたキャピラリーシステムを持っておくことの大きな利点の一つは、このシステムを通じてすでにたくさんの人に多くの価値を与えているという自負があるので、自分が適当だと思う値段で実際のサービスを提供するのにためらいがなくなる、ということだ。これまでの経験でいくと、私との有料セッションを経て、クライアントは支払った金額の少なくとも一〇倍は最終的に経済的利益を上げている。これは、キャピラリーシステムを最後まで上り切った段階でクライアントはすでに心を決めており、自分が求めるものに向かって大きな一歩を踏み出す準備が整っているからなのだ。

キャピラリーシステムのメンテナンスに自分の稼働時間の一〇%を投資することで、私は多くのクライアントを獲得するだけでなく、彼らに「小さな一歩」を踏み出させるための時間も短縮することができる。それによって、自分が一番力を発揮できることに最初から取り掛かることができ、だからこそよりいっそう、自分で自分を魅力的だと思えるのである。

ステップ8

圧倒的な魅力を自分に感じる

Become Irresistibly Attractive to Yourself

自分が自分自身に圧倒的な魅力を感じないで、
どうやって他人を惹きつけることができるのか？

営業中！
お役には立たないかもしれませんが。
（「喫茶・卑屈」の窓にかけられた看板の文字）
——ジョン・キャラハン（漫画家）の漫画より

真の幸福とは本来静かなものであって
華やかさや賑《にぎ》やかさとは反対のものだ。
まずもって自分らしく生きる喜びから
湧き出てくるものなのである。
——ジョゼフ・アディソン（詩人）

自分で自分を全く魅力的だと思えない原因になっているものがあれば、取り除くことだ。

科学の世界に、超伝導体というものがある。多くの科学者が日々この分野の研究にいそしんでいる。その謎が全て解明されれば、かなりの長距離でも、電気抵抗をほとんど生じさせることなく電力を送ることが可能になる。そうなれば、電気を使う全ての人にとって、莫大な電力の節約につながるだろう。

この超伝導体の性質が、たとえとして秀逸だと思っている。抵抗が小さいということはすなわち高効率ということなので、与えたエネルギーの量が結果の大きさに直結することになる。

人間にも同じことが言える。**自分で自分を魅力的だとは完全には思えない原因になっている行動パターンや習慣をやめることで、ある意味自分を超伝導体にすることができるのだ。**

ニュアンスの違い

魅力を感じる（ATTRACTIVE）VS. 夢中になる（ENAMORED）――自分のことを「魅力的だと思う」のは、自己肯定的で健全なあり方だ。自分に「夢中になる」のは、自己陶酔に陥る寸前の、不健全な自滅状態である。

誇りを感じる（PROUD）VS. プライドを持つ（PRIDE）――（親が子どもを誇りに思うように）「自らを誇りに思え」ば、自然と力が湧いてくるものだ。「プライドを持つ」とは、自分が正しいと思うあまり他人から学ぶことができず、エネルギーを消耗しかねないあり方である。

魅力（ATTRACTION）VS.満足（GRATIFICATION）――自分の「魅力」を感じるには、ありのままの自分を愛することで十分である。自分に何かご褒美を与えて「満足」させなければならないと思うのは、自分を魅力的だと思うということとは全く別だ。

魅力（ATTRACTION）VS.自己陶酔（NARCISSISM）――「自分の魅力」は、自分は素晴らしい存在だと自然に思えたときに感じるものだ。「自己陶酔」とは、自分は素晴らしいと思わなくてはならない心境にあるときに感じるもので、外からの承認を必要とする。

本章冒頭の引用に出てきた架空の「喫茶・卑屈」のオーナーには、自分に魅力を感じられない原因になっているものがいくつかあるに違いない。でも、本章ステップを完了しない限り、私たちだって同じなのである。

こうした要素の一つ一つは私たちに強い影響力を及ぼしていることが多いので、正面から向き合っていくのはなかなか難しい。それでも、よく見てみればそこまで大したものでもないということもあるし、これらを取り除いていくことは理想の人生を創っていくためには必須のことだ。**自分の中で魅力的でないと思う部分は、その原因が何であれ、除去していかなくてはな**

らないのだ。

自分の魅力を損なうものに対処するには、これらは単にクリアしていくべきリスト上の項目にすぎない、と客観的に見るようにすることから始めよう。向き合うには勇気が必要だ。よく見てみると、他と比べると比較的手放しやすいなと感じる項目もあるかもしれない。そうやって踏み出す一歩一歩に、必ず報酬がついてくる。その蓄積のスピードはどんどん速くなっていき、もっと多くのものを手放していく力を与えてくれる。

こうした要素を取り除いていくにつれて、自分で自分をダメにしてしまう可能性も排除していくことができる。努力が不要になっていく一方で、得られるものは増えていく。そうすると、もっと多くを手に入れるか、あるいはもっと肩の力を抜いて生きていくか、という嬉しい選択肢が目の前に現われることだろう。

いずれにしても、あなたは自由を勝ち取ることができるのだ！

本章のステップを通して、自ら超伝導体になる方法を身につけていこう。この後の一〇項目がその助けになるはずだ。じっくり読み込んで、時にはタフな質問をも自分に投げかけよう。そうしていけば必ず、あなたの人生はもっと生きやすくなり、その魅力を増していく。

まずは、**「普段やっている行動のうち、自分の魅力を下げてしまっているものは何だろう？」と自問してみよう。**リストにしてもいい。怖がらずにやってみよう。得体の知れない恐怖さえも紙の上に書き出すのだ。そうして明るみにさらすのは、細菌に殺菌剤を散布するようなものである。

次に、自分にこんな質問をしてみよう。**こうした魅力を下げる行動を握りしめておくために、自分はこれまで何を犠牲にしてきたのだろう?** この点を掘り下げる中で、自分が無意識のうちにお金やエネルギーを消耗する重大な行動を進んでやっていたことに気付く人も多い。これらの行動を手放すことが大きな節約につながる。

それから、**他の人からはつまらないことに思われても、自分にとっては非常に特別だったり、魅力的だったりするような行動にはどんなものがあるか、考えてみよう。**現在やっていることでも、これからやろうとしていることでもいい。あなたは今まさしく、古い檻《おり》を壊し、時代遅れの制約の枷《かせ》を外すことで、成長のためのスペースを作ろうとしているプロセスの真っ只中にいる。だから、自分だけの基準を作っていけばいいのだ。

さらに、もう一歩考えてみよう。**魅力を下げる要素だと自分でも分かっているが、どうすることもできないと感じていることはあるだろうか?**

この法則が身につくと……

✓ 特に意味がないように見えても、自分が喜びや誇りを感じることをするようになる。
✓ 自分のことも他人のことも、より深く考えるようになる。以前よりも他人の考えを体感できるようになる。
✓ 自分を鼓舞したり、おだてたりしなくてもよくなる。

✓ 自分を魅力的にするものとしないものが分かっているので、決断が速くなる。

自分で自分の魅力を下げないための10の方法

あと少し、質問に答えてほしい。あなたは例えば、傷だらけの車の塗装にお金をかけようと思うだろうか。羽目板があちこち腐って亀裂が入っているような家に、外壁の塗り替えを施そうと思うだろうか。

多分、答えはノーだろう。そんなことをしても意味がないからだ。

何事でも、改善しようとするのは良いことだ。ただし、その効果が継続するのは、その表面下に隠れているものにきちんと対処ができた上でのことである。

というわけで……。

1．悪いと分かっていることをやめ、自分に栄養を与える

ここでは大事なポイントが二点ある。

一つ目ははっきりしている。ステップ1で述べた**「究極のセルフケア」を取り入れれば人は魅力的になれるということだ。**自分でも実感するし、出会う人皆からもそう感じてもらえる。

ただ自分には価値があると認めて、価値がある人に見合ったセルフケアをする、という手順を辿ればいい。そうした雰囲気は他の人にも伝わって、意識的かどうかはともかく、そんな自分のあり方を周りも尊重してくれるはずだ。

二つ目はより微妙で捉えがたい。それは、**「悪い」という概念自体が相対的で、進化していくものであるということだ。**昔は別に何とも思っていなかったことが、現在では悪いことだと感じるようになった、なんていうことに覚えがあるかもしれない。

自分を高め、成長させていくにつれて、頭と身体もより敏感になっていく。池を思い浮かべてみよう。急な土砂降り雨の後、水は泥でちょっと濁る。でもしばらくすると様子が落ち着いて、また水が澄みわたり、水面から池の底が見通せるようになるはずだ。

それと同じように、自分が物事を見る目も、だんだんと曇りが取れてクリアになっていくものだ。望みはより確かなものになり、意欲も高まる。食欲をそそらない食べ物や、健康に良くない物質、さらには、自分をダメにする、あるいは自己成長の妨げになる人間関係は自然と避けるようになる。そして、かつての自分にとってはルーティーンになっていた個人的な習慣であっても、自分にとっての栄養にならないのであれば、もはやわざわざ続けようとは思わなくなるのだ。

誤った行動や悪い習慣を続けていても、「ちゃっかり難を逃れている」ように見える人もいる。でも、それは幻だ。実際にそのダメージが現われるまでに時間がかかることもある。だが、表面化したときには、もう取り返しがつかないのだ。事が起きてから治療しようと思っても、人生に残された時間を考えると、とても足りないのである。喫煙が原因で起こる肺がんは、そうした例のほんの一つにすぎない。

一方で、冴えた思考力で選んだ行動や良い習慣に関しては、その効果がやはりすぐには現われなかったとしても、それは銀行口座に預けた貯金のように、実は確実に利子を増やしているのである。

こうした仕組みを理解していくことで、自分の中の心身のバランスが強くしなやかに整っていく。物の見方も変わってくる。**自分をごまかして悪い習慣を続けることがいかに馬鹿らしく自滅的な行為かも、しっかり理解できるようになる。**きちんと学んで、自分に必要な習慣の変化を起こそう。自分の「現在地」をきちんと把握して、セルフケアの基準をアップグレードしていくことが大切だ。

2.他人の期待に応えようとするのではなく、自分の期待に応える

他の人のニーズや期待から自分を切り離して考えることは、自己成長のプロセスに必要不可欠だ。他の人に（強い責任感を持って）向き合うこと自体は良いことだ。だがそれが行きすぎてしまって、**他の人の期待に応えなくてはと思い始めると、もうその過程を楽しめなくなる。**この違いはあまりに大きい。ところが、こういう思いが残念ながら生存本能と固く結びついてしまっていて、自分がそうした状態に陥っていることになかなか気付かない人も多い。だか

ら、自分のことをじっくり見つめることが大切なのだ。

それと同時に、自分も他の人に期待をするのをやめよう。これは双方向の問題なのだ。自分が成長したいと思うなら、他の人も同じように成長させてあげよう。

心配しなくても、双方が進化すればするほど、自分も相手も互いにしてあげられることが増えていく。相手方に何らかの役割を期待して縛り合うことなく、それぞれ自由に創造性を発揮することができるのだ。

3.良い人でいるのをやめて、過激派になる

本当は「過激派になる」というよりも「悪いやつになる」と言ったほうが正確かもしれない。**成長には、歴史や、正しい役割、望ましいとされる行ない、文化的な規範といったものでできた鎖を断ち切ることがつきものだ。**最初は試行錯誤する必要があるだろう。うんと踏ん張って、私たちの多くが握りしめている「良い人」の設定を思い切って壊さなくてはならない。

「良い人(Nice)」は、語感でいけば「臆病者(Mice)」と同じなのだ。

最近、車のディーラー店舗の窓に、「良い人ばかりの店」と書いてあるのを見つけた。要は「とっても親身に対応しますよ」ということだとは思う。それでも、ずっと「良い人」でいるのはさぞかしプレッシャーだろうなあ、とちょっと考え込んでしまった。それでは自由な成長もままならない。「良い人」を続けてきた過去からの呪縛に、受動的に縛られ続けるしかない

だろう。でも、「良い人」でいることがそんなに良いことだろうか。本当にそれが自分の気質なのか、それとも何かの隠れ蓑にしているだけだろうか。**良い人であることは一体何になるのだろう。もっと他に良い方法があるのではないだろうか。**

「良い人」でいなければと不安になってしまうのは、実は過去の時代のなごりである。昔は、一つの失敗がもとで集団の中での自分の地位を失いかねなかったし、自分の将来も、ひいては生き残ることすら危うくなったものだった。特に女性は、どんなときでも従順な「良い人」でいるべきだとする教育をずっと受けてきた。だが、時代は変わった。**今日では、「正しいことをする」ことがかえって自分にとっての害になる可能性も高いのである。**

責任をいっさい放棄せよとか、法を犯すようなことをしろとは言っていない。でも、ちょっとくらい自分に甘くなってみよう。一週間休みを取ればいい。食生活に気を付けていようが、食べたいなら今晩ピザを食べればいい。プレッシャーを感じることがあればやめてしまえばいいのだ。

気持ちの赴《おもむ》くまま、いくらでも「悪いやつ」になろう。そして、自分のことを新しい視点で見てみよう。自分の価値はそのままに、軽やかな気持ちで思い切って本能に従ってみよう。皆に、そして自分自身にも、もう自分は殻に閉じこもらないぞということを示すのだ。

4.人と比べるのをやめて、自分だけの物差しを持つ

自分のあり方や自分がやっていることを、他の人と比較するのは普通のことだし、健全なことでさえある。基準を設けること自体は何ら問題ない。だが、その基準を自分の自尊心を満たすために利用するのはあまり賢くない。なぜなら、それは依存をともなうからだ。それに、人間はどうしても、あるときは自分より優秀だと思う人と自分を比べ、またあるときは自分より劣っていると思っている人と比べ……と、**そのときの自分のエゴ次第で都合の良い比べ方をしてしまうものだ。これは全く何の意味もない行為である。**

それよりも、**自分の中に自分だけの物差しを作ることに時間も思考も使おう。**その後の人生においてずっと重要な意味を持ち続ける基準は、これをおいて他にないのである。

5.自分にハードルを課すのをやめ、楽に生きる

自分にわざわざストレスや困難を課してしまっている人は多い。もしかしたら、良い成果を出すためには、ストレスをかけてアドレナリンを出すことが必要だと考えているのだろうか。あるいは、平穏は退屈な人生の入り口だとでも思っているのかもしれない。だが実は、平穏こそがきっかけになって、堂々巡りの状態に終止符を打てることもあるのだ。次のエピソードが参考になるだろう。

ジョージは四〇代後半の企業家だ。コーチングを受けにやってきたとき、彼はさまざまな事業を抱えて四苦八苦していた。中でも、セールス関係のスタートアップ数社の事業を見るのは特に大変で、どれもあまりうまくいっていなかった。彼はいつもイライラしていた。自分の状況や心情について軽い口調で話してはいたが、今の自分の状態がしっくりきていないのは明らかだった。そんなジョージがコーチに頼んだのは、意欲を保つ方法と、「自分がもっと成功したら」すべきことのヒントが欲しい、ということだった。

次から次へとプロジェクトを渡り歩きながらも、ジョージは何とか家族を養っていた。それでも、自分の人生を改めて見つめてみて、「いつまでもこのままではいられない。何かを大きく変えなくては」と思っていたのだ。

こういう苦難を抱えている企業家は、非常に多い。

ジョージのコーチであるボビ・ジェンマは、関わるプロジェクトの数を絞らせることにした。それとともに、そのままの自分で大丈夫なのだと彼に理解してもらうように努めた。ただ戦略を変えればいいんだよ、と。そんなコーチのメッセージを、ジョージはなかなか素直に受け入れられなかった。企業家にはよくありがちなことだが、自分ははみ出し者だと常に感じていたらしい。「多分、俺が定職に就けばいいだけなんですよね」とこぼした。

「そんなことしてもあなたは幸せじゃないでしょう」とコーチが言う。「数カ月は頑張ったとしても、そのうちイライラが募って、また職を離れることになるわ」。それもそうかもしれない、とジョージは納得した。すると、ありのままの彼の良さについてコーチが言ったことも、だんだんと心に入ってくるようになっていった。

ジョージは、一度に手掛けるプロジェクトを三つだけにした。すると、四カ月もするとスケジュールにも余裕が出てきた。ジョージはその空いた時間を、自分自身のあり方を考えたり、セルフケアを施したりと、自分のことに使うようになった。そのうち、過去の自分は自分に厳しかっただけでなく、自分が顧客になった場面でも、いかに刺々《とげとげ》しい態度で武装していたかが分かるようになった。今では自分のことを笑いのネタにもできるし、自分の性格も受け入れ、なおかつそのままの自分で大丈夫だと思えるようになった。そして自分にも他人に対しても気楽に接することができるようになり、ジョージの人間関係は全て良くなったのである。

ストレスのもとになっていたビジネス戦略を変えることで、ジョージは人間的にも進化し、もう常にイライラしているようなこともなくなったのだ。

ここに、コーチングのミソがある。**自分の今の人生を見て、「わざわざ自分でストレスや逆境として抱えてしまっていることはないか?」と問うてみるのだ。**

この質問を自分に投げかけてみると、おそらく、特定の人の顔やプロジェクト、活動、目標、「すべきこと」などがいくつか頭に浮かんでくるだろう。どれか一つ選んで、じっくりと精査してみよう。**ある程度までそのストレスのハードルを下げて、もともとその要素を自分が抱えようと思った理由、そのモチベーションが何だったのかを探り当てるのだ。**

そこまで来たら、あとはその部分について自分の気持ちとことん向き合えばいい。本当の意味で魅力的になろうと思ったら、その気持ちに自分の中で折り合いをつけて、むしろ力強いパワーの源として今後の人生に活かしていくことが必要だ。決して無駄にしないように。そこから派生する問題自体をなくしてしまおうとはしないことだ。モチベーションはモチベーションとして大事にすればいい。その力を認め、活用しよう。自分に課してきたものの中にある本来の思いを、自分できちんと認識すること。それこそが自分の成長のための力強いステップになる。その見返りは必ずや自分に返ってくるはずだ。

6.人に期待を持たせず、約束を控える

自分が安請け合いをしがちなタイプであれば、ただ単にその見積もりを厳しくするだけでは足りない。いっさい、約束をしないようにしよう！

なぜそこまで必要かというと、これまでの循環をいったん断ち切らなくてはならないからだ。人に良い顔をしてしまいがちな人は、まずそのことを自覚しよう。他人からよく依存されてしまうという人は、その状態を正すのだ。

ミケーレ・リーゼンベリーは、売上数百万ドルを誇る太平洋岸北西部の運送会社で働いていて、責任ある仕事を大量に抱えていた。社内の定例会議で、少し助けてほしいことがある、と誰かが言おうものなら、「私が何とかする！」と言ってしまうのだ。そう言うことで、確かに力は湧いてきた。ミケーレはデキる人間だ、と社内でも評判になったし、実際、彼女は優秀だった。でも、常に何かしらの締め切りに追われ、さまざまな人や部署から相反する要望が降ってくるので、ミケーレはいつもストレスでいっぱいだった。

そんな彼女だったが、「魅力の法則」を学んでからはやり方を変えた。断れるときはできる限りノーと言うようになったのだ。**頼まれごとにどれくらいの時間がかかるかと聞かれれば、内心で見積もった期間を倍にして答えるようにした。**効果はすぐに現われて、ミケーレの仕事はそれまでの二倍、創造性豊かなものになった。その時々の気分に応じて、一番やる気の出る時間帯に、一番気持ちが乗る仕事をするようにしたことで、仕事の質は飛躍的に向上した。スピードも上がった。ミケーレが安請け合いをしなくなったことで、頼む側の人も、自分の依頼内容をよくよく精査してから相談してくるようになった。期待をむやみに抱かせることもなくなったので、仕事の仕上がりを見た依頼主からとても喜んでもらえるようになった。この件でミケーレが得た大きな学びは、**約束していないことを成果として出すほうが、ずっと簡単で実りがある、ということだ。**

これは補足だが、仕事関連のストレスが減ってエネルギーに余力が生まれたミケーレは、ある副業を始めた。コーチングだ。そちらも非常にうまくいっているらしい。

下手な約束をしてしまうパターンから抜け出せば、自由度が増して、時間の余裕も大きく増える。約束しよう。安請け合いではないのでご安心を。

7.待つことをやめて、自分の予感を信じる

もし自分の直感や予感にただ素直に従っていたら、自分の人生は今より良くなっていたと思

うだろうか。その当てが外れて失敗することがあったとしても、それでもやはり意味はあると思うだろうか。

ほとんどの人にとってこの問いの答えはイエスだと思う。どれほど合理的に冷静であろうとしたところで、一〇〇%正解を選ぶことなど結局は不可能だからだ。仮にそれができたとしても、人生は陳腐で退屈なものになり、充実感に浸ることなど全くできないだろう。

皆もっと自分の気持ちや直感、予感に従って生きたほうがいい。その際に「スーパーリザーブ」が構築できていればなお良い。自分の心の声を信じて進む練習をする過程で、たとえ初歩的なミスをしたとしても、余裕があればその結果も難なく受け入れることができるからだ。

良い事例がある。ジョーンはセミナービジネスを本業としているが、そちらをいったん長期休業し、休暇を取ったり、楽しく副業をしたりして過ごしていた。充電期間を経て英気を養った彼女はまた講師業に戻ることにしたが、休みを取っている間に第一線での存在感は薄れてしまっていた。仲間はいろいろと助言をくれたが、ジョーンはありきたりなアドバイスには従わなかった。彼女が取った策は、会場を予約し、広告宣伝も行なった上で、セミナーは無料で実施する、というものだった。

「決めるのは私だもの」とジョーンは私に語った。「普通なら高額で開催するところだけど、そういうことはやめて、これからも好きなだけ無料でやってやろうと思って」そして、キラキラ輝く笑顔でこう付け足した。「セミナールームに入っていくとき、このお客さんは皆、自分が招待したんだって思ったら、すごく気分が良いでしょうね」

自分で自分を心から魅力的だと思えて、良い気分を味わうためには、時には他の人からは変に思われるようなことでもやってみたらいい。自分が自分のことをどう思うかが何よりも重要なのだ。

ジョーンの例では、無料セミナーの開催という打ち手が好感を得て大きな反響を呼び、その後彼女はまた本業で二五万ドルもの年間利益を上げられるようになった。

それぞれの「魅力の法則」には素晴らしい相互作用が働くということが、そろそろ分かってきただろうか。例えば、自分の直感を信じてそれに従うことができるようになれば、学習のスピードはぐんと上がる。この後すぐ出てくる別の章の「10の方法」では、物事に素早く対応すればするほど、人生がよりスムーズに効率よく回るようになり、チャンスも最大化できるようになるということを学んでいく。

そこで必要になるのが、**自分の予感を大事にすることだ。単に「現実的」に生きるのではなく、心の声に従って生きるのである。**なぜなら、現在という時が現実味をともなって感じられる頃には、それはもう過去になってしまっているからだ。今この瞬間を心のままに味わうのが、一番良いやり方なのである。

8. 遠くのものを追いかけるのではなく、近くのものを受け取る

自分の魅力を下げ、自滅へと導いてしまう行動の中でも、多くの人が一番やりがちなこと。

それは、夢、希望、ゴール、「できるはずのこと」、人、愛、気持ち、幻想、チャンスなどといったものを追いかけることである。

もちろんそれは胸躍ることではあるのだが、大抵は結果にはなかなか結びつかない。

「夢を見るな。そんなもの絶対に追いかけるもんじゃない」と言いたいわけではない。ただ、やみくもに走るのではなく、いったんその勢いを緩めてみてほしいのだ。自分が今追いかけている夢（もしくは人やゴールなど）を別の視点から見つめてみよう。

もしそれらを手放したら、代わりにどんな利益があるだろうか？　その分のエネルギーを別のものに注いだらどうなるだろう。**できるだけ抵抗が少ない道のりを行くのが賢いやり方だ。**

超伝導体の話を思い出してほしい。エネルギーの巡りを良くする方法は、基本的には二つある――自分に内在する抵抗をなくすこと、そして、自分が追い求めるものの抵抗を下げること、である。

手の届くゴールを全て達成するのにエネルギーを使うほうが、遠くのゴールを追い求めて結局何も手に入らないよりもいいに決まっている。そのほうがエネルギーを消耗することもなく、逆にパワーがどんどん湧いてくるはずだ。**その積み重ねによって、遠くのゴールも自分の近くに引き寄せることができるだろう。**

9. 他人になろうとせず、自分のままでいる

これまで何度も語ってきたのでもうお分かりだと思うが、必死にもがく姿というのは全くもって魅力的ではない。その一つの例が、本来の自分ではなく、それ以上の、誰か他の人に自分を見せようとしてしまうことだ。**向上心自体は健全で良いものだが、無理に頑張ろうとすると人は醜くなってしまうこともある。自分のままでありながら、さらに成長しようと願うことはできる。むしろそれこそ、とても素晴らしい試みなのだ！**

でも、自分以外の人になろうとしてはいけない。それでは過去に——それも他人の過去の姿にとらわれてしまう。だから新鮮味が欠けてしまうのだ。

他の人のようになろうとするのはやめよう。そうすれば、本当の意味での成長を始めることができる。そのままの自分の姿を、より深く見ることができるようになっていく。その先には、前向きな驚きと喜びに溢れた未来が待っていることは間違いない。

10. 問題を抱えたままにせず、根本から解決する

問題解決のプロフェッショナルになるか、問題が存在しない世界に生きるかは、自分で選ぶことができる。後者は「やりがい」やドラマには欠けるかもしれないが、こちらのほうが自分

の魅力は余すところなく発揮できるし、エネルギーも消耗しない。**問題を単に解決しようとするのではなく、根本的に対応しよう。**

私がコーチングを始めて間もない頃のクライアントに、スチュアートという雑誌編集者の男性がいた。彼は、いつも声を荒らげている編集チーフの女性と同じ部屋で仕事をしていた。スチュアートを含め職場のほとんど全員が、何かしらその編集チーフから理不尽な怒りを向けられた経験があったものの、スチュアートは彼女のかんしゃくを鎮《しず》めるコツを心得ていたらしい。

スチュアートは内心では、なぜチーフはクビにならないのだろう、と常々思っていた。ある日、いつものようにひと悶着《もんちゃく》があった後で、ふと彼は悟った。自分が職場での「衝撃緩衝材」に甘んじているからだ、と。スチュアートがうまくチーフの機嫌を取ってしまうがために、経営層は問題に対処する必要がなかったのだ。

自分の才能をこんな風に腐らせている場合ではない、もっと活かすべき場所があるはずだ、とスチュアートは決意した。これ以上、経営層に体よく衝撃緩衝材として扱われることは、彼の自尊心が許さなかった。そこでスチュアートは、チーフの部屋からホールを挟んだ向こうの小さい部屋へと移動し、自分の仕事に集中した。節度ある態度は崩さなかったものの、問題の「解決」という厄介《やっかい》ごとを引き受けるのはいっさいやめた。

四カ月もすると、経営層は問題にきちんと向き合い、手を打ってくれた。チーフは会社を去り、スチュアートは昇進した。彼が作った最初の雑誌は、業界の栄えある賞を受賞した。

問題を解決するのはもちろん素晴らしいことだ。**でも、問題解決の「スペシャリスト」にな**

ってしまうと、次から次へと途切れることなく問題が目の前に現われてくることになる。そうなると、自分の創造性も発揮できないままになってしまう。自分が最も力を出せると考えるスキルでもって適切に自分を評価し、抵抗が最も小さい道を行くことが、結局は一番自分を前進させてくれるはずだ。

ステップ9

他人に感銘を与えるための「ライフスタイル」ではなく、自分が喜びに満ち溢れるための「人生」を

Get a Fulfilling Life, Not Just an Impressive Lifestyle

充実した「人生」からは魅力が溢れ出すが、「ライフスタイル」からは見栄が透ける

傾倒することが幻を作り出す。
現実をありのままに見られるのは
超然としている人だけだ。

——シモーヌ・ヴェイユ(哲学者)

所有することができるものは、自分の魂だけ。

——トレイシー・チャップマン(シンガーソングライター)

魅力で惹きつけることと、誘惑すること。この二つは全く別のものだ。何かを選ぶとき、果たして自分はそれに魅力を感じたのか、それとも誘惑されたのか。この二つの違いは非常に大きい。

魅力に惹かれて選んだときは、心が満ち足りてバランスも整い、本来の自分ときちんとつながっているという感覚になる。誘惑に引きずられてしまったときは、後ろめたさや心の乾きを感じ、何か辻褄《つじつま》が合わない感覚になる。一方は中身が詰まっているが、もう一方はうわべだけのものだ。また、一方は喜びと意欲が湧き、満たされた気持ちが続くのに対し、他方は急激なスリルを感じるものの、後に残るのは虚《むな》しさである。どちらに当てはまるかは、身体の感覚に聞いてみよう。正直に教えてくれるはずだ。

この章のサブタイトルが示すように、**充実した「人生」は魅力の源になるが、ライフスタイルは見栄の表われであることが多い。**例えば、「のどかな田舎に農場一式を買って暮らしたい」という望みを持ったとする。それは自分が都会の生活に疲れていて、馬が好きで、夜にちょっと外に出て無数の星を眺められたらどれほど幸せだろう、と心から思うからだろうか。それとも、何か自分のアイデンティティになるものが欲しくて、雑誌で見かけたビバリーヒルズのカウボーイ風ジャケットの広告シーンのような、絵になる一日を過ごしたいと思うからだろうか。前者であれば、満ち足りた暮らしを何年も送ることができるだろうが、後者だとそれは望みようもない。あるいは、ポルシェのボクスターをプレミア価格の一万ドルで購入したとしよう。それは自分が筋金入りのスポーツカー好きで、自分にとってはこの車種こそ現代で最高の車だ、と惚《ほ》れ込んでのことだろうか。それとも、街で道行く美人を振り向かせたい、と思ってのことだろうか。これ以外にも、休暇を過ごす場所、住むエリア、結婚相手やレストランを選ぶとき、心から幸せだと思う気持ちが持続しそうかどうかで決めているだろうか。他人の目線で見て自分にふさわしいと思うものを決め手にしてはいないだろうか。

社会の至るところで、ライフスタイルを誇示する風潮が強くなっている。消費と満足との混同も根強い。これから出てくる「10の方法」に従って、本当の魅力をもたらす選択ができるようになろう。

ニュアンスの違い

人生（LIFE）VS. ライフスタイル（LIFESTYLE）――「人生」は、自分自身がベースである。「ライフスタイル」は、外からどう見えるかがベースである。

満ち足りている（FULFILLMENT）VS. 満足する（GRATIFICATION）――「満ち足りている」とは、ポジティブな気持ちが常に溢れ出ている状態である。「満足する」とは、何かの体験や資源や人を消費することで、欲求が満たされたことを指す。

自然（NATURAL）VS. 普通（NORMAL）――「自然」であるとは、自分にとって一番良い状態のことである。「普通」であるとは、他の人たちも含む平均に位置している状態のことである。

感情的コスト（EMOTIONAL COST）VS. 経済的コスト（FINANCIAL COST）――コストというとお金や時間の観点で計算されることが多いが、「感情的なコスト」のインパクトはそれらよりずっと大きい。例えば、ライフスタイルを維持するために長時間労働すると、その過程で自分の中の大事なものを失ってしまうはめになる。

持続可能（SUSTAINABLE）VS. 管理可能（MANAGEABLE）――満ち足りた生活を送っていると、自分らしい生き方を自然と「持続」することができる。わざわざそれを「管理」しようとする必要はない。

この法則が身につくと……

- ✓ステイタスの象徴にもなりうる「アクセサリー」に対して、それが他人に与える印象ではなく、その物自体の真の価値を感じられるようになる。
- ✓生活を飾り立てることにそれほど興味がなくなり、必要に迫られてではなく自然と生活のさまざまな側面をシンプルにするようになる。
- ✓シンプルな暮らしをしている人の生き方に興味が湧き、そういう人を観察して学ぶようになる。
- ✓感情的コストを払ってまで、これまで世間で「成功」とされてきたものを追い求めようとは思わなくなる。自分の心を犠牲にすることを身体がもはや許さなくなる。

✓ お金がたくさん貯まるようになる！
✓ 自分のライフスタイルにではなく、中身に興味を持ってくれる人が周りに集まるようになる。
✓ 所有物に関係なく、自分に誇りを持てるようになる。

他人に感銘を与えるための「ライフスタイル」ではなく、自分が喜びに満ち溢れるための「人生」を手に入れるための10の方法

1．自分の「人生」を生きることと、「ライフスタイル」を持つことととの違いを理解する

とある金融サービスの広告で、こんなことが言われていた。「生きるために働いているのか、それとも仕事のために生きているのか？」

これを私なりに少し言い換えてみたい。**「『ライフスタイル』のために働いているのか、それとも本当の意味で自分らしく生きているか？」**と。

「人生」と「ライフスタイル」はある面ではつながっている。自分がどう生きたいかを選べば、それが「ライフスタイル」になっていく。これなら、無理することなく幸せでいられる。

それと同時に、この二つはすみ分けがされるものでもある。自分がどう見られたいかを考えるとき、自分の目と他人の目、そのどちらかを人は視点として選んでいる。何かお金を使う決断をするときには、自分が選んだいずれかの目線に立った上で、思った効果が得られるかどうかで決めるのだ。その決断が必ずしもそのときの自分を幸せにするとは限らない。なぜなら、出費を賄《まかな》うには負担がつきものだからである。だが、幸せな気分はあとから手に入ることもあるのだ。

「人生」と「ライフスタイル」は、愛と情欲の関係に似ている。うまくいけば、二つは完璧に調和する。だが、それぞれを明確に意識していないと、すぐに混同が生じてしまう。情欲は愛をベースに成り立つものにも、愛を奪い去ってしまうものにもなりうるが、どちらに転ぶかは自分の本能的な判断次第だ。「ライフスタイル」と「人生」にも、同じことが言える。

『ライフスタイル』を維持するために、自分の『人生』はどれくらい消費されているだろうか」と自分に問うことが大切だ。「ライフスタイル」を持つこと自体は、何ら悪いことではない。ただ、自分が「ライフスタイル」を決めるのであって、自分のほうが「ライフスタイル」に支配されないように気を付けよう！

経済状況は人それぞれだが、「ライフスタイル」を追い求めて必要以上にお金を使って、現実の生活を犠牲にしている人があまりに多い。私がコーチングをした中にも、そういう人はたくさんいた。もちろん皆がそうだというわけではないが、もしかしたらあなたにも当てはまるかもしれない。

確かなことが一つある。それは、自分が誘惑に駆られているという事実を自分で認めるのは、ほとんどの人にとっては難しいということだ。

自分では分からなければ、コーチと話してみよう。複雑に絡まったものをいったん解きほぐしてしまえば、シンプルな方程式が見えてくる。**「ライフスタイル」（見栄や、きりのない物欲）を引き算すれば、「人生」（自由やスペース、充足感）が増していく**、というものだ。ここで、「自分の価値観を道しるべに」して（ステップ23）、「自分のニーズを完全に満たし切る」（ステップ13）ことができれば、全ては本当にシンプルになっていく。

2．違う生き方について学ぶ

自分の手の中にある選択肢の数や、他の生き方ができる可能性を少なく見積もってしまっている人は非常に多い。少し周りを見渡して、魅力的だと思う生き方（この際「ライフスタイル」でもいい！）をしている人を見つけてみよう。そういう人と一緒にランチにでも行って、いろんなことを聞いてみよう。例えば、どんな風に日々暮らしているか、大切にしていることは何か、これまで「人生」や「ライフスタイル」をどう大きく変化させてきたか、これからどう変えていきたいと思うか、といったようなことだ。

自分の「人生」や「ライフスタイル」を変えるのは、今一緒にいる仲間を裏切るような気がするということもあるかもしれない。彼らがとても大切にしていること、例えば、定期的に気楽な飲み会をしたり、特定の店で買い物をしたり、あるジャンルの音楽だけを聞いたり、ミニチュアゴルフを愛好したり……といったようなことを、無下《むげ》にしてしまうような感じがするかもしれない。

でも、本当の仲間であれば、あなたが新しいことに挑戦し自分を更新していくことを、大いに応援してくれるものだ。嫉妬してくるような人は、エネルギーを奪うだけの存在である。だから、自由にいろんなことを試してみよう。そこで感じたことを、自分のものにしていくのだ。

新しいことを学ぶことは、すなわち自分を解放することである。新しい選択肢は、いつでもそこにある。

3.本当は自分らしくないものを特定する

私たちは皆、自分を取り巻くものに非常に強い影響を受けている。それは、文化や環境だったり、仲間や集団におけるルールだったり、広告やそれによって引き起こされる衝動だったりとさまざまだ。だから、自分らしさとは何かを本当に考えられている人は、実はほとんどいない。何も考えず、決められた役割に沿って生きたり、皆が欲しがる車を運転したりしているほうが簡単なのである。

ほとんどの人は、自分の「人生」を本当の意味では選んでいないと言ってもいいだろう。選んでいるのは「ライフスタイル」なのだ。もしかしたら、「ライフスタイル」に自分が選ばれているのかもしれない。

このサイクルを壊すために、コーチと一緒に、**自分や自分の「人生」に本来最も大切なものは何かを探そう。**本書に出てくる各種のチェックリストも、自分の普段の選択のあり方に向き合うのに役立つだろう。そうすれば、重量オーバーになってしまっているものを手放せる。

例えば旅行から帰ってきたとき、空港からずっと持っていた荷物を下ろすと、両肩が軽くなってほっとするだろう。その感覚をもっと広いレベルに当てはめて考えてみればいい。

4.他の人にとっての普通ではなくても、自分にとって自然なものを見つける

世界の中でも、アメリカ人は最も個人主義的だと思われている。自分がやりたいことをやる、他の人がどう思おうが知ったことではない、というカルチャーだ、と。

「自分の好きなようにする」というトレンドは、世の中で勢いを増している。一九六〇年代においてはこの風潮はまだ開拓期で、慣習への反抗とか、人とは違うことをするとかいった形で表われていた。そこからさまざまに実践を積み重ねることで、私たちはこのことに必要なスキルをうまく使いこなせるようになってきている。アメリカで起業家精神の盛り上がりが再び興っているのも、その証拠の一つだろう。今日では、このトレンドの後押しになる新しいツールや技術も、素晴らしいものが世に出ている。豊富にあるこれらのリソースを最も使いこなせる人が、これからの社会で利益を得る仕組みにもなっている。

創造力と自由が尊ばれ、普通であることはむしろ軽んじられる時代。いわゆる世間の「普通」であることが自分にとって自然だと感じる人は、本来あまりいないのだ。自分にとっての自然なものを見つけて、それを重んじる自由が、社会や文化にも（思っている以上に）存在している。

さあ、その自由を、自分に許そう。

5.「ライフスタイル」を維持するのはお金がかかる上に、進化を阻害すると心得る

名作スリラー映画の『キー・ラーゴ』には、エドワード・G・ロビンソン演じる凶悪なギャング、ジョニー・ロッコという登場人物が出てくる。劇中、一体何が欲しくて極悪非道な行為を繰り返すのかと聞かれて、彼の答えは「もっとだ！」の一言だった。

広告が溢れかえる世界に身を置く私たちも、ジョニー・ロッコとどこか似ているのかもしれない。広告は、「もっと欲しい」という気持ちを掻き立てる。それ自体はそれほど悪いことではない。しかし、「人生」そのものよりも「ライフスタイル」に気を取られてしまうのは、多くのものを求めるばかりで、人としてより進化することを置き去りにしてしまっているということだ。自分が演じている役割によって、本来の自分よりも自分を大きく見せようとしている、と言うこともできる。

私が数年前にコーチングしていたクライアントが、まさに「もっと欲しい」の典型のような

人だった。新車のレクサス、目の飛び出るような豪邸（ローンの額もすごかった）。子どもたちにも贅沢な恰好をさせていた。クライアントは弁護士で、自己主張のできる人だったが、自分自身について深く理解しているわけではなかった。彼も、彼の奥さんも、あらゆる最高級品をせっせと集めていた。それが余裕を構築することだと思っていたのだ。しかし、余裕とは気持ちの面でのゆとりのことであって、経済的なゆとりだけを指すものではない。クライアントは、自分の「ライフスタイル」に心満たされているとは言えなかった。でも、お金を使うことで、向き合いたくないものから目を背け、忙しさに紛れて根本的な変化を起こすこともできないままだった。

そうするうちに、変化せざるを得ないときがやってきた。私との最初の打ち合わせで、クライアントは「収入を五〇％上げないといけない」と言った。「離婚を控えていて、子どもを引き取ることになった。現金が足りない」

「それも可能だとは思いますよ。でも、今の『ライフスタイル』をもっとシンプルにするのも試してみてはどうでしょう」と私は言った。

「いや、それは無理だ」クライアントはそう言って、子どもを私学に行かせないといけない云々、譲れない「必須事項」を並べたてた。

コーチングのかいもあって、クライアントの収入は数カ月間で以前の二倍、三倍にもなった。でも、結局はそれで問題が悪化しただけだった。クライアントはいっそう仕事に打ち込むにつれて、自分はもっと多くのものを手に入れていいはずだと思うようになった。新しい恋人もできたが、その彼女がまたとてもお金のかかる人だった。

ファイナンシャル・プランナーの用語で、消費性向という言葉がある。どれだけ稼いでも、その分を超えてお金を使ってしまう人のことだ。こういう人は、「ライフスタイル」の問題をまず解決しない限り、次から次へと新たな問題を引きつけてしまう。

「人生」を楽しむには、それだけの余裕が必要だ。「人生」を謳歌しつつ華やかな「ライフスタイル」を満喫することも可能だが、その「ライフスタイル」を維持するために、自分の時間や気持ちのゆとり、神経を過度に消耗しないことが大前提になる。ほとんどの人は、そこまでの余裕はない。だから、「もっと」と追い求めるほどに、手元に残るものは減ってしまうのだ。

もし自分が支払いに追われ、お金を貯めるより「ライフスタイル」を維持するほうに使ってしまっているようであれば、それは「ライフスタイル」にお金をかけすぎだということになる。とらわれてしまっている状態、と言ってもいい。とりあえず今の仕事のまま働き続けるしかなく、もっと好きになれるかもしれない新しいことに挑戦する余裕も持てないだろう。

「ライフスタイル」を持つことを否定しているわけではない。ただ、一つの真実として言っておきたいことがある。それは、「ライフスタイル」にお金をかけずにいられなくて、そのために仕事も辞められないなら、人間としての成長や進化のスピードは、本来期待できるレベルよりもずっと遅くなってしまう、ということだ。

人が高速で成長できるのは、新しい考え方、働き方、そして生き方を試すための時間とスペースにゆとりがあるときだ。華やかな生活をしていても実はギリギリ、という状態であれば、本来重要であるはずの人としての進化はあまり望めない。そして、そういう生き方をしている人は魅力的とは言えないのである。「ライフスタイル」は人を惑わすものであって、人の真の魅力は、その人自身から溢れ出るものだ。**自分を一人の人間として見られたいか、それとも単に「ライフスタイル」を象徴するだけの存在として見られたいか。さあ、選ぼう。**

余裕があるのであれば、自分の「ライフスタイル」を好きなだけ満喫すればいい。そうでなければ、生活をシンプルにすることだ。

6.「人生」を豊かにしてくれる人と、「ライフスタイル」の中で登場しただけの人を区別する

「ライフスタイル」には、演劇のような要素がある。映画に出てくる役者のように、いろんな人が次々に登場しては去っていく。駐車代行の係員、仕立職人、家政婦から建築家までさまざまだ。さらには、シーンも移り変わっていく。スターバックスからフランス料理のレストラン、ホテルから家へ――。あなたの「ライフスタイル」の中に入り込んできて、与えられた役割の分だけ筋書きを前に進め、そしてまた出ていくのだ。

「ライフスタイル」に強くとらわれている人にとっては、自分以外の人はエキストラであって、自分の映画に端役《はやく》として登場するものにすぎない。自分にとって、どの人間関係を大切にすべきで、どの人間関係は付属物でしかないのか、きちんと区別することが必要だ。なぜなら、**うわべだけの関係ほど、お金の面でも時間の面でも、維持するコストが高くつくものだか**

らである。

繰り返しになるが、豪華な「ライフスタイル」を否定するつもりは全くない。ここで言いたいのは、**自分の「人生」に真の喜びやエネルギーを与えてくれる人と、単に一時的なサポートや楽しみをくれるだけの人とをきちんと見極めよう**、ということだ。

7.「ライフスタイル」を見直し、縮小する

ほとんどのクライアントは、「ライフスタイル」を縮小するのを嫌がる。お金や離婚、健康問題といった危機に瀕《ひん》するまで何とかしようとは思わないのだ。

私はこのことについて口うるさく言うのはやめた。そしてこういうクライアントが、もっと自分の魅力を高めたいのに、と悪戦苦闘している姿を見ても特に驚かない。簡単だと言われたのになぜうまくいかないのか、と彼らは首をひねるのだ。

その一番の原因は、こういう人は装飾品を手放そうとしないということにある。さらに、こういう人の多くが考える「『ライフスタイル』の縮小」は的外れだ。例えば、休暇の行き先をオーストラリアではなく近場のカリブ海にすることだったり、ファーストクラスの代わりにビジネスクラスに乗ることだったり、レクサスの代わりにインフィニティを買うことだったりする。

もう一度言うが、私は贅沢を否定しているのではない。私自身、贅沢な暮らしをしていると

も思う。ただ、私にとって「ライフスタイル」はオプションでしかない。「人生」の楽しみではあっても、私のアイデンティティではない。もし経済的な不安の兆《きざ》しが少しでもあれば、いつでもすぐ手放すことができるものなのだ。

モノから得られる喜びを捨てて頭を丸め、托鉢《たくはつ》をすることを勧めるなんていう気は全くない。禁欲主義者になる必要もない。でも、「ライフスタイル」が自分の成長の妨げになっているとしたらどうだろう。

「ライフスタイル」はあくまでも「人生」をサポートするものであるべきで、逆であってはならないのである。

8. 理想の生活についてじっくり書き出してみる

これをやってみたことはあるだろうか。理想の人間関係、目標、仕事、気持ち、家……理想の「人生」を形作るこうしたものを、紅茶かコーヒーでも淹《い》れてくつろぎながら書き出してみよう。未来を夢想して生きるためではなく、理想の未来の実現のために、試しにサイズ合わせをしてみる要領だ。

9．自分の価値観を知る

生きていく中で自然と心惹かれるもの。その気持ちを溢れるままに表現したいと思うもの。それはまさしく、自分が「人生」で価値を置くものだ。美しさ、平和、創造性、発見、そして調和といったものは、価値観を表わす言葉の例だろう。

自分の価値観に沿って生きることからもたらされる真の充足感に比べれば、「ライフスタイル」から得られるものなど足元にも及ばないのだ。

ただし、自分の価値観と調和して生きることと、聖人ぶることとを混同してはいけない。それでは魅力的なあり方からかけ離れてしまう。何も自分の価値観を表明するのを大げさに捉える必要はないのだ。ただ、その価値観を自分の行動や生き方の中で可能な限り表現できるよう、確固たる覚悟を決めることだ。それこそが最高に魅力的な姿勢である。

そうなりたいのは山々だが自分にその方法が分かるとは思えない、という人がほとんどだろう。少なくとも、今の「ライフスタイル」は大幅に手放さなくてはならないはずだ。

これに関連して、自分の心に最も強く働きかける価値観を具体的に定義する方法を、ステップ23で学ぶこととしよう。

10. 手に入れるために躍起になって、苦しい努力をするのをやめる

もし今すぐ「諦めて」、苦しいだけできりがない競争の世界から降りたらどうなるだろう。「人生」はどう良くなるだろうか。どんな変化が起こるだろう。最悪の事態が起きるとしたら何だろうか。替えがきかないものが失われてしまうとしたら、それは何か。自分は人としてどう変化するだろう。どんな時間の過ごし方をするだろうか。今いる道とは全然違う道に進むのだろうか。どのゴールを手放すだろう。自分のモチベーションをどうやって上げているだろうか。そもそも、そんな必要はあるのだろうか。

こうした質問は、考えてみるに十分値する。答えはもちろん人によって違うはずだ。私は今ある自分の基盤をなくしてしまえと言っているわけではない。ここで言いたいのは、こうした質問について考えるために少しばかり時間を投資すれば、これまでは考えもしなかったものがいろいろと見えるようになるということだ。恐れも湧き上がってくるかもしれないが、同時に素晴らしい可能性も開ける。自分の可能性を信じる力は、鍛えることで強くなる筋肉のようなものだ。その筋肉が増えるほど、今この瞬間に息づくチャンスがもっと見えるようになっていくだろう。

ステップ 10

控え目に約束をし、期待以上の成果をもたらす

Promise Little, Deliver Everything

期待を超える成果を出し続ければ、
新しい顧客が向こうからやってくる

「言う」よりも「やる」ほうが重要だ。

――ピート・シーガー（フォーク歌手）

「これからやろうとしていること」では
評価を得ることはできない。

――ヘンリー・フォード（フォード・モーター創始者）

「期待を超える成果を出すだって？　今この状態でも手一杯なのに！」そんな声が聞こえてきそうだ。

どうして私たちは、過大な約束をしてしまうのだろう。評価してもらいたいからだろうか。皮肉なことだが、約束を控えめにする（その上で成果はそれ以上に出す）ほど、自分のポテンシャルを存分に発揮することができ、人からの評価もぐんと上がるものなのだ。

なぜこのようなことが可能になるのか。それは、果たすべき約束で手一杯にならないようにすることで、その分、自分のリソースを深く掘り起こして自由に使うことができ、一つ一つの仕事のパフォーマンスが上がるからなのだ。

今回の法則はあまり実用的ではなさそうに思うかもしれないが、実際には非常に使えるものである。特に、現代においては経済状況の変化が激しく、企業のリストラが増える一方で、インターネット・ビジネスの可能性は拡大していく。フリーランスや起業で活躍する人もどんどん増えている。そんな中では、自分の評価を高く保つことがこれまでよりも重要になってくるのだ。情報は瞬《またた》く間に広がる。「すごい人物」として名を馳《は》せることができれば、それが機動力となって一気に成功していくこともできる。

そのためには、**自分が約束した仕事と最終的に出す成果との差、つまり期待値の余裕を設けておくことだ。そのギャップが大きければ大きいほど、そこには吸引力ある「真空状態」が生まれ、成果を受け取った人をその分驚かせるとともに、深い感銘を与えることができる。**

こうして嬉しい驚きに接したお客様が、あなたの仕事への評価を喜んで宣伝してくれるというわけだ。

ここからは特にクライアントやお客様といった言葉を用いるが、金銭や愛情、その他どんなものを基盤とする人間関係にも応用できる法則なので、ぜひ覚えていてほしい。

ニュアンスの違い

約束を控える（UNDERPROMISE）VS. 過度な約束をする（OVERPROMISE）

——「過度」な約束をしてしまうのは、相手を誘惑していることに他ならない。そうなると結局は仕事に追われるか、約束を果たせずに嘘つきになるかしかない。引き受ける仕事を「控えめにする」（しかも大きな成果を出す）ようにすれば、クライアントをずっと喜ばせ続けることができるので、あなたの魅力は高まる。

期待を超える（EXCEED EXPECTATIONS）VS. ニーズを満たす（SATISFY）

——顧客の「ニーズを満たす」ことは最低限の基準である。魅力的な人になろうと思うと、次に求められるレベルは、顧客の「期待を超える」ことである。

成果を出す（DELIVER）VS. 申し出る（OFFER）——既存の、あるいは潜在的なクライアントに対して、事前に何の「申し出」もせずにさっと「成果を提供」すれば、相手は非常に感銘を受け、魅力を感じてくれることだろう！

この法則が身につくと……

- ✓ 引き受けた仕事の二倍の成果を、時間は二倍もかけずに提供する方法が分かるようになる。まさにイノベーションである！
- ✓ 同じ思想を共有できる取引先や業者を探すようになる。そういった相手と組めば、大きな成果を出すことがより簡単になる。
- ✓ 多くのクライアントやお客様が自分の仕事ぶりを喜び、その感動を伝えてくれる。また、クライアント自身、良い口コミをすれば情報通な感じがして気分が良いので、喜んで宣伝してくれる。すると、潜在的なクライアントやお客様にも良い評判が広がって、ビジネスが拡大する。
- ✓ 仕事をする上でのプレッシャーが少なくなる。
- ✓ 自分が提供するものについて、クライアントごとにカスタマイズして完璧に仕上げる時間と余裕が生まれる。

約束した以上の成果を出すための10の方法

1. 過度な約束はせずに大きな成果を出す

大事なのは、引き受ける仕事のレベルを、自分ができると分かっているよりもずっと控えめにすることだ。クライアントや納入先の当初の要求よりも、さらに控えめに約束するくらいでもいい。**期待値はできるだけ下げること。そうすれば、自分の裁量がぐっと大きくなる。**

年商数百万ドルの運送会社に勤めるミケーレのことを覚えているだろうか。仕事をどんどん引き受けてしまうことが彼女のストレスのもとになっていた。それをやめて、約束を控えめにするようにしたことで、ストレスは激減し、仕事でも周りがいっそう喜ぶ成果が出せるようになったのだ。

引き受ける仕事を控えめにすると、もう一つ良いことがある。単に出せる成果が量的に向上するというだけでなく、クライアントの期待や、場合によっては自分の想像をも質的に超える成果を出せる余地が生まれるのだ。創造性を発揮して新しいものを生み出す自由が持てることで、当初クライアントがこの程度だろうと思っていたレベルよりもずっと良いものを提供することができる。

クライアント自身、自分が何を本当に求めているのか、大抵は分かっていないものだ。そこには何かしら満たしてほしいニーズがある、というだけである。だから、依頼を受けた初めの段階からあまりにも型にはまりすぎないほうがいい。とはいえ、支払ってもらう対価に見合うものはきちんと提供すること。そして、さらにその上を行くようにしよう。

2.自分が約束をしてしまう理由を自覚する

さぁ、自分を振り返ってよく考えてみよう。人から仕事を引き受けては、いつもそれをこなすので精一杯になっていないだろうか。なぜそうせずにはいられないのだろう。他に選択肢はないのだろうか?

約束をすることで自分に発破《はっぱ》をかけなければ、着実に成果を上げるためのモチベーションが保てず仕事のサイクルが回らない、という人もいる。締め切りを決め、言ったことは守らなければと自分を追い込む、というやり方だ。次のステップ11では、まさしくこのテーマを扱う。すなわち、物事を進めようとするときに「力で前へと押し出すか、前へと引き寄せてもらうか」の違いである。

約束を守ることは大切だ。私自身、そのことを真剣に考えているからこそ、簡単には約束などしないようにしている。だが、ほとんどの人は軽々しく仕事を引き受けてしまうので、約束を果たすことに苦しむはめになるのだ。

昔私が付き合いのあった人たちは、私が取り決めの通りに仕事をしてくれないと自分たちが立ち行かないと言い、つまりそこにはある種の依存があった。自由でいたい私にとって、仕事へのコミットでもって縛られるようなこうしたやり方は、苦痛でたまらなかった。しかし、約束することをいっさいやめるようにすると、パフォーマンスを上げなければと不安に駆られることはなくなった。

約束を全くしないというのは不可能に思えるかもしれないが、それでも約束を控えめにしてみることで生まれるゆとりと自由を享受することができれば、誰もが進化していくことができると思うのだ。

考えてみてほしい。一体どうして約束をしてしまうのだろう？ 他にもっと良い方法はないか。もっと自分を根本から魅力的にするやり方はないだろうか。

こうした質問を真剣に考えて答えを見つけるぞ、と、それこそ自分に約束してほしいのだ。

実際、そうやって向き合ってよかったと、あるコーチが言ってくれた。以下は彼の言葉だ。

「**私はいつも忙しそうにしていることで、自分がいかに重要な人間かを周りに示そうとしていたのです。でも、約束は控えめにして大きな成果を出すようにしたら、途端に時間のゆとりが生まれました。**あるとき、自分でも驚いたのですが、**『時間がたっぷりあるぞ！』**と独り言が口を突いて出たのです。はっとする感覚でした。今では、クライアントが電話をかけてきて、ちょっと特別な相談がしたいのだが時間の空きはあるかと聞かれたら、『時間なら十分余裕がありますよ』と喜んで答えています。

すると、電話の向こうでクライアントが笑顔になるのが分かるんです。こんな風にしていると、自分のことをいっそう魅力的だと思えるようになりました」

3.やると言ったからではなく、やりたいからやる

仕事の成果を出したらひどくほっとする、という人がいる。そういう人は、自分が何かを作り上げたという喜びではなく、**約束通り仕事を完遂したということが満足の中心になっているのだ。**他方で、成果を出す過程と結果の両方を楽しむことができる人もいる。

ここで考えたいのは、仕事を最初にコミットして以降、自分のモチベーションになっているものは何か、ということだ。そして、仕事をしている間、自分がどんな「モード」になっているか、ということも併せて押さえたい。

優秀なコーチとして活躍している女性が、私にこんな話をしてくれた。

「コーチングを始めた頃は、クライアントを喜ばせなければと思うあまり、過大な約束をしがちでした。それでその約束を果たすのに必死にならなくてはならなかったのです。結果、あらゆることが中途半端になってしまい、いつもイライラして恨めしく思っていました。でもあるとき、自分はクライアントのために自分の才能を発揮することよりも、してしまった約束を果たすことにフォーカスしていたんだと気付いて、風向きが変わったのです。それから三カ月間まるまる、いっさい何の約束もしないようにしようと決めました。常に価値を与え、クライアント自身で問題を解決するのに役立ちそうなツールがあれば情報を提供し、力になってくれそうな人がいれば紹介するなど、そうい

ったことに注力しました。何かの期待があるわけでもないので、クライアントはとても感謝してくれました。
自分が与えたものが、相手にとって嬉しいサプライズになる。この感覚を知ったことが、私には魔法のように効きました。さすがに今は全く約束をしないということはありません。でも、どんなときでもフォーカスするのは、きちんと価値を提供するということと、受け取った相手が驚いて喜んでくれる姿を見て自分の胸に湧き上がる満足感だという点は変わりません」

この女性の話から得られる一つの示唆として、人に気に入られなくてはという不安に駆られて過大な約束をしてしまうと、確かに一時的には非常に効果的でそれがモチベーションにもなる一方で、結局は仕事をする側にも成果を受け取る側にも損失になってしまう、ということがある。

それはなぜなのか、他の項を読めば分かるだろう。

4．とことん成果を出して革命を起こす

本章の法則を端的に言うと、**「とことん成果を出す」**ということになる。では、とことんとはどういうことか。それこそまさに、**単にクライアントが求めるものを提供するのではなく、**

それを超えるソリューションや商品を作り出すということである。

とことん成果を出すことに集中すると、仕事をする際にいっそう工夫を凝らすことになる。それが自分のスキルを伸ばすだけでなく、受け取るクライアント側の器量をも大きくすることにもつながるのだ。今の自分の姿のままで「大当たりする」ときがやってくるのを漫然と待つのではなく、一流の創造性を発揮するためのスキルと姿勢を着実に磨く。すると、自分とクライアント双方のニーズが合致するのを待つまでもなく、双方がどんどん前進していくことができるのだ。それが積み重なると、クライアントとの関係も一つのチームとしての団結力を増し、さらに好循環が起きる。すると、また別の良いクライアントが引き寄せられてくることになる。

繰り返しになるが、クライアントの要求は出発点でしかない。言い換えると、クライアントと自分の双方を次のレベルに押し上げるために自分がやれることに専念しよう。何の驚きもない、似たり寄ったりな商品を機械的に生み出すのではダメなのだ。せっかくの仕事とクライアントとの巡り合わせをチャンスにして、そこから大いに刺激を受けよう。仕事を通して、自分を真に進化させるのだ。

5.お客様が期待するものだけでなく、ちょっと工夫したものも提供する

前の項と少し似ているが、ここで意味するのは、**クライアントが期待するものにちょっとひ**

ねりを効かせたり、付加的な要素を足したりすることである。単に量を増やすということではない。たとえるなら、**リンゴを一〇個のところをオマケして一一個にするのではなく、一一個目をオレンジにする、ということだ。**オレンジを受け取ったクライアントは驚くかもしれないが、もとのリンゴの個数は減らしていないのだから不満はあろうはずもない。

もしかしたら、クライアントはそのオレンジを気に入って、次はそちらをもっと買おうと思ってくれるかもしれない。そうやって新しい仕事が舞い込むことになるのだ。

6.ふと発見したことも含めて提供する

これもまた、ちょっと工夫したものを提供するとか、期待される量や質を超えた仕事をするとかいったことと似ているが、微妙に意味合いが異なるものである。

商品やサービスを作ったり仕上げたりする過程では、ふとした気付きが得られることがある。クライアントについてのことや商品やサービス自体についてのこと、あるいはクライアントを取り巻く状況に関することなど、何かしら予想外のことに接する機会がおそらくあるだろう。

そこで発見したことは、現に報酬をもらう対象である仕事とは全く関係がないかもしれない。それでも、クライアントに対して逐一きちんと知らしめることには意味がある。なぜなら、こうした偶然の発見がさらなる仕事に結びつくことがあるからだ。それが結局、当初の仕事よりもクライアントにとって価値になる、なんてことも多い。「カオス理論」と言っていいかは分からないが、とにかく効果があるものなのだ。

とはいえ、押し付けにはならないようには注意したい。**軽い感じでアドバイスするだけにしておこう。**選択権はあくまでもクライアントのものだ。知らされたことに関して何かしら手を打つかどうか、決めるにしても一定の時間が必要なこともあるかもしれない。伝えるにとどめ、決して押し売りはしないこと。

7．約束をしないことで、創造性をいかんなく発揮する

私は、自由で何のプレッシャーもない状況をこよなく愛している。たとえ締め切りによる重圧や周囲からの期待がかかる場面でも自分が良い結果を出せるという自負はあるが、そうした仕事をしたことによる成果や報酬よりも、自分個人にとっての損失のほうがずっと大きいということに気付いたのである。それに、機会という側面を見てももったいない。

ストレスのかかる状況下で結果を出そうとすると、創造性を発揮できる機会は少なくなってしまう。至らない部分や、時にはミスでさえも覆い隠そうとして、結局は成果もありふれたものにしかならず、自分の能力を余すところなく注ぎ込んだ傑作にはほど遠い、ということになりがちだ。バスケットボールの試合で、終盤に二点か三点を追いかけているチームの例を思い浮かべてみても、最後はあっという間に八点や一〇点の差がついて負けてしまうことが多いだ

ろう。ストレス下では確実な判断ができず、かえって競争相手にチャンスを与えることになってしまうのだ。

勝利を目指してプレーするほうが、劣勢の状態でプレーするよりもいつだって楽しいものだ。過大な約束をしなければ、勝利を手中に収めるのも容易《たやす》くなる。

8.自然の摂理に従い、ただ為すべきことをする

これを言葉で説明しようとすると難しい。自然の遺伝子はただ自分たちの仕事を淡々と果たしているものだ、と言うより他はない。その結果として自然が成り立っているのであって、人間もまたそうした自然の一部である。

だとすると、**仕事の成果というのは副産物であって、本来それ自体は目的ではないはずだ。そう考えると面白い。**おそらく、究極の創造性というのは、ふと心に浮かんだことを淡々と為しているときに発揮されるものなのだ。そのうち約束なんてものは必要なくなるのかもしれない。

9.言葉にわざわざする必要はなく、ただ自分にできることをする

私がユタ州に住んでいた頃、よくテレビで目にしたモルモン教会のCMが、このメッセージ

にぴったりでとても分かりやすいものだった。それは、老夫婦の家の庭の芝生を、隣人が「芝刈りしましょうか？」とも言わずに、黙々と手入れしてやっているというものだった。

手助けを申し出るでもなく、自分に何ができるかを仲間に触れ回るでもなく、人から「ぜひお願いします！」という言葉を引き出すために興味を惹こうとするでもなく、ただ「芝を刈る」ことだ。

自分が他人のためにしてあげたいと思うことがあれば、わざわざ相手に言わずにただやる、というのは十分可能だし、それによって創造性が大いに発揮されることもある。

確かに、当てが外れておせっかいになってしまうこともあるだろう。でも、ほとんどの人はサプライズを喜んでくれるものだ。それに、何の約束もしなければ、納期に遅れるということも、期待に応えなければという不安に駆られることもないと言っていい。**ただ、自分がやりたいと思うことをするだけでいい。**

10. 自分に何の制約を課さずとも、自然にとことん良い仕事ができるだけの余裕を持つ

あまりにも高尚なレベルではあるが、ここまで達すると、本当の楽しみが味わえるようになる！

つまり、これまで述べた九つの項目をただ実行するのに足る余裕を持つだけではなく、ゆとりを持って自分らしいスタイルでこれらを実行できるような、またそのゆとりと自分らしさが

完全に一つになって、自分の商品やサービスにもそのまま表われるような、そこまでの余裕を持つことだ。

このレベルにまで到達できれば、皆があなたと仕事をしたいと思うようになるはずだ。

ステップ 11

真空状態を創り、引き寄せる力を生む

Create a Vacuum that Pulls You Forward

自分を前へと押し出すのではなく
引き寄せるのが魅力のあり方

人生とは、生きていくことそのものよ。
自分で生計を立てなくてはならないなら
楽しめる方法をぜひとも見つけることね。

——キャサリン・ヘプバーン(女優)

心から信じていることは、必ず現実に起こる。
信念がそうさせるのだ。

——フランク・ロイド・ライト(建築家)

もうお気付きだと思うが、「魅力の法則」の中核をなすのは、**人やチャンス、その他あらゆる価値あるものを、自分から追いかけるのではなく、自分のほうへと引き寄せる、という考え方である。**こうしたものは手で押したりつかんだりできないが、どうやって自分のほうへと動かせばよいのだろうか。

物理で考えると、**自分自身が磁石になるか、ある種の真空状態になる必要がある。**どちらも名案だ。状況に応じていずれかピンと来るほうを使い分ければいい。

引き寄せるというとまさしく磁石の性質そのものなので、まず頭に浮かぶのはこちらだろう。でもここでは、あえてなじみが薄いほうを取り上げて考えてみたい。真空が持つ「引き寄せる力」を利用して、自分が前へと引き寄せられる、または物事を自分のほうへと引き寄せる方法を学んでいこう。

ニュアンスの違い

引き寄せる力（PULL GOALS）VS. 押し出す力（PUSH GOALS）——喜び、幸せ、満たされた気持ちや分かち合いといったものをゴールに据えると、自分を前へと「引き寄せる」力が生まれ、自然体なやり方で叶えていくことができる。お金、成功、勝利、ノルマの達成や納期を守ることといったゴールは、自分を前へと「押し出す」が、気持ちの面での負荷

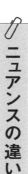

が大きい。

インスピレーション（INSPIRATION）VS. モチベーション（MOTIVATION）

――「インスピレーション」とは、人や考え方に触発されて得るものである。「モチベーション」とは、目標を掲《かか》げたときに湧き起こるものである。

超伝導状態（SUPERCONDUCTIVE）VS. エネルギッシュ（ENERGETIC）

――「超伝導状態」であるとは、抵抗が存在しないことをいう。「エネルギッシュ」であるとは、抵抗を乗り越える活力がある状態のことをいう。

ビジョン（VISION）VS. ゴール（GOAL）

――「ビジョン」とは、一度見えるようになれば、以降はくっきりと刻まれる自分の目印である。「ゴール」とは、ビジョンが見えないときに自分で設定するものである。

この法則が身につくと……

✓ 無理やり押し進めようとしなくても達成できることが増えていく。
✓ 結果を出したときでも、興奮ではなく心の静寂を感じるようになる。初めのうちはこの感覚に慣れなくて、何となく落ち着かない感じがするかもしれない。
✓ 自分のことも他人のことも、ぐいぐい押して物事を前へと進めるやり方をしようとは思わなくなる。

✓自分のあり方や提供価値に関して妥協することなく、一番抵抗の小さい道を選ぶことができるようになる。

自分を前へと引き寄せてくれる真空状態を作るための10の方法

1. 前へと押し出すより、引き寄せてもらうほうが楽だと気付く

今日、ほとんどの車は前輪駆動である。リアタイヤで車体を押し出すのではなく、フロントタイヤで引っ張っていくのだ。このほうが効率的であるだけでなく、動力駆動系が車内のど真ん中のスペースに張り出して邪魔になる、なんてこともなくなる。

自動車の例はさておき、**「押し出す」力よりも「引き寄せる」力のほうがずっと効率が良い**、というのは大抵のことに当てはまる。惑星と重力の関係（引力）もそうだし、磁力浮上（マグレブ）式鉄道や磁石もそうだ。短期的なゴールを追うよりもビジョンを追求し、脅威で圧力をかけるよりもインセンティブを与えるほうが、モチベーションとして健全である。

もちろん、前へと押し出す力を利用することも可能ではあるし、実際それが良く効くという人も多い。でも、そればかりでは疲弊するし、燃え尽き症候群にも陥ってしまいかねない。

ほとんどの場合、押し出されるよりも引き寄せられるほうが楽に前へと進めるものだ。あなたの人生の中にも、そういう自然な引力を持つもの、つまり、**自分のエネルギーを解き放ち、素晴らしい気持ちにさせてくれるものがきっとある。**その力の源泉を突き止めたら、あとはシートベルトをしっかりと締めて、流れに身を委ねよう。**無理に前へと進めようと頑張らなくてもいいのだ。**

最近トレーニングを修了したコーチの一人が、こんな風に言っていた。「大人になってからというもの、自分はずっと『今ここに在ること』や、その時々の状況なりに『今を味わうこと』ができずに苦しんできたと思います。本も何冊も読んだし、セラピーも受けたし、何とか努力しなくてはと意識して、もっともっと、とやってきました。で、ほんの数カ月前にふと、いっそのことこの努力自体をやめてしまえばいいのでは、と思いついたのです。そうしたら、仕事の生産性もぐんと上がりましたし、いっそう精力的に働けるようになりました。でも、『努力』はしていないんですよ。こんなに変われるなんて思ってもみませんでした！」

このように**引き寄せ力が利用できている状況を指して「フロー状態」と呼ぶ人もいる。**確かに部分的には当てはまるが、これはさらに一歩進んだものだと私は考えている。先へと読み進めてもらえれば、その理由が分かるだろう。

2.超伝導力を高めて真空状態を作る

自分の魅力を高めるプロセスには、大きく分けて二つの側面がある。一つは、**抵抗の小さい、軽やかな自分になることにできるだけ時間を使うこと。**もう一つは、**価値を与えたり、根本的に対応したり、価値あるものに投資したりすることにエネルギーを割くこと**である。

前者に立った上でより抵抗を小さくし、自ら超伝導体になることができれば、強力な真空状態ができる。そのためには、自分のニーズをまずは満たそう。チャンスをつかみ、新しいことを試せるだけの余裕を構築しよう。真実に行き当たったらそれを受け入れて、凝り固まった信念や思い込み、独断的な考え方を手放そう。できる限り抵抗の小さい方法を選び、我慢をなくしていこう。そして、自分の人格を自分で磨くのだ。――これらは全て、物事の流れを良くするのに役立つものである。これまでに出てきた内容もあれば、これから述べるものもある。共通するのは、いずれも自分の伝導力を自然に強めてくれるということだ。そうすれば、自分の人生における引力の源を利用して前へと引き寄せられていくのも、相乗効果でより簡単になる。

3.ゴールよりも引き寄せ力が強い「ビジョン」を使う

ひとたびゴールが定まると、それは頑張るための目印になり、モチベーションの源になり、自分の現在地を確かめるためのものになる。ゴールがあれば、それに向かって前進することに集中できる。それ自体は何も悪いことではないが、一方で代償は高くつくものでもあると言わざるを得ない理由がいくつかある。

一つ目は、未来のことにフォーカスしてしまうことで、現在自分の周りにある人やチャンスとのつながりが希薄になってしまうということである。

二つ目は、自分の進歩の度合いを、自分の外からの評価で測ってしまうということである。こうなると、自分の意識はいつも外側に向いてしまい、自分の心が満たされるかどうかも他人からの評価次第ということになってしまう。

三つ目は、ゴールの裏には大抵、満たされていない欲求やニーズがあるものなので、そこを出発点にするとゴールの設定を誤ってしまいかねないということである。本当に意味のあるゴールを設定することができずにもがいている人が多いのはそのせいだ。

しかし、ビジョンがあれば、このような制約からは解き放たれて、「今ここ」に九九％フォーカスすることができる。未来をわざわざ創造する必要などない。なぜなら、それはもうはっきりと自分の目で捉えられているからだ。ただ、今自分がいるこの場所からそちらへと進んでいけばいいのである。

私の定義では、**ビジョンとはシンプルに「現在すでに起きていることから推定されるもの」である。**この世界を変えつつある大小のトレンドも、また時が経っても変わらないであろうものも含め、今のありのままの世の中の姿から、未来の世の中がどうなっていそうかのヒントを冷静に観察することに尽きるのだ。ビジョンのベースはあくまでも現在であって、未来ではない。時間が経てば起こるであろうものなので、わざわざつかみ取ったり、達成したりする対象でもない。そして、自分の存在がどうあろうが、ビジョンの到来自体に特に影響はないのである。ただ、そのビジョンに、自分の人生における引力の源とぴったり調和するものがあれば、自分もまたそのビジョンの一部にはなるのだろう。

いずれにしても現実になるのであれば、ビジョンを持つことには何の意味があるのだろうか？　私の結論はこうだ。ビジョンがあれば、エゴ起点でも、成果起点でもない集中力を得ることができる。ビジョンがあれば、現在という時をしっかり捉えて生きることに九九％フォーカスするという試みに、自分なりの意味を見いだすことができるのである。

4．創造性が掻き立てられる状況に身を置く

仕事を始めるにしても完了させるにしても、自分を追い立てることで物事を進めること自体は可能である。一方で、自分を前へと楽に引き寄せてもらえる、または成果を自分の中から自然に引き出してもらえるような環境に自ら身を置くこともできる。

私はときどき、何かに行き詰まったら、心当たりのある人に声をかけて、皆でそのテーマについて電話で議論するようにしている。すると、一時間もせずに打開策が見つかるのである。参加してくれた人たちのほうも、議論を通して自らの理解をさらに深めることができる。全員に得るものがあるので、非常に魅力的なやり方だと言っていいだろう。

つまり私は、**自分で無理やり問題を解決しようとするのではなく、自分のために問題を解決してもらえるような状況を作っているのである。**

簡単に逃げを打っているように思えるかもしれないが、そこが大事なのだ！　こうすれば効率的に問題が解決できる一方で、気持ちの面でも金銭的な面でも極めて負荷が低く、しかも皆にとって魅力的な状況にもなりうる、ということで、まさに完璧なのである。

この点に関して他の例を挙げるなら、トレーニング講座を受ける、何かのプロジェクトを引き受ける、本を書く、自分を次のレベルへと押し上げてくれそうな会社に就職する、マラソン大会にエントリーする、といったようなことが考えられる。**状況を、自分のために「利用する」のだ。**困難にぶつかったら、打開するのに役立ちそうなグループや環境など、何かしら自分を助けてくれる状況を見つけて、手っ取り早くそこに自分の身を置けばいい。簡単な方法こそ、効果が高いものなのである。

5．自分の一番良いところを引き出してくれる友人や仲間と付き合う

いつも良い仕事をしようと思ったら、自分の意志力と自立心を存分に使ってもいいし、常に自らのベストを尽くしている人たちの中に入っていくのもいい。前の項で述べた、「状況」を利用する話と似ているが、そちらは自分が「何」を選ぶかということであったのに対し、こちらは「人」の問題であって、要は自分が「誰」を選ぶのかという話である。

自分に必要な気持ちの面でのサポートは、付き合う人から得ることができる。私は、自分の個人的なネットワークから、モチベーションと承認欲求の両方を満たしてもらっている。常にそうやって力をもらっているのだ。

ポイントは、**これをあくまでも自然に、ポジティブなやり方でやってくれる人たちだけを選んで付き合うことである。**いつも自分に都合の良いことだけを言ってくれる人たちで周りを固めろと言っているのではない。**前向きさと健全な創造性の両方を兼ね備えた人たちには自然と惹きつけられるものなので、その感覚に素直に従おう。**

もし、自分の悪いところを助長したり、成長を妨げたりしてくる友人や仲間がいるなら、その裏に隠された理由をしっかり見つめて、必要とあれば変化を起こすことだ。

6. まだその時点では真実かどうかはわからないことでも、ふと思い浮かんだことは口にする

一九八九年のことだ。サンフランシスコ・クロニクル紙にインタビューを受けている際、私は何の気なしに、「ゴールというものは過大評価されているのであって、実際はそこまで要らないのではないかと思うのです」と記者に言ってしまった。

この発言が、記事の中でめちゃくちゃに叩かれた。無理もない。これを発言した当時は、私自身、ゴールというものは極めて重要だと思っていたのだ。記者が話題にしていたのも、その頃私が教えていた「ライフ・バイ・デザイン」という講座についてだったし、それはまさにゴ

ールが肝《きも》になっているものだったのだから。

メジャーな大都市新聞に干《ほ》されるのは辛《つら》かったし、決してお勧めできる経験ではない。それでも、この自分のふとした失言が私の心に大事な質問を投げかけてくれたのは確かだ。そして、その質問を考え続けたおかげで、最終的に私は大きく進化できたのである。

六年後には、やはりゴールというのは言うほど重要なものではないと思うようになった。それよりも、自分の魅力を高めて成功を引き寄せるほうがずっと面白いし、効果も高いと考えるようになったのである。

不意に出た言葉や、うっかりした失言というものが実は核心を突いている、ということは確かにある。だが、それが自分でも腑《ふ》に落ちるまでには時間が必要なこともある。私のふとした発言が「魅力のOS」の概念の形成（「魅力のOS」については、エピローグで詳しく述べる）、そして本書へと直接的に結びついたという証明はできないが、そこには何かしらつながりがあるということは確信している。

つまり、私の先の「失言」は、「ゴールが実は物事の達成に最も重要なものではないのだとすると、一体何がもっと大切なのだろう？」という疑問を残すことになった。この問いと、まだ見ぬ答えとの間にあるギャップが真空状態を作り出し、無理にエネルギーを注がなくても自然に、私の思考を前へ前へと引き寄せてくれることになったのだ。

大事なのは、**自分が本来言おうとしたこと、あるいは真実だと思っていることとは逆のことを思わず言ってしまったときに、それを取りこぼさず、きちんとすくい上げることだ。**そこにある不一致を、「無意識」の発言だったからといってなかったことにしないように。しっかり考えよう。

そのどこかに、きっととても貴重な真空状態が隠れているはずだ！

7. 意図的に問題を創ってみる

これはつまり、性質の異なるもの同士を統合して新しいものを作るチャンスを手に入れるだけのために、わざわざ問題や揉め事を作り出せ、ということだろうか？

乱暴に言ってしまうとそういうことになるが、私が言いたいのは、ある視点と、それとは対立する視点との二つを持ってみることで、自分の立ち位置をオープンに保ち、新しい可能性を広く受け入れよう、ということだ。

本来の目的は、自分を自然に前へと引き寄せてくれる真空状態を作り出すことだ。この方法として、変化球ではあるが選択肢の一つになりうるのが、**自分のためにあえて問題を作り出す**、ということなのである。例えば、簡単にはやり過ごせない約束をしてみる。ある物事についての考え方をあえて変えてみて、その結果を見る。自分の境界線を侵した人を呼び出してやっつけるのもいいし、自分を嫌な気持ちにさせる相手に思い切って最後通牒を突き付けるのもいい。これまでの自分の振る舞いとは真逆のことをしてみたり、気まぐれに身を任せてみたりしてもいいだろう。

要は、自分の中にある振り子を振らせてみよう、ということだ。**振り切りすぎたかな、とか、間違ったほうへ行ってしまったかな、とか思うくらいでちょうどいい。**魅力による引き寄せや、努力をやめるといった観点で、これまで述べてきたこととはそぐわないように思うかもしれないが、人生とはそもそも矛盾に満ちたものだ。先に紹介した私自身の失言だって、当時は自分でも説明がつかなかったのだ。こうした矛盾こそが、ものの見方を広げてくれる新たなステージのきっかけになりうるものなのである。

8.自分の意志で突然変異を起こす

DNAは、私たちの身体（をはじめとするあらゆる自然）の中で、分裂と再結合を何百万回も繰り返す。だから、時には再結合がうまくいかず、ミスが起こる。これがいわゆる突然変異である。

突然変異と自然淘汰は、まさしく進化論の基本である。

そして、これと同じことが、考え方やアイデアといったもの（遺伝子の「ジーン〔genes〕」になぞらえて「ミーム〔memes〕」と呼ばれる）にも当てはまる。「真実」とはある状況下であまねく信じられている一つの概念である、と考えると、真実そのものもまた進化していくと言ってもいいだろう。

もちろん、他のものだって目まぐるしく進化していく。法も、ビジネス理論も、哲学も、科学も、マーケティング手法も、常に変わっていく。

あるものが突然変異すると、その種がもっと良くなる可能性が生じる。対象は自分自身でも、アイデアでも、ミームでもいい。何かしら突然変異させれば、その分競争に有利になるかもしれないのだ。人間は知覚能力を備えているので、自分をいくら変化させようが、また変化することを拒もうが、全て自分の自由なのである。

実験、そして実験の自由は、研究開発（R＆D）の基本である。R＆Dを行なうからこそ、新たな商品が生まれ、またその商品にバリエーションが生まれる。その気になればいくらでも突然変異が起こせるのだ。だとすると、**自分の魅力を高める一つの方法として、自分や他人、アイデア、言葉、商品、人生、会社、状況、感情――あらゆるものに対してたくさん実験をしてみる**、ということが考えられる。実験を重ねて、そのうち少なくとも一つでも自分にとっての進化につながれば、自分から見ても社会から見ても、自分の魅力がさらに高まることになる、というわけだ。

何度も自由に実験を繰り返すためには、それだけの余裕が必要だ。時間とエネルギーに余裕があれば、リスクも取れるし、もし失敗してもその分を補填《ほてん》することができる。こうして自ら実験をしていくことが、魅力による引き寄せにつながるのだ。

9. 自分の実力についての自意識をなくすことで、さらに前進する

私のクライアントの多くは、自分のスキルや才能、これまでの功績について、いち早く説明してくれる。もちろん、それだけのものを持っているからこそできることだ！　それ自体は問題ないのだが、ともすると、こうしたものだけで自分自身を測ったり、少なくともそれで安心を得ようとしたりしがちになる。そうなると、行きつく先は現状への満足かエゴかのどちらかである。現状への満足がすぎれば、いろいろと実験したり自分を進歩させたりといった努力をもうしなくてもよいと思ってしまう。エゴがすぎれば、自分の得意なことでしか自分のことを見つめられなくなってしまう。

現状への満足もエゴも、それ自体は悪いものではない。これらの恩恵を受けつつも、依存してしまわないようにしよう。気を付けていないと、自分の土台として活かすどころか、これらに振り回されることになってしまう。

例えば、私はかつて、自分のことをコミュニケーション能力が非常に高く、特にアイデアや考えや物事の区別を明確に表現することに長《た》けていると思っていた。だから、誰かと話す機会があれば、いつも決まってそれらしいことを言っていた。すると周りからも称賛されるので、私は自分のコミュニケーション能力を自負するだけでなく、その評価に慢心するようになっていった。

これが落とし穴となり、私はそれ以上、コミュニケーションスキルを学び、能力を伸ばすこ

とをやめてしまったのだ。スポーツのコーチングの世界では、スキルに恵まれていて、それほど努力せずとも何でもうまくこなせるが、ここ一番の踏ん張りどころで力を出せない選手のことを「フローター」と呼ぶ。当時の私はまさしく、そういう状態だったのだと思う。

今では自分のことを、ある程度はコミュニケーション能力が高い、そこそこ良いコーチだと思っている。それでも、自分の能力の三〇%くらいしか活用しきれていないと感じている。昔はそれこそ九〇%は発揮できていると思っていた。かといって、別にやみくもに謙遜しなければと思ったわけでもない。ただ、**現状への満足とエゴに少しばかり偏っていた自己評価を立て直したのだ。それ以来、順調に進歩し続けられていると思っている。**

逆説的だが、「進歩する」ということ自体が落とし穴になってしまうこともある。でも、そのことについてはまた別の章で述べることとしたい。ここでのポイントは、**自分が何かに非常に長けているとは考えないこと、また少なくともそう口にしないことである。**本当にそうだとしても、また周りもそう言ってくれるとしても、である。周りが褒《ほ》めそやしてくれるのは、大抵は実はその調子でもっと働いてほしい、という思惑があるときなのだ！

自信を持ちながらも自分を磨いていくことは十分可能である。スポーツ界のスター選手は、自ら進んでジムに足を運んでは、自分のスキルをさらに鍛えて新たな一面を備えるべく時間を惜しまないものだ。史上最高のバスケットボール選手の一人として現役当時から呼び声高かったマジック・ジョンソンでさえ、キャリアの途中で「ベビーフック」と呼ばれるシュートを武器として習得した。彼はまさにその技によって、プレーオフでのボストン・セルティックスとの対戦で、試合終了間際に劇的な勝利を決めたのである。

10. 新しい真実に気付いたら、すぐに具体的行動を起こせなくても、とにかく口にする

真空状態を作るにあたって最もインパクトが大きく、すぐにでも適用可能な方法は、真実が浸透していく道筋を塞《ふさ》いでしまうものを取り除くことである。真実、そして進歩には、淀《よど》みないスムーズな流れが大切であり、意識的なものか否かを問わず何らかの嘘が入り込めば、その通り道が詰まってしまうのだ。

生きていれば毎日、何かしら新しいものに出くわすことになる。気付きはどんどん増え、自分自身や自分のニーズに対しての理解も深まっていき、ますます賢く生きられるようになっていく。しかし、時には自分の手に余るほど大きな物事に直面することもある。紛れもない真実なのだろうと直感で理解はしていても、気付いたばかりのその真実をどのように受け止めて、自分の人生を変えていけばいいのか分からないのだ。そうなると、多くの人はその真実を無視するか、パニックになって麻痺状態になるかしてしまう。もしくは、現在の自分の人生を正当化できなくなってしまうことを恐れて、気付いてしまったその真実を曖昧にしてしまうのである。

でも、そういう場面でのうまい対処の仕方が確かに存在する。**目の前の状況や、自分の人生や、自分自身や、相手のことに関して、単純に「気付いた真実を口にする」のだ。**たとえ自分

自身や、その目の前の状況をすぐに変える行動ができなくてもいい。**単に頭の中で考えて終わりではなく、その真実を誰かに伝えよう。**自分の口から言葉として発する、ということをやったということには変わりない。そうすれば、真実に息を吹き込んだことになるのだ。その真実が力強いものであれば、人から人へとどんどん伝えられていき、多くの人の心に浸透したところでブレイクスルーが起きるはずだ。そうなれば、今度こそ本当に自分でも何かしらの行動を起こすことができるだろう。

真実を語れば、真空状態がひとりでに生まれる。ほら、こんなに簡単なことなのだ。

ステップ 12

遅れをいっさい排除する

Eliminate Delay

貴重な時間を消費するのは
魅力の低下のもとである

やりかけの仕事を
いつまでも抱えていることほど
疲れることはない。

――ヘンリー・ジェイムズ（作家）

失った時間は二度と戻らない。

――ボブ・ディラン（ミュージシャン）

これぞまさしく、現代の生活やビジネスのトレンドに「魅力のＯＳ」がぴったりなじむところだろう。例えば、フェデックス（ＦｅｄＥｘ）がまだなかった頃のことをあなたは思い出せるだろうか？　数十年前、フェデックスはごく小さな会社で、数台の飛行機を持っているだけで取引も多くなかった。だが、この会社はすぐに大きな成長を遂げた。人は一晩で荷物を運んでもらうためなら割増料金を払うのも厭《いと》わない、ということがフェデックスの成功によって証明されたのだ。荷物が速く届けば、人々はその分仕事を迅速に進められるようになり、それがすなわち競争力の強化につながったと言っていい。時間が文字通り投資の対象になったのだ。

間もなく、なんとアメリカ合衆国郵便公社を始め、大手の会社が次々にフェデックスが始めた手法に乗っかり、莫大なリソースを投じてこのサービスに参入してくるようになった。それでも、フェデックスは市場で優位なシェアを保ち続けた。今では、たとえ他の配送業者を使う場合でも「この荷物、フェデックスしとくね」などと言って動詞として使うくらい、その存在は大きくなったのである。

私は**「消費者は選択肢を与えられれば、自然と無駄や非効率を徹底的に排除していくものだ」**という考え方を大いに支持している。高すぎる電話料金からあらゆる職種別サービス、例えば車のセールスマンや不動産業者に至るまで、例外はない。特に中間業者の場合、下手をすると無用の長物と見なされてお役御免だ。見込みのない潜在顧客に対して押し売りをして「時間を無駄」にしている場合ではなく、働いている限り一日中ずっと、顧客に価値をたっぷり提供し続けなくてはならないのである。

「魅力のＯＳ」のすごいところの一つは、ビジネスチャンスや結果、人や物事を自分のほうへと引き寄せることに関して、効率性でこれに勝るものはほぼない、ということにある。特に、押し売りをする、つかみ取ろうとする、無理に探し求める……といったやり方と比べると、その差は歴然だ。

今日の消費者が嫌う不必要な支出は世の中にいくつもあるが、本章で扱う法則の焦点である**「時間の遅れ」**も間違いなくその一つである。でも安心してほしい。この「時間の遅れ」は、即座に何らかの実効的な対策が打てるものでもある。

このあとの「10の方法」をやってみよう——そう、今すぐに。

ニュアンスの違い

直ちに（IMMEDIATE）VS. すぐに（SOON）——電話をもらって一〇分以内に折り返しをすれば、「直ち」に対応したものと言える。その日の終わりにやっと折り返しをするレベルであれば、あまり間を置かず「すぐに」対応した、と言える程度のものである。

ゆとり（SPACE）VS. 時間（TIME）——自分で意識的に「ゆとり」を持つようにすれば、「時間」という資源を乏しいものだとは感じなくなる。

この法則が身につくと……

✓自分がどこで遅れを発生させているかが分かり、できる限りそれを減らすか、なくすようになる。
✓他の人が遅れを生じさせるのをただ我慢しようとは思わなくなる。すぐに対応してくれる業者や仲間を選ぶようになる。
✓直ちに対応することに誇りを持つようになる。
✓何らかのシステムを利用して、(仕事でもプライベートでも)連絡をくれた人に即座に何かしらの反応が返せるようにしている。
✓セレンディピティ(=ふとした偶然)を自然と見つけられるようになり、それが頻繁に起こるようになる。
✓TODOリストに頼らなくなる。
✓「すぐに対応してもらえる」とお客様が喜んでくれ、ますます売れ行きが良くなる。
✓チャンスを逸することがなくなる。特に短期間のものであっても逃さなくなる。
✓遅れを生じることによる莫大なコストを理解している「即行動派」の人々を引き寄せるようになる。

遅れによる高い代償をなくすための10の方法

1.「待つ」という行為を拒絶し、自分から能動的に取引先を選ぶ

私は、要望にすぐ対応してくれて、ウェブサイトとオンライン注文窓口があり、翌日配送が可能で、メールには迅速に返信をくれる企業や個人としか取引しないことにしている。

別に強迫観念に駆られているわけではない。遅れはどんなものでも無駄であって、ごく控えめに言っても何らかの損をともなうものだと思っているだけである。遅れが発生すればその分私の仕事の妨げになる。それをわざわざ我慢する気はない、ということだ。

実際に物が予定どおりに届かなかったとしても、別に取り乱しはしない。ただ、次回からは他の相手と取引するだけだ。

逆に言えば、**素早い対応ができればそれが価値になり、自分の魅力を高めることにもなる。**レスポンスの速さを私と同じくらい重要視している人は、実はかなり多いものだ。対応が速い人、はたまた遅い人——自分がどちらの人間になるかは、非常に重要な問題である。

2.他人の要求に即座に応える人になる

何かと忙殺されがちな現代人にとっては、自分が抱えるものをいつでも完全にコントロール

可能にするのはなかなか難しい。だから、このポイントは今すぐどうこうするというよりも、おいおい身につけていくものだと思ったほうがいいかもしれない。だが、**既存の顧客や、これからお客様になってくれるかもしれない人からの質問や問い合わせに即座に対応すれば、他は何もせずとも信頼がぐっと増す。**

人は遅れに対して不安を感じ、素早い対応をしてもらえると安心する。この特性を踏まえた行動をするだけで、自分の魅力は自分自身から見ても他人から見ても相対的に何倍も高まる。**逆に遅れを生じさせてしまうと、時に品性をも疑われてしまうことがある。**一概にそうというわけではないが、果たしてこの人を頼りにしてもいいものかと警戒させてしまう可能性は十分ある。

コーチングの世界では、毎週定例でのクライアントとのセッションをやめる、という取り組みが広がりつつある。これは、稼働日であればいつでも応対可能にしておくことで、クライアントがまさにコーチの助けを必要とする緊急時に、その機を逃さず応えることができるからだ。つまり、クライアントがニーズを感じた時点から、サービスの提供を受けるまでの間に、遅れが発生しないのである。

これを可能にするためには、自分の内面での変化が必要になる。真の信頼関係を築けるように、クライアントとの絆《きずな》を深めなければならない。それから、自分を消耗してしまうような仕事はほぼ手元にない、という状態になるよう、もろもろのことを調整する必要もあるかもしれない。これは、自分のキャパシティ（物事を扱える容量）をたくさん空けておくことで、本当に注力すべき仕事が来たときに、全てもれなく対応できるようにするためだ。そうすると、クライアントと一緒に、より多くのことをより少ない時間でできるようになる。

つまり、遅れをなくすことは、それだけで大きな価値を持つだけでなく、他にもっとできることが広がっていく入り口にもなるのである。

3．TODOリストの山はいっさい作らない

これができたらどれだけ素晴らしいことか。私も意識して取り組んではいるが、それでも大多数の人と同じく、まだまだ改善の余地がある。とはいえ、やはり思うのは、TODO自体は何ら悪いものではないけれども、そこにはどうしても本質的に遅れにつながる要素があるのではないかということだ。

TODOリストは過去と未来にまつわるものであって、今という時間を大切にするためのものではない。魅力とチャンスの源は現在にあるとすると、そこにTODOリストを持ち込めば流れを邪魔してしまうことになる。

ピッツバーグでコーチをしているシャロン・イークスは、温かい人柄とスキルを兼ね備えた女性である。その彼女が、最近こんな話をしてくれた。

以前の私は、自分のことを優秀な「タイム・マネージャー」だと自負していました。

毎日、膨大なTODOリストを作っては優先順位をつけ、一番難しいものから着手する。それで実際に多くのことをやり遂げてはいたのです。でも、いつも気持ちはピリピリしていました。未来に向かっていくための「効率的」なやり方はできていましたが、熱意は持てていなかったのです。

今の私も未来に向かってはいますが、やり方は少し違います。つまり、ビジョンを持つようになったのです。前よりずっと楽しさを感じられるようになりました。ふっと目の前に持ち上がってきたものから順に対応していく、という感じで、その日一日のプロセスにしっかりフォーカスするようにすると、とても楽しいのです。それでも、難しいことにもきちんと、しかも期限どおりに対応できていて、負担も少ないのだから驚きです。自分にとても満足していますし、周りの人も、今の私のやり方に大いに魅力を感じてくれているようです。

なかなか面白い感想だろう。先ほど言ったとおり、私自身、良いやり方をまだ模索している最中ではある。でも結局は、仕事やニーズに順次うまく対応できるシステムや施策をいかにして導入するか、ということに尽きると思うのだ。ハードルが高い話ではあるが、やってみる価値はある。

4. 変化を捉えて即座に対応することで、素早く学習する

前にも述べたし、きっとまた言及することもあると思うが、コンピュータとインターネットは、私たちの生きる時代における最も重大な変化である。そして、その変化の行き先を語る上で誰もが認める第一人者が、前に紹介したエスター・ダイソンだ。エスターがその著書『未来地球からのメール――二一世紀のデジタル社会を生き抜く新常識』（吉岡正晴訳、集英社）の中で述べているのが、オンラインの世界で一番大切な才能は創造性であり、それは芸術面でも知的活動の面でも、両方に通じるものだ、ということである。ということは、新しい技術やアイデアをとめどなく創造し続ける企業こそ、将来の世界をけん引するリーディング・カンパニーになっていくのだろう。

「その次に鍵となるのは、仕事のパフォーマンスに表われる個性です」とエスターは書いている。別の言葉で言うと、素早い対応ができる人が（対応を検討するのが遅い人たちを差し置いて）成功していく、ということである。

新しいアイデアを吸収し、そこから起きる変化を実際の行動に落とし込む。この両方を、果たして自分はどれだけ速く実行できるだろうか。

ほとんどの人は、ここにタイムラグを発生させてしまう。一日以上かかる人もいれば、それこそ一生かかってもできない人もいる。

新しい情報や真実、また新たな手法に出会ったとき、人は自分の頭など何らかのシステムを

通してフィルタリングする。この過程に遅延が生じてしまうと、せっかく出会ったこれらのものは希釈されてしまうか、恩恵を受ける間もなく完全に見失うことになる。

「思い切ってハンドルを切る」というスタンスがいつでも取れることが一つの望ましいあり方だが、そのためにはまず、自分が「新しい物事を咀嚼《そしゃく》するプロセス」にどれくらいの時間がかかるのかを知ることだ。そして、その時間を九〇％短縮する方法を考えよう。

確かに、速く対応することだけを考えすぎると、誤ったものに対して反応してしまうこともあるだろう。だが、安全を期するあまり真のチャンスを逃してしまうより、試行錯誤を通して、自分の身体の反応や、日々の生活から得られるシグナルをうまく捉えられるようになるほうがいい。つまりは、**自分の知性を最大限発揮しつつも、決して立ち止まって考え込んでしまってはいけないのである。**スポーツの言葉で言うと、負けないプレーをするのではなく、勝てるプレーをするということだ。その場で考え、同時に素早く反応できれば、好機をみすみす逃すことはない。

自分が学んでいることを頭で完全に理解する前に、自分の考え方や行動を実質的に変えることができる人が、素早く学習していける人だ。それこそ、素晴らしいスキルだと言うことができるだろう。

5.不安をなくすことで「処理にかかる時間」を劇的に減らす

ジョン・D・マッカーサーとその妻キャサリンが創設したマッカーサー基金は、社会を大きく発展させる可能性を秘めた取り組みを行なっている人々に対し、「天才賞」という形で多額の賞金を贈っている。そうした人々が、活動資金が底をつく不安にとらわれることなく、自らの分野での知見を進化させていけるように、というのがその趣旨だ。

余裕をたっぷり持つということは、いわばこの「天才賞」を自分に与えるようなものである。ここで押さえておくべきことが二つある。

一つ目は、自分はそのような支援を受ける（この場合は支援するのは自分だが）に足る存在である、ということである。

二つ目は、余裕を持つことが、不安を減らす最も良い方法である、ということだ。

この二点目が特に鍵である。余裕がたっぷりあれば、先で待ち受ける脅威やリスクがもたらす影響――頭で想像するものも、現に存在しているものも含め――を緩和することができる。そもそも、この脅威やリスクが不安のもとになっているのだ。**不安があると自由に意思決定を行なうことが難しくなり、その結果、判断がどんどん遅くなる。悪循環が止まらないのである。**

新しいことを学び、それに対応するのにかかる時間を意識的に短縮しようとする代わりに（もちろん、それができるに越したことはない！）、余裕をたくさん構築することにまず専念してもいい。そうすると不安に足を引っ張られることがなくなるので、学びと進化のスピードも上がるのがすぐに実感できるだろう。

6.感覚を研ぎ澄ませることで、遅れを許さない対応力を身につける

人は我慢することが減る（このトピックについても後でたっぷり取り上げる）につれて、麻痺していた感覚が生き返り、どんどん研ぎ澄まされていく。我慢が感覚を鈍らせてしまうのだ。ここで余裕が構築できると、今よりもっと多くのことを感じられるようになる。ラジオが突然、たくさんの周波数を受信できるようになるようなものだ。

敏感になると言うことは、温室育ちのか弱い花のようになることではない。むしろ、いろんなことにオープンになって、今この瞬間に息づくあらゆるものに気付くことをいっさい恐れない態度のことを言うのである。

今よりもっと敏感になるためのハウツーについては、ステップ18で扱う。ここではその最終目標にだけ触れておくことにしよう。それは、**他の人よりも早く未来を感じ取り、先読みできるようになることだ。**

変化を予測し率先して動くことの大切さについては、世の中でもたくさん言及されており、それ自体はとても良いことである。でも、そもそもの自分の感覚を敏感にすること、それによって遅れが入り込む余地もないうちに対応できることのほうが、はるかに進んだ手の打ち方だと思うのだ。

言い換えると、**遅れることが自分にとってどれほどのコストになるかを心から理解していれば、それをなくすために一刻も早く変化を起こそうという気になるはずだ。**まさにその素早さでもって、物事に対応していこう。単に遅れが発生するのを避ける、というレベルではなく、いわば偵察兵になるようなものである。つまり、次にやってくるであろう変化の潮目を、他のライバルたちが知りうるよりも早く感じ取り、少しでも有利に立てるように素早く先手を打つ、ということである。

7．やってくる物事を選別するフィルターを持つ

遅れをなくす最も良い方法の一つが、物事を自分の中に取り入れるシステムをパンクさせないようにすることだ。例えば、郵便物を受け取っても、その全てに返事をするなんてことは普通ないだろう。大抵は、つまらないものも混ざっているからだ。これがもし、自分のもとにやってくるあらゆる物事に対応しなければならないとしたら、どうだろう。そもそもそんなことが実際に可能なのだろうか。

おそらくは無理だろう。

でも、策はある。**自分のところにやってきたものをフィルタリングすればいい。**そうすれば、本当に大事なことに即座に対応するための時間を取ることができる。

その一つの方法として私が実践しているのが、**友達付き合いや人間関係を、互いに心から支**

え合える本当に大事な関係だけに絞り込むことだ。人付き合いをいくつも抱えていると、自分のキャパシティが圧迫されてしまう。本当に大切にしたい友情や人間関係は一握りだ。それを絞り込むことによって、まさしく「少ないほど豊かである」を実感しているところである。

別の方法としては、**自分に届くEメールや定期的な郵便物を、アシスタントに処理してもらうことだ。**人を実際に雇っても、オンラインサービスを利用してもいい。処理をお願いするにあたっては、自分にとっての重要基準を伝えた上で、それ以外にも自分の興味を惹くかもしれないものがあればアシスタントの判断で抽出してもらうようにするのだ。

もう一つの方法は、自分のビジョンを知ることである（これもまたステップ27で取り上げる）。**自分のビジョンと価値観がはっきりしていれば、望まないものは自然により分けることができる。**そうすることで、自分にふさわしい情報や、自分と同じビジョンを持つ人を引き寄せられるようになっていく。

喜びを感じるかどうかも大事なフィルターだ。もし何かに向き合っていても喜びを見いだせないようであれば、それは自分の人生に取り入れないほうがいい、ということになる。

こんなにフィルターを通してばかりだと視野が狭くなって、本当に重要なものや根本的な考え方をどこかで見逃してしまうのではないか、と心配になるかもしれない。確かに、一方的に選別するだけだと、社会全体の流れから孤立してしまう危険がないわけではない。そこで、私は「ワイアード」誌を定期購読して、世の中のトレンドを押さえるようにしている。これだけで自分の中に重要なアイデアを取り入れるパイプを常に十分満たしておくことができるので、自分に近しい考えだけにとらわれて自らを陳腐化させずに済む。

他にも、刺激を与えてくれる場というものはたくさん存在する。時間が空いたら、広い雑誌コーナーのある書店へ出かけてみよう。面白そうなもの、新しいものの見方を教えてくれそうなものを数冊選んで、試し読みをしてみよう。その中から一、二冊を買って帰り、さらに読み進めてみるといいだろう。

8. 自動応答システムを利用して手間を省く

バーチャル秘書を使うということは、直前の第7項でも少し触れたところだ。

ちょっとここで、自分に連絡を取ろうとする他の人の立場になってみよう。手段は電話やEメール、ファックスや郵便である。自分のリクエストがきちんと届いたということがすぐに分かり、いつ実際の回答がもらえるかも併せて案内してもらえる仕組みがあると嬉しいだろう。このようなシステムを、どうやって用意したらいいだろうか。

ここでやろうとしているのも、遅れをなくす取り組みに他ならない。相手からのリクエストにすぐ対処することまではできなくても、「自分のニーズはちゃんと伝わっていて、それに何かしら対応してくれる気もあるのだな」ということが分かれば、人は安心できるものだ。

Eメールに関して言うと、自動応答を設定するのがいいだろう。私も自分のメールアドレスをthomas@coachu.comから自動応答サービスに変えて、返信内容に問い合わせ先やウェブページへのリンクなどをあらかじめ設定しておくことで、メールをくれる相手の要望の大半についてはすぐに適切な案内ができるようになった。同様に、音声案内を設定しておけば、わざわざ折り返しをしなくても、相手に必要な情報を提供することができる。

個別の解決策は人によって異なるかもしれないが、基本の考え方は同じである。つまり、**人が自分に用があって何らかの手段で連絡をくれたタイミングと、少なくともその連絡を受け付けた旨（回答そのものではないにせよ）を知らせるタイミングとの間に、遅れがないようにすることである。**こうすれば、どんどん溜まっていく連絡について一つ一つ内容を確認しては返信する、というループにとらわれることがない。これもまた一つのフィルタリングの方法である。

コーチ大学のトレーニング・プログラムに関する問い合わせについて、私が実際にやっていた面白い方法を紹介しよう。まず、電話やEメールをくれた人を、ウェブサイトや電話、ファックスの自動応答案内に誘導する。そこでさらに一歩踏み込んで、次のコーチングQ&A無料電話クラスの開催予定と申し込み方法をシステムから自動で案内するのだ。

こうして私は、自分の時間をより効率的に使うことができ、実際にクラスに参加してくれた意欲のある人にだけ応対すればよくなった。これによって何時間もの節約になったし、コーチ大学の創設者である私自身と参加者たちが直接触れ合う機会を提供できるようになったのだ。

9.必要に備えて、前もって自分のキャパシティとCPUを拡張しておく

成功している人、あるいはこれから成功しようとしている人にとっては、自分の時間はいくらあっても足りないものである。コンピュータで考えてみよう。小学生が宿題をするのに足りる程度のマシン性能では、ちょっとしたビジネスの在庫・配送・顧客名簿の管理や企画立案などをこなそうと思っても、スピードもメモリも不十分だろう。つまり、CPU(中央演算処理装置)の性能が、求められるレベルよりも低いのだ。そして、そのビジネスが成長していけば、コンピュータの性能自体がすぐボトルネックになってしまう。対策としては、複数台のコンピュータをネットワークでつなぐか、大型コンピュータに置き換えるしかない。

確実に成功する気があるなら、今後増え続けるであろう需要に対応できるよう、サポート・システムと自分のキャパシティを継続的に拡張していくことだ。ほとんどの人は何とか追いつくだけで手一杯である。そうではなく、**常に五〇%は余力を残した状態で対応できるようにしよう。**走っていてもついていくのが精一杯という程度であれば、曲がり角ですぐに取り残されてしまう。チャンスに対して備えができていれば、次のレベルへ進化していける。そして、進化した次のステージでまたサポート・システムと自分のキャパシティを拡張するのである。

対応力を身につけよう。いざとなれば瞬時に動けるように、自分なりのシステムを構築しておくのだ。

10.先延ばしをしている自分に気付いたら、その理由を見つけよう

学びの速度を緩めたり、決断を先送りにしたり、様子見をしたりすることが最良のアプローチであることもある。決断をしないこと自体が、最も賢明な決断になることもある。いわゆる「グッド・タイミング」かどうかという問題である。

しかし、**いつも物事を先延ばしにしている場合は、なぜそうなっているのか考えてみよう。そこには必ず理由がある。**その時点では具体的な対応を取らないことにしたとしても、遅れの背後にある理由を知ること自体に価値があるものだ。タイミングの良し悪しも、結局は結果次第なのである。

ステップ 13

これを最後に自分のニーズを完全に満たし切る

Get Your Personal Needs Met, Once and for All

自分の中に満たされていないニーズがあると同じような人を引き寄せてしまう

自分の醜悪さではなく
空虚さを隠そうとするときに
私たちは最も自分を偽る。
そこにないものを隠すのが一番難しい。

——エリック・ホッファー（哲学者）

事実は無視されてきたからといって
消えるものではない。

——オルダス・ハクスリー（作家）

『すばらしい新世界』（黒原敏行訳、光文社など）の著者であるハクスリー氏の言葉を借りて、「ニーズは無視されてきたからといって消えるものではない」と表現するとしっくりくる。この小さな格言の中に、人生の大きな謎の一つの答えがある。その謎とは、なぜこれほど多くの人が、特別な才能や望みを持っているにもかかわらず、自分を制限するパターンの中にずっと閉じこもっているのか、ということである。

ステップ9で取り上げた弁護士の話を思い出してほしい。彼は収入を三倍にすることができたのに、どこかのカントリーソングの歌詞にあったように「金が尽きても月末は遠い」という状態になっていた。どうしてこうなってしまうのだろう？

答えは、そこに満たされていないパーソナル面のニーズがあるからだ。そこに由来するプレッシャーは、他の人にどうしても伝わってしまう。言葉で言うのと同じくらい、表情や行動に滲《にじ》み出てくるのだ。そして、**無意識にせよ、同じような満たされないニーズを抱えている人たちとの不健全な結びつきを強めてしまうことになる。** こうして、何度も繰り返し同じ問題に直面してしまうのだ。

ニュアンスの違い

ニーズ（NEEDS）VS. 欲求（WANTS）――「ニーズ」の部分が満たされない限り、天からの贈り物である自分の才能を本当の意味で活かすことはできない。自分のニーズを満たせていない人は、「欲求」不満でいっぱいの状態になってしまう。

ニーズ（NEEDS）VS.価値観（VALUES）――「ニーズ」とは、自分が自分であるために必要なものである。「価値観」は、自分自身を表わすものである。

ニーズ（NEEDS）VS.心理的問題（PSYCHOLOGICAL PROBLEMS）――「心理的な問題」が癒《いや》されて初めて、「ニーズ」を満たすことができる。

ニーズの満足（NEEDS SATISFACTION）VS.ニーズの充塡《じゅうてん》（NEEDS GRATIFICATION）――ニーズをいったん満たし切って、それ以降は何度もそこに引き戻されることがなくなれば、そのニーズは完全に満たされたと言える。繰り返し「補給」作業が発生するようなら、そのニーズはその都度充塡されているだけである。

パーソナル面のニーズ（PERSONAL NEEDS）VS.フィジカル面の生存ニーズ（SURVIVAL/PHYSICAL NEEDS）――「パーソナル面でのニーズ」は、感情、身体、精神、そして環境の面で、自分が最も自分らしく生きるために必要なものだ。「フィジカル面のニーズ」は、動物として生存していくために必要なものを指す。

同じような満たされないニーズを抱えている人たちと一緒にいるのは、ある程度心地よいものではある。でも残念なことに、そこから進化のためのヒントはあまり多くは得られない。

だが、自分のニーズにきちんと向き合う方法さえ分かっていれば、進化のヒントはすぐに見つかる。

自分が抱えるパーソナル面のニーズのパターンから抜け出すのは相当ハードルが高いことのように思うかもしれないが、それを乗り越えて、もっと高みへ、もっと先へと進化していくことは可能である。欠けていたものを完全に満たし切って、決して振り出しに戻らないようにすることは、必ずできるのだ。

ところで、ニーズには二つのカテゴリーがある。**生存ニーズと、パーソナル面でのニーズ**だ。

生存のためのニーズというと、水、食べ物、住むところ、そして（一定程度の）愛情などがある。**パーソナル面のニーズは、自分が最も自分らしくいるため、そして人生で成長していくために必要なものが該当する。**例えば、インスピレーション、情報、支援、解決策、焦点、人、触れ合い、スキル、本業の仕事や副業の提供先、環境、人格といったものがそうだ。

生存ニーズが満たされれば、無事に生きていくことができる。パーソナル面のニーズが満たされれば、本当の自分で、一番自分らしく生きていくことができる。

どちらのニーズが欠けても、ずっと不満を抱え続けるか、不安でみじめな気持ちのままか、いずれにしてもあまり望ましくない反応が自分の中で渦巻くことになる。

ほとんどの人はパーソナル面のニーズを満たせずにいるが、そこにはいくつか理由がある。

一つ目は、**自分のニーズが一体何なのかを知らない**ということだ。ぼんやりと思い当たるものはあっても、行動を起こせるほどには明確にはなっていないのである。

二つ目は、自分のニーズの正体に気付いてはいても、それを**本当に満たせるとは自分で思えず、自信がない**ということである。

そして三つ目は、ニーズを満たせたと思っても一時的なものでしかなく、**完全に満たし切ったとは言えない状態である**ということである。

本章の「10の方法」には、自分のパーソナル面でのニーズが何かを特定するヒントと、それを完全に満たし切るための方法が書かれている。リストに書かれていることを全て読んだら、その後に付いている、「ＣｏａｃｈＵ」が考案した「ニーズの断捨離チェックリスト」（278ページ）を使ってみよう。パーソナル面でのニーズになりうるものが約二〇〇語並んでいる。この一覧に最初から最後まで目を通して心の反応を探ることで、自らの状況を正しく把握することができるだろう。

早速始める前に、大事なポイントを二つ、共有しておきたい。

一つは、**ニーズは価値観とは別のものだということだ。ニーズとは、自分が最も自分らしくあるために必要なものである。**一方、価値観は、自分が最も楽しみを覚える行動や、惹きつけられる興味の対象を表わしている。初めのうちは違いを見分けるのは難しいかもしれない。でも次第に、目の前のものがニーズと価値観のどちらを表わしているのか、適切に区別ができるようになっていくだろう。

もう一つは、（しばしばそのように扱われがちだが）ニーズはオプション的なものではない、ということだ。

空腹で飢えているとき、食べ物は自分にとってのオプション品ではない――紛れもなくそれはニーズである。パーソナル面、あるいは感情面でのニーズを抱えているときも同じことが当てはまる。**本当の自分でいようと思ったら、こうしたニーズを満たすことは「マスト」であって、「オプション」ではあり得ないのである。**「魅力の法則」の中でも、特に本章の法則に関して多くの人が犯しがちな間違いは、ニーズとは「重要なもの」だから特定してケアしなければならない、と考えることだ。だがこれは、重要なんていうレベルをはるかに超えたものなのである。

ニーズを満たすことは、進化していくためには「必要不可欠」だと心得よう。

この法則が身につくと……

✓ニーズを満たすためにこれまでの自分のやり方を変えるようになる。例えば、ノーブランド品を買うのをやめて、代わりに一流の商品を買うようになる、という具合だ。

✓欠けているものがあることへの悔しさや恥ずかしさ、後ろめたさを感じるのではなく、わくわくしながらニーズを満たしていくことができる。言い換えると、受動的ではなく能動的にニーズを満たすための行動ができるようになる。

✓以前よりも創造性豊かで、エネルギー溢れる自分でいられるようになる。

✓仕事やクライアント、プロジェクトや人間関係など自分の手元にあるものについて、ニーズの観点から改めて見直してみるようになる。「果たしてこれは、ニーズを満たす妨げになるだろうか？　この人は私から奪おうとする人か、それとも育《はぐく》もうとしてくれる人か？」と自問するようになる。

✓ 満たされないニーズによってこれまで覆い隠されていた、自分の特別な部分を表現できるようになる。

✓ 自分が求めるものを他の人からもらう方法を心得ているので、以前より自信が持てるようになる。

パーソナル面のニーズを完全に満たし切るための10の方法

1.自分の中にニーズがあることを自覚し、圧倒的魅力を備えるためにはそれを満たすことが必要不可欠だと理解する

人というものは、たくさんのニーズを抱えている。**自覚できるのはその中でもいくつかだけだ。他は私たちの「盲点」とも言うべきところに眠っている。**意識しているか否かにかかわらず、私たちはニーズによって、ポジティブにも、時にネガティブにもモチベーションを掻き立てられている。**たとえ重要なニーズを特定することができた**

としても、それを適切に満たし切るまでには、やはり時間と投資がいくらか必要になるものだ。

そうすると、自分のニーズを知ることはもちろんスタートとしては素晴らしいが、裏を返せば単なる始まりにすぎないということでもある。それでも、ニーズを完全に満足させることができれば、一生涯にわたって恩恵を受けられる。だから、まずはスタートを切って、それから自信を持って次のステップやフェーズに進んでいこう。もっと自由で、充実した人生に、自らの手で変えていくのだ。そうすれば、他者に対して競おうとすることなく、もっと余裕と愛を持てるようになる。傲慢《ごうまん》になることなく、堂々と自信を感じられるようになる。そして、いつでも自分のことを魅力的だと思えるようになるのだ。

2. パーソナル面のニーズの中でも重要なものを最低一つ特定する

自分が一番必要としているものは何だろう？　話を聞いてもらうことだろうか。触れ合い、尊敬、愛情、思いやり、自由、健全な環境、安全、お金、美しさ……それとも成功だろうか。当てはまりそうなものを一つ選んだ上で、自分に問いかけてみよう。**「もし自分がそれを無限に持っていたとしたらどうだろう。人生は完璧に理想通りになって、いつでも最高の自分でいられるだろうか」**と。

そのパーソナル面のニーズが自分にとって最も重要なものかどうかが大事なので、ニーズ自体の規模の大小は問わない。ただ、その姿がぼんやりとしていてはダメで、あくまでも「コレだ！」とはっきり言えるものでなければならない。そこまで特定することができれば、実際に行動を起こすことができる。ここがまさに自分の出発点になるのだ。

3．少なくともあともう一つ、これはと思うパーソナル面のニーズを特定する

私はよく、最重要なニーズの他に少なくともあともう一つ、パーソナル面での自分のニーズを特定するよう言っている。というわけで、前の項目で特定したものに加えるとすると、他にも自分が手に入れていることが人生で重要だと思うものはあるだろうか。

大きなことでも些細なことでもいい。**自分のレーダーにかろうじて引っかかった程度のものをあえて選んでみよう。**それはおそらく、自分にとっては「目立たない」か「芽生えたばかり」のものだろう。これまでは自分のニーズだと自分でも認めていなかったり、そこまで真剣に捉えるようなものではないと片付けてきたりしたものなのだ。

4．パーソナル面の最重要ニーズの源を見つける

話をパーソナル面の最重要ニーズに戻そう。なぜ自分はそのニーズを抱えているのだろうか？　子どもの頃には持っていなかったものだろうか。それとも、もともと遺伝子の中に織り込まれていたものだろうか。人生で重大なイベントや岐路に直面する中で、自分で気が付いた

ものだろうか。または誰かに指摘されて「なるほど」と思ったものだろうか。あるいは、両親の考え方から影響を受ける中で生まれたものかもしれない。はたまた、文化や民族性に端《たん》を発するものかもしれない。

ここで大事なのは、こうした**ニーズが存在するのにはきちんとした理由がある**、ということである。それが分かれば、自分のニーズをよりスムーズに受け入れ、尊重することもできるようになる。

自分のニーズを自分で尊重することは必要不可欠である。一般的に、人は自分の抱えるニーズを否定したがるものだ。必要以上に補塡《ほてん》しようとすることもあれば、きれいに見せようとしてしまうこともあるし、機関銃でも使う勢いで殲滅《せんめつ》しようとすることもある。だが、最も有効なのは、**自分のニーズ、その中でも最も重要なものにきちんと気付き、その存在を認め、尊重して、その背景にあるものをより深く理解できるようになることだ。**

ニーズは早く満たし、なくしてしまわなければ、と急ぐ必要はない。ニーズがあることで、人生における他の重要な領域に対しても理解を深め、それを活かしていくための絶好の機会が得られることもある。せっかくそんな近道があるのに、焦ってしまうとその入り口をみすみす見逃してしまうことになる。

5. 満たされないニーズがあったおかげで今の自分がいることを噛みしめる

ニーズを持つことには良い面もある。**パーソナル面の最重要ニーズは、自分にとってのブラックホールのようなものである。**それを埋めようと思うと、自然と人生の他の領域での強みを鍛えざるを得ないからだ。そういう意味では、むしろニーズは持っておいたほうがいい――というのは言いすぎかもしれないが、少なくともそのときの自分が前に進むための力を与えてくれるのは確かである。こうした例は、タレントやアスリートの世界では枚挙《まいきょ》にいとまがない。例えば、治安が悪い地域で育ったり、両親との関係が破綻していたりといった、哀しい背景を持つ子どもがいる。心が荒《すさ》むような状況から抜け出そうと、その子が自分の才能を必死で磨き、将来成功したとしよう。しかし、そういう人はどこか大切なものが欠けたまま大人になってしまうことがある――それがまさしく、その人にとってのニーズである。売店で芸能情報誌やスポーツ雑誌をめくってみれば、似たような話がいくつも載っているはずだ。

こういう話を見聞きすると、「どんなに成功しても、人生では足元をすくわれる場面がいずれにせよやってくるのだな」と思いたくもなるだろう。そしてそれは確かに正しい――ただし、満たされないニーズを抱えて生きている限りは、である。

パーソナル面での最重要ニーズがひとたび満たされると、仕事でも人生でも、モチベーションを保って前進していくことがぐっと楽になる。よりスマートで効率がよく、気持ちの面でも低コストな方法が分かるようになるからだ。

でも、こうした満たされないニーズに後押しされたからこそ、自分がここまで来ることができたのだということもまた確かである。それを否定したり、なかったことにしたりしないでほしい。**「このニーズがあったおかげで人生が良くなった」と思えるポイントを五つ、具体的に挙げてみよう。**

6.パーソナル面の最重要ニーズを完全に満たすために必要なものを特定する

こんなことが果たしてできるのか。答えはイエスだ。これも、この「魅力の法則」がセオリーたるゆえん（であり、かつ約束できること）の一つなのである。ニーズを特定して、完全に満たすことは本当に可能なのだ。時間はかかるかもしれないが、それだけの価値は必ずある。

では、自分のパーソナル面の最重要ニーズが完全に満たされたと思えるためには、何がどうなっている、あるいは何をどうしていく必要があるだろうか？　これは大事な問いである。腰を据えて、じっくり考えなくてはならないだろう。でも、**ニーズを完全に満たし切ることはできるのだという可能性を心から受け入れれば、どうやって答えを探したらいいか、十分に道が開けてくるはずだ。**

パーソナル面のニーズを満たすためには、主に二つの方法がある。一つは、カウンセリングなどの心理学的、またはスピリチュアルなアプローチで癒すことだ。ニーズの多くは、子ども時代に起きた嫌なこと――あるいは、良いことが起きてくれなかったこと――が傷になって残っているところから来るものだ。これと向き合わなければならない。子ども時代に原因があるなら、カウンセラーなど心の癒しの専門家を頼ってみよう。一方、子ども時代の傷がもとではないニーズもまた多くある。そういったものは遺伝子、またはミームの伝達過程に原因があるもので、心の癒しとはまた別の方法で満たす必要がある。次の項を見てみよう。

7.ニーズを満たす自動システムを構築する

私にはかつて、感謝されたいという猛烈なニーズがあった。人のために全力で尽くし、そのうち一割でも誰かが気付いて感謝してくれたら、と期待していた。大きなブラックホールを満たすには、一〇〇のうちの一〇程度では心もとないが、何もないよりはましだろう。ところがあるとき、これは**願望ではなく、自分にとってのニーズなのだと気が付いて、真剣に考えるようになった。そして、もう十分だと思えるまで自分のニーズに水やりをするための、何かしらのシステムが必要だと思ったのだ。**

そこで私は、クライアントや友人たち全員に、このたび自分が見つけたニーズを伝え、水やりを手伝ってほしいとお願いした。過剰に褒めたり、お世辞を言ったりする必要はないが、私のコーチングや私との友情が自分にとって重要だと本当に思ったときは、素直にそう教えてほしい、と頼んだのである。「どんな音よりも褒め言葉を聞けば耳が良くなる」と昔から言われるが、まさしくという感じだ。でも、そういう体験をたくさん積まないと、本当に自分は褒めてもらうに値する存在なのだと思えるようになれない人もいる。かつての私もそうだったのだ。

私の場合は、水やりが完了するまでに半年かかった。でもそれ以降は、感謝されたいというニーズに突き動かされることはなくなった（昔はそれが私の行動の動機の九割を占めていた。今から思えば、なんと大変だったことか！）。

私の周りの人たちが、私のニーズを完全に満たすための自動システムになってくれた。私がお願いしたいことを伝えると、喜んで手を貸してくれる仲間たちに恵まれたのだ。あなたも同じようにすればいい。

これに加えて、このあとステップ16で述べることも、ニーズを満たすプロセスにおいて大きな力になるだろう。

8. 他の領域で大きく変化し、そのオマケでニーズを満たすか、他のやり方を探す

パーソナル面の最重要ニーズを満たす方法はいくつかある。前述の第7項で私がやったように、そのニーズ自体に直接フォーカスすることもできるし、人生の他の領域に着目してそちらを強化してもいい。**大切なのは、自分のニーズを自覚できるようになることだ。**いったん分かるようになれば、いずれの方法をとっても、結果として最重要ニーズが満たされるようになっていく。

前述の私の実例でも、他のやり方もあり得たと思う。心理カウンセラーやパーソナル・コー

チを訪ねて、自分の価値観を明確にして、すでに周りからたくさんもらっている褒め言葉を受け入れられるようになる練習を積むこともできただろう。あるいは、もらった褒め言葉を単純に書き溜めておいて、ニーズを感じたらそれを眺める、というやり方もできただろう。実際の私は友人とクライアントに頼ることを選び、結果としてそれで非常にうまくいったが、他の選択肢を探ることもできただろうと思っている。

9.ニーズを満たす自動システムを微調整する

第7項で、私のニーズを満たしてくれる自動システムについて紹介した。鍵は、自分が抱えるニーズを他の人とシェアすること――そこから全てが始まる。そうすると、誰が自分のために貴重な時間を割いてくれる人で、誰はそうでないかも分かるだろう。

パーソナル面のニーズを抱えている人によく起こるのが、自らのニーズ、それも特に最重要なニーズに限って、満たしてもらうことができない相手を引き寄せてしまう、ということだ。物事がややこしくなる上に不幸でしかないが、そういうものなのである。自分のニーズをさらけだしてみても、助けになろうと心を寄せてくれる人がいかに少ないかを目の当たりにすると、傷つくまではいかずとも愕然《がくぜん》とはするだろう。おそらくそういう人たちは、今のままのあなたが好きなのだ。その人自身のニーズを満たすために、あなたが欠乏を抱えたままでいてくれることが必要だということもあるのかもしれない。

ここで大切なのは、**自分のニーズを満たす仕組みが自動でうまく機能してくれるようになるまで、根気よく微調整し続けることだ。**イメージは、芝生に水やりをしてくれる自動散水システムである。自分でスイッチを何度も入れなくても、必要なタイミングで水やりしてくれる――これこそまさに、自動システムとしての理想的な姿である。

10:パーソナル面の最重要ニーズを満たすことで他のニーズも満たしていく

自分の中に存在するニーズと、それを満たしていく過程に、もっと意識を向けてみよう。実はただそれだけでも、この「魅力の法則」が持つ価値は十分に発揮される。パーソナル面の最重要ニーズに向き合うことを通して、自分の人生（や他のニーズの見え方）がどう変化し、どれほど良くなってきたかに目を向けてみよう。

そこまで大層なことをやる必要はないのでは、と思うかもしれないが、ここは一つ、ぜひ振り返ってみてほしい。**自分のニーズを完全に満たし切るという過程の中で、自分のことをもっと深く理解できるようにもなる**、というところがポイントなのだ。自分のニーズにきちんと向き合った結果、他のいろいろな領域でも自分の人生が良くなっていることへの気付きが深まっていけば、自分の周りの物事や人に対してますます敏感になっていく（このことも別の法則で取り上げる）。これもまた、圧倒的魅力を身につけるための重要な要素の一つなのである。

「ニーズの断捨離」をする

278ページの「ニーズの断捨離チェックリスト」を見てみよう。約二〇〇語のリストのうち、ピンとくるものを一〇個、選んで丸をつけてみよう。探すのはあくまでも「ニーズ」である──欲求でも義務でも、幻想でも願望でもない。**ニーズとは、自分が最も自分らしくあるために持っていなくてはならないもの**のことだ。要は、**「自分が本当に必要としているものを、本音ベースで見つけること」**。これが最初の一歩になる。

自分のニーズを直視するのも今回が初めてかもしれない。心の奥底から湧き上がる思いに従って素直に選べるものもあれば、じっくり自分の魂と向き合うことが必要なものもあるだろう。普段なら読み飛ばしてしまうような言葉はなおさら、しっかり見つめてみてほしい。なぜなら、そこに隠れたニーズがあるかもしれないからだ。その場合、次のうちいずれかの反応が出ると思う。

- ✓嘘だ、そんなはずはない。これが自分のニーズだなんて認めたくない。
- ✓もしこれが本当なら、生き方をだいぶ変えなくちゃいけないじゃないか！
- ✓その言葉を意識しただけでカッと血がのぼる。あるいは思わず身震いしてしまう。

要領は分かっただろうか？　さあ、自分のパーソナル面のニーズだと思うものに一〇個丸をつけてみよう。**「もしこれを持っていたら、苦労せずに自分のゴールやビジョンに辿り着けるだろうか？」**と自問するといい（努力する分には良いが、苦労するのは良くない）。

選び終わったら——。

丸をつけた中から、まずてこ入れしたいと思うパーソナル面の最重要ニーズを一つ選ぼう。必ずしも一番難しいものでなくてもいいが、自分にとって大きな意味を持ちそうなものを選ぶこと。

また、もう一つ別のニーズを選んでみよう。一番簡単なものを選べばいいというわけではなく、きちんと自分にとって意味があるものを選ぶこと。

ニーズの断捨離チェックリスト

受け入れられること

承認してもらうこと／仲間に入れてもらうこと／尊重してもらうこと／許可してもらうこと／人気があること／お墨付きをもらうこと／一目置かれること／許されること／大目に見てもらうこと

認めてもらうこと

立派であること／称賛されること／名誉であること／嬉しい言葉をもらうこと／褒められること／表彰されること／高く評価されること／尊重されること／感謝されること

正しくあること

間違えないこと／誤解されないこと／誠実であること／道徳的に正しいこと／揺るがないこと／確実であること／支持されること／推奨されること／理解を得られること

達成すること

成し遂げること／果たすこと／実現すること／手が届くこと／利益を出すこと／手に入れること／生み出すこと／完成させること／勝つこと

愛されること

好かれること／慈しまれること／大切にされること／優しく抱きしめられること／求められること／好ましくあること／好みだと思ってもらうこと／崇拝されること／触れられること

気にかけてもらうこと

注目を集めること／助けてもらうこと／気遣ってもらうこと／守ってもらうこと

／側にいてもらうこと／宝物のように扱ってもらうこと／優しく接してもらうこと／贈り物をもらうこと／抱きしめてもらうこと

確かであること

明らかであること／正確であること／断言されていること／はっきりしていること／保証されていること／約束されていること／コミットされていること／的確であること／精密であること

コントロールすること

支配すること／指示すること／抑制すること／管理すること／他者を正すこと／従わせること／無視されないこと／現状を維持すること／制限すること

自由であること

制約がないこと／特権があること／動じないこと／自立していること／自律していること／主権があること／義務がないこと／独立していること／解放されていること

心地よくあること

贅沢であること／華やかであること／余剰があること／豊かであること／楽しみにふけること／豊富にあること／働かないこと／世話をしてもらえること／奉仕してもらうこと

必要とされること

他者を改善すること／キーパーソンであること／有能であること／切望されること／他者を喜ばせること／他者に影響を与えること／与えること／重要な存在であること／不可欠であること

誠実であること

率直であること／潔白であること／正しくあること／正直であること／忠実であること／裏表がないこと／ズルをしないこと／まっすぐであること／公平無私であること

コミュニケーションすること

聞いてもらうこと／語って聞かせること／要点を分かってもらうこと／共有すること／話すこと／傾聴してもらうこと／発言すること／情報通であること／知らせること

義務を果たすこと

責任を全うすること／正しいことをすること／決まりを守ること／従うこと／タスクを担うこと／他者を満足させること／自分の実力を示すこと／献身すること／やるべき理由があること

秩序を保つこと

完璧であること／均整がとれていること／一致していること／必然性があること／チェックリストに従うこと／不変であること／正しいこと／徹底的に忠実であること／規律に従うこと

平和であること

静かであること／穏やかであること／団結していること／和解すること／動揺がないこと／バランスがあること／合意があること／一息つけること／安定していること

認知されること

気付いてもらうこと／覚えられること／知られていること／非常に尊敬されること／信用があること／絶賛されること／心に留めてもらうこと／見られる立

場であること／有名であること

働くこと

キャリアがあること／能力が高いこと／天職に就いていること／覚悟があること／イニシアチブがとれること／タスクをこなすこと／責任があること／勤勉であること／忙しいこと

力を持つこと

権威があること／能力があること／結果を出すこと／オールマイティであること／強みがあること／権力があること／スタミナがあること／特権があること／影響力があること

安全であること

危険がないこと／保護されていること／盤石であること／情報に漏れがないこと／計画的であること／用心深いこと／油断がないこと／警戒していること／防護されていること

ステップ14

細部にこだわりつくす

Thrive on the Details

見え透いたものより、
細やかで微妙なニュアンスがあるものに魅力は宿る

小さいものに興味を持てない者は
偉大なものを見分けることができない。
——ジョン・ラスキン(美術評論家)

些細なことが完璧を生む。しかし
完璧であることは些細なことではない。
——ミケランジェロ(芸術家)

時が経てば経つほど、物事が自分の有利に働いていく——そのための方法の一つが、**「小さく些細なことが、大きなうねりにつながっていく」**という、しばしば見過ごされがちな真実をうまく利用することである。例を挙げよう。

かつてニューヨーク市は、ある慢性的な問題を抱えていて、それが市の経済に甚大な悪影響を及ぼさんばかりの状況になっていたことがあった。昔は、旅行や会議、仕事でニューヨークを訪れた人々が、ホテルやレストラン、クラブやタクシーなど、さまざまなところでドルを落として街を潤《うるお》してくれていた。ところが治安が悪化して、物乞いや「スクィージー・ガイ（訳注：信号待ちの車の窓拭きをしてチップを要求する者）」、スリ、その他の軽犯罪がどんどん横行《おうこう》するようになって、街を訪れた人たちが日々脅《おびや》かされるようになってしまったのだ。

私のクライアントに、料理のプロがいる。数年前、彼女は「ファンシー・フード・ショー」という大きな食品見本市に初めて参加するのだと言って、意気揚々とニューヨークに出かけて行った。ところが実際に行ってみると、会場のジェイコブ・ジャビッツ・コンベンション・センターでは、巨大な階段の吹き抜けのところに悪臭のする酔っ払いが何人も寝転がっていて、それを乗り越えていかなくては先へ進めない始末。地下鉄にせよ、安くて速い便利な移動手段として何年も重宝されてきたのに、よほどの覚悟がないと乗れない危険な代物になってしまっていたのだという。

ホームレスや中毒患者の人たちにも、生きる意欲を失くしてしまうだけの理由がきっとあるのだろうから、それ自体は同情に値する。しかし同時に、皆が公共の場所を安心して使える権利だって、広く保証されるべきだ。尿の嫌な臭いや、道端に使用済の割れた薬物容器が散らばっている光景、酒やクスリのことしか考えられない者たちが金をせびる声――そんなものに煩《わずら》わされない自由は、誰にでもあるはずなのだ。

ニューヨーク市警のほうも、殺人や放火、恐喝など、頻発する凶悪犯罪の対応に追われ悪戦苦闘していた。しかしあるとき、もっと小さなところから手を打つ、という方針転換がされた。つまり、日々の生活を脅かすような軽犯罪を、ちょっと眉をひそめる程度のものから看過できないレベルのものまで、徹底的に取り締まるようになったのである。当時この施策を推し進めたジュリアーニ市長は、こうした軽犯罪を「生活の質に関わる犯罪」と呼んだ。

その効果は周知のとおりだ。今ではアメリカの他の都市でも、ニューヨークの取り組みに倣《なら》うものがいくつもある。**小さな犯罪への対策を強化することで、都市の住みやすさや観光の魅力は向上し、重大犯罪も劇的に抑制することができるのだ。**

犯罪統計の結果も年々良化した。一九九七年には、犯罪発生率が前年より九・一％低下した。今では市内のホテルの予約は数週間先まで埋まっている。地下鉄も再び、「市民の足」としての地位を取り戻した。

まとめると、**ミクロ（細々としたこと）からのアプローチが、マクロ（システム全体）での良い効果を生み出した**、ということである。このステップ14で言いたいのは、まさにこういうことだ。

喜びに満ち溢れた人生を送らずにいることは、ある意味で自分に対して「生活の質に関わる犯罪」を犯しているのと同じである。ニューヨークの例をヒントにして、ミクロなアプローチを試してみてはどうだろう。**細やかなものや、微妙なニュアンスを大切にすることで、きっと大きな変化を起こすことができる。**

小説家や映画監督たちは、**「神は細部に宿る」**とよく口にする。これこそ、この法則の神髄である。**自分の仕事や生活、身体、環境、アイデア、世の中の変化やトレンドなどの細部にこだわりつくすようになればなるほど、より早くインパクトの大きい成果が出せるようになるのだ。**

だからこそ、このコンセプトを語る上では、小さく些細な、絶妙なニュアンスに満ちたものがそれはもうたくさん登場することになる。これから一緒に見ていこう。

ニュアンスの違い

こだわりつくす（THRIVE）VS. 気付く（NOTICE）――「こだわりつくす」とは、細部に息づくものをしっかりと享受して活かすことである。ほとんどの人は、たとえ細かいところに「気が付いて」も、なるほどと思って終わりで、それ以上の働きかけをすることはない。

微妙な差異（SUBTLETY）VS. ニュアンス（NUANCE）――「微妙な差異」とは、二つのものの間に、いわく言いがたいほどの小さな違いは滲《にじ》んでいるものの、それを見分けるのは難しいという状態のことを言う。「ニュアンス」とは、同じ一つのものの中に、わずかな色合いの違いやグラデーションが見受けられることを言う。「微妙な差異」に気付くことができれば、新しい世界の扉が開く。「ニュアンス」に気付くことができれば、今ある世界の色が新しく塗り替わる。

前兆（PRECURSORS）vs.予兆（PREDICTORS）――「前兆」とは、これから何かがやって来ることを明らかに示す兆《きざ》しのことである。「予兆」とは、これから何かがやって来る可能性を示唆するものである。

暗示（INKLING）vs.直感（INTUITION）――「暗示」とは、ほのめかされるヒントのことである。「直感」よりも微妙で捉えがたいものだ。ほとんどの人は「直感」を何かしら信じているものの、「暗示」は無視してしまいがちである。細部にこだわりつくすためには、いつでも「暗示」をキャッチできるようにしておかなくてはならない。直感よりも暗示のほうが早く訪れるものだからだ。

この法則が身につくと……

✓ 一つ一つの些細な情報の核心にあるものを、ポップコーンが弾けるように、一瞬で存分に引き出すことができるようになる。そうすると、より大きく価値のあるものがすぐに手に入る。

✓ 些細なものから学びを得てレバレッジすることを楽しめるようになり、小さなことを見逃すことが減る。

✓ 目の前にあるものの裏にある、細やかな部分に目を向けるようになり、感覚が研ぎ澄まされていく。これぞまさに素晴らしい生き方である。

細部にこだわりつくすための10の方法

1. 細部、システム、大きなビジョン——それぞれに注力すべき割合を知る

「グローバルに考え、ローカルに行動せよ」。これは環境保護を訴える人がよく掲げる標語だが、とても良い考え方だと思う。自分が取り組んでいることやゴールについての大局観を持ち、小さな行動に落とし込むためのインスピレーションをそこから得るのである。小さな行動とはすなわち、実際に自分ができることだ。そうして小さな行動が積み重なることで、大きなビジョンが自動的に実現されていくのだ。

魔法の配合のようなものがあるとすると、**細部へのこだわりが五〇%、システムを整えるのが四八%、そして大きなビジョンを描くのが二%、というくらいの意識がベストだと思う。**言い換えると、マクロな部分を見るのに時間とエネルギーを割く必要はそれほどなく、細部をどれだけ改善して手を加えればいいか、またその細部をうまく働かせるためにはどんなシステム

が必要なのかが分かれば十分である。小さな変化をたくさん起こすことから最大の変化が生まれるのだ。

とはいえ、二％の部分でマクロに着目するのも、どの「細部」に取り組めばいいのか、正しい努力の方向を示してくれるという点で、やはり重要である。

2．細部にこだわりつくすことで今を生きる

「魅力の法則」の中には「未来というコンセプトを捨て」（ステップ2）て「根本的に対応する」（ステップ3）というものがあった。細部に心を配ることは、まさに今ここでしかできない。現在という時の中で一つ一つの小さいことに対処しつつ、同時に他の「魅力の法則」も使うことで、さらに細部に磨きをかけていくことができるのだ。

一方、ゴール（マクロの言い換えである）は未来に根差すものである。それを前提に、「魅力の法則」をうまく働かせようと思ったら、**「今ここにあるものにしっかり取り組むことが、望ましい未来を引き寄せる」**ということが心から腑《ふ》に落ちていなければならない。これが健全な信念というものである。この信念こそが、今目の前にあるものと自分が願う未来との間をつなぐ懸け橋になってくれるのだ。

3. 細部にこだわりつくすことで波及効果を起こす

湖面に波紋を広げるには二つの方法がある。一つは湖全体を揺り動かすこと、もう一つは水際から小石を投げ込むことである。

細々としたことに取り組むのは、まさに小石を投げて波及効果を起こすようなものだと思えばいい。

「取るに足らない」些細なことの価値ほど、実は馬鹿にできない。 企業のＣＥＯの多くは、戦略とか数字とかトレンドとかいった「重大な大局」しか見ていない。同じ時間を使うなら、九八％は現場に出て実務のあらゆる細部に目を向け、その改善に力を入れたほうがもっと賢いのに、と思えてならない。なぜなら、小さな改善が積み重なることで、預金の利子がどんどん増えていくように、最終的には大きな競争優位性の構築につながるからである。

使える時間の九八％を細やかなことに充《あ》てれば、巨大な波及効果が生まれる。 自分の人生のＣＥＯはあなただ。実践しないわけにはいかないだろう。

4. 細部にこだわりつくすことで瞬時に改善効果を出す

小さなことは一瞬で改善することができる。 例えば、壁にかかった絵が傾いていたらまっすぐにする。カスタマーサービスの担当者に電話対応のアドバイスをする。クライアントが抱える細かい問題を解決する――。こうしたことは、ごく簡単にできるだろう。

人は時に、問題を一挙に解決したいと思うあまり、**今すぐ手が打てる小さな改善点を見落としてしまう。そうした一つ一つの改善を積み重ねていけば、いつの間にか当初の問題は消えてしまうことが多いものだ。**少なくとも、気にはならなくなるだろう。

些細なものが持つ価値が分からない人は多いが、あなたは違うはずだ。**今すぐ対処が可能なものにフォーカスしよう。**そうすればすぐに満足が得られる。また明日、そして次の日はここを改善しよう、という点も次々と見えてくるだろう。

別のやり方として、自分に十分ストレスをかけることでその勢いを利用し、一度に問題を解決することを試みることもできるかもしれない。だが、自分をダメにしたくなければ、その策はやめておいたほうがいいだろう。

着実で効果のあるミクロなステップから進めつつ、先の見通しとコミットメントをしっかりと持っておくことができれば、大きなゴールも問題も、自然とうまく運ぶようになっていくだろう。

5.細部にこだわりつくすことで、ふとしたニュアンスや兆候にいち早く気付く

取るに足らない、一見何の脈絡もないように思えることが、時に重大な変化の前触れになっていることがある。六〇年代末のアメリカの自動車業界を考えてみよう。当時の車は品質や耐

久性など二の次だったが、そこへ日本のメーカーが参入してきた。そこでアメリカの各社がどうしたかというと、見た目も性能もさらにひどい車を作り続け、「国産車を買おう」という広告運動で顧客を呼び戻そうとしただけだった。七〇年代に作られた馬力の大きい「マッスルカー」と呼ばれる車種を除けば、六〇年代半ば以降にアメリカで生産されたものにはコレクターたちも全く興味を示さなかった。アメリカ車の品質と市場価値が輸入車にある程度追いついてきたのは近年のことである。だが産業全体が変化するには機を逸した感があり、対策が遅れた企業は何十億ドルも失うことになった。

ゼロックスも同じである。パロアルトに設立された研究所では、のちにアップルやマイクロソフトなど、いくつもの企業を世界に羽ばたかせることになる革新的な技術が数多く生み出された。それにもかかわらず、ゼロックスは、旧態依然とした自らの企業文化のせいで、せっかく花開いたイノベーションをみすみす潰《つぶ》してしまったのである。東海岸にあるこのコピー機メーカーのお堅い本社は、西海岸で生まれたハイテクおもちゃなどにはいっさい目もくれなかった。そんな必要もないと思っていたのである。そうやって見過ごされた技術の一つが、今のパソコンのマウス操作の元になった、ポイント・アンド・クリックのＧＵＩ（グラフィカル・ユーザー・インターフェース）だった。

そうしてその後のゼロックスは、フォードやゼネラルモーターズ、クライスラーなどと同様に、やむにやまれず企業文化を根本的に変革することとなった。

カリフォルニアの道路にトヨタ車が数台見受けられるようになったのが、アメリカの自動車業界にとってはおそらく変化の前触れだったのだろう。こんな風に、些細なことが貴重な前兆であったり、早期に警鐘を鳴らしてくれるものだったりするのである。未来が明るいものか暗いものかはともかく、変化が来ることを知らせてくれるのだ。

かつては、ビジネスに携わる人にトレンドの移り変わりの確証を待つ余裕が持てた頃もあった。だが今は変化が急速に進む時代である。**賢い人たちほど、ニュアンスや微細なことによく注意を払っている。**だから、ただ待っているわけにはいかないのだ。

仕事でもプライベートでも、細やかなことにこそ黄金の価値がある。心して臨もう。

6.細部にこだわりつくすことでチャンスに根本的に対応する

根本的な対応にまつわる「魅力の法則」も、本章の法則と親和性が高い。細々《こまごま》としたことは根本的に対応するのにうってつけなのだ。そして一つ一つが小さく、分かりやすいので、容易に対処できる。フィードバックもすぐに得やすい。

今度、**どんなに些細なものでもいいので、何か小さな変化にはっとすることがあれば、根本的に対応してなりゆきを見守ってみよう。**水面に波紋が見つかったら、魚が食いついた証拠――そう、効果がもう出ているということだ。

根本的な対応が身についていれば、小さなものを見るにも目を輝かせずにはいられないだろう。水を得た魚とはこのことだ。ちょっと見渡せば、世界は根本的に対応できることで溢れているのである。

7.細部にこだわりつくすことでキャピラリー(毛細管)システムをアップデートする

波及効果について先ほど触れたが、これはキャピラリー(毛細管)システムとも通じるところがある(覚えているかと思うが、キャピラリーシステム自体も「魅力の法則」の一つである。自分の構築したシステムにまだ取り込めていない顧客に対しては押し売りしようとするのではなく、ネットワークやマーケティングシステムを充実することに力を注いだほうがいい、というものだ)。

キャピラリーシステムに何かを取り込もうとすると、対象は小さいものでなければならない。身体の中の毛細管を考えてみても、じゃがいもを前にしたところでどうしようもないが、じゃがいもが消化されて栄養素になったものであれば何とでもなる。

キャピラリーシステムに新たな情報を入れておこうと思ったら、なるべく噛み砕いて小さくすることだ。細部にあたるものは初めから粒度が細かいのでちょうどいい。

大きなチャンスを一度に飲み込もうとすると、消化不良(ストレス)になるか、喉がつかえる(不安になる)か、あるいは大きすぎて対処できないと思って避けることになってしまう。一方、新しいアイデアや詳細な情報が、小さなアクションアイテムに落とし込めていれば、人生に取り入れるのもより簡単になる。

チャンスがやって来るときは大抵、何段階かのステップになっているもので、それぞれの段階に含まれているものも細かいチャンスが少しずつ、ということが多い。大きなチャンスを苦労して飲み込んで消化しようとするより、小さくて価値のあるものをたくさん取り入れていこう。

細々したものを大切にできる人が成功する。そうでない人は負けるのみだ。

8.細部にこだわりつくすことでミスを減らし、痛手もコストも最小限にする

ここでのポイントは二点ある。一つ目は、**現代社会においてはミスが非常に高くつく**ということ。二つ目は、**お客様のほうもミスに対してますます厳しくなっている**ということである。

消費者は、同じお金をかけるなら最高のものが欲しいと思っている。そこで、実際に購入に至る前にいろいろと比較をするわけだが、インターネットはまさにその手段の一つである。盲目的にモノを買ってもらえていた時代は、当然ながらもう終わった。賢い人ほど、あちこち店を比較するのにできるだけお金も手間をかけず、楽に済ませる方法を知っているものだ。

だからこそ、お客様の心をつかむのに、今は信頼性と信用が鍵なのだ。革新的な技術ももちろん素晴らしいが、**人は一度でも広告に謳《うた》われた通りの質に満たない商品に当たってしまうと、次からは信頼性にもっと重きを置くようになる。保証のレベルは九九%では足りず、一〇〇%でなければならないのだ。**

多くの企業家は、一つの商品を完璧に仕上げる前に、もう次の商品に飛びついてしまいがちだ。細部をおざなりにするようでは、市場では生き残っていけない。何事も最後の一〇%を磨き上げるのに、それまでの九〇%を作り上げるのと同じくらいの時間がかかるというのは知っての通りである。

物事を細部まで完璧にするというのは投資に他ならない。単純なことでもないし、自然にできることでもない。それでも、神が細部に宿るように、完璧さも細部に宿るのである。

9.細部にこだわりつくすことで適切なマッチングを行なう

お客様は、**自分のニーズと商品とが完璧に一致することを求めている。**お客様を喜ばせるのは、かつてないほど難しくなってきている。「これで十分」ではもはや不十分なのだ！

例えばコンピュータの場合、ソフトウェアのコードやモデムの接続が完璧でないとうまく動かない。一カ所でも数字が間違っていたら、システムがめちゃくちゃになってしまうのだ。それと同じで、買ってくれる人の（細部にわたる）ニーズに一〇〇%ぴったり合う商品をぜひとも提供したいものだ。できる限り完璧な組み合わせや調整を施した上で商品を提供するのが望ましい。

コーチングにも同じことが言える。クライアントは単に優秀な良いコーチを求めているのではない。自分が抱える具体的な問題をあっという間に解決してくれる、まさに自分にぴったりの専門性を持つコーチを求めているのだ。ここまで細やかなレベルでマッチングが成立しなければ、クライアントから選んでもらうことは簡単ではないだろう。

10.細部にこだわりつくすことで自らの誠実さを育てる

私が大切にしている考え方がある。それは、「まずもって誠実さが第一。その上でニーズを満たし、望むものを追いかけよ」ということである。

とてもシンプルで、これ以上ない真理だと思う。

誠実さは何よりもまず先に立つべきものであるので、この点に関する人としての成長に心を砕けない人は、その後の成長も止まってしまう。**誠実さに関わるほとんどの問題は、些細なところに端《たん》を発することが多い。**その初期の兆候を見逃してしまうからこそ、問題へと発展してしまうのだ。

するとここで、また別の表現モデルを考えることができる。すなわち、**「兆《きざ》し→メッセージ→教訓→問題→危機」と変遷を辿っていく、「チャンスのモデル」である。**

私たちは往々にして、何かが「兆し」として起きたとしても、それが分かりやすい「メッセージ」となって現われるまでは待ちの姿勢に入ってしまう。これでも悪くはないが、すでにチャンスを逃してしまっていることには変わりない。

さらにはその「メッセージ」さえも無視し、あるいは見逃してしまうことで、「教訓」や

「問題」のレベルに発展するまで何も行動を起こさない人も多くいる。もっと悪くすると、「問題」どころか「危機」にまで達してしまうこともある。

このモデルから学べることは、**（前向きなこと、望ましいものか否かを問わず）自分のもとにやってきたことにすぐ対応することができれば、そのほとんどをチャンスとして活かすことができる、ということだ。**それができなければ、チャンスの種だったはずのものも、全く望ましくないものに変わってしまう可能性もある。

あらゆる些細なことに即座に対応しよう。事が起こればすぐに反応することで、チャンスに気付き、それを楽しめるようになる。そうすれば、「メッセージ」から「教訓」と「問題」のフェーズを経て「危機」へと至ってしまうプロセスの部分も、一気に削減することができるのだ。

ステップ 15

いっさい大目に見ない

Tolerate Nothing

大目に見ることはコストになり、不要なコストは魅力を下げる

溺れたいなら
浅瀬のところでもがいてもしょうがない。

――ブルガリアのことわざ

ドラッグストアに寄ってばかりの女は
お断りだな。

――ジョン・リー・フッカー（ブルース・シンガー）

嫌なことに対して、「大目に見る」よう言われるのは、私たち人間の常と言っていい。「文句を言うな」「人生は厳しいんだよ」「波風を立てるな」「周りとうまくやること。逆らわないこと」「今あるもので満足しなさい」「弁《わきま》えろ」……こういったことばかり聞かされる。

どれも助言としては間違ってはいない。柔軟であることも、周りになじむことも、足るを知ることも——いずれも美徳ではある。だが、あまりにもこれらを突き詰めてしまうと、美点だったものも欠点になってしまうことは十分分かるだろう。ある一定のレベルを超えてしまうと、単純に大目に見すぎということになる。

大目に見るとはどういうことか。ここでは、**「自分にとって煩《わずら》わしく、エネルギーを搾取《さくしゅ》されることであって、本来なくてしかるべきものを我慢すること」**と定義したい。私がコーチングをした人のほとんどが、人生のうち八〇%もの時間を何かしらの我慢を抱えて生きていた。一方、大目に見ることで得られるものもほんの少しだけある。それは自分に負荷を与えて忍耐を課すことで感じられる、ある種の高潔さである。だが、そうやって自尊心を高めようとするのはあまりにも割に合わない。

自分の「成功の器」なるものがあるとすると、大目に見ることでその器に穴を開けてしまうことになる。満ち足りた気持ちも運も、その穴からどんどん漏れていってしまう。果ては「自分自身」さえも枯渇させてしまうのだ。自分を自分で魅力的であるとも思えなくなる。それでもどうしても何かを大目に見てしまうというのは、自分が自尊心に関わるもっと深刻な問題を抱えていることの表われかもしれない。シリアスな問題ではあるが、問題の所在に気付きさえすれば、解決することは可能である。

ニュアンスの違い

大目に見る（TOLERATE）VS. 折り合いをつける（COPE）——何かを「大目に見ている」ときは、その対象は本来解決可能なものだが今だけ仕方なく耐えている、といった状態である。何かに「折り合いをつけている」ときは、その問題がこのままずっと残ってしまうのはやむなしと、基本的には諦めていることになる。

真実（TRUTH）VS. 正確さ（ACCURACY）——あるものが「正確」かどうかは、計算機などの既存の測定手段や既知の事実を使って証明することができる。「真実」の場合は、正しいことではあるけれど未だ証明はされていない、という状態があり得る。正確性とはそれ以上動かしようがないものだが、真実は進化していく。

システム（SYSTEM）VS. 強硬手段（RACKET）——何かしらの摩擦を生じたり、コストが高くついたりするやり方を使ってでも、自分が求めるものを得ようとするのは、「強硬手段」の行使である。その意味で、大目に見ることも一種の強硬手段になっていることが多い。その効率の悪さに気が付けば、自分が求めるものを得るのに、もっと持続可能でコストが低い（あるいはコストのかからない）「システム」を構築しようと考えるだろう。

コスト（COST）VS. 見返り（PAYOFF）——大目に見ることからは（コストは高くつくにせよ）何かしらポジティブな「見返り」が得られるものだ。だが、その「コスト」が割に合わないことに気が付けば、大目に見るのをやめられる。

説明（EXPLANATION）VS. 正当化（JUSTIFICATION）——「説明」するとは、何かをはっきり、より平易に表わすことだ。「正当化」するとは、大抵は自らが責めを負わないために何かを証明しようとすることだ。自分の人生をどこか正当化しようとしているならば、あなたには何か大目に見ているものがあるということになる。

ソフトコスト（SOFT COST）VS. ハードコスト（HARD COST）——「ハードコスト」とは、定量的な算出が可能な支出であって、お金や時間、資源などがその例である。「ソフトコスト」はより実体のないものだが、重要性はなおさら高い。例としては、余裕、機会費用、魅力のレベル、タイミングなどである。大目に見ることが多くの場合において正当化されてしまうのは、目に見えるハードコストが低いからだ。しかし、それが本当は高くついているということに気が付けば、ソフトコストの重要性をきちんと理解しているということである。

いっさい大目に見ないこと（TOLERATION FREE）VS. 寛容でないこと（INTOLERANT）——「寛容さに欠ける」人は、他の人の意見や権利、大切にしているものを認めようとしない。「いっさい大目に見ないこと」とは、他の人の行動や何かの状況が、自分にとって害となる場合にはそれを決して良しとしない、ということである。自分以外のものに対して寛容であることと、いっさい大目に見ないことは両立可能なのである。

高潔さ（HIGH STANDARDS）vs. 正しさ（RIGHTEOUSNESS）——「高潔な」人は、模範的な行動を自ら進んで行なう。自らの「正しさ」を示したい人も同じ行動をとるが、他者に対して厳しく批判的になりがちである。

境界線（BOUNDARIES）vs. 武器（WEAPONS）——何かにノーを言うとき、背景や理由をきちんと説明できる言い方をするのは、「境界線」を引いていることになる。けんか腰で尖《とが》った言い方をすれば、「ノー」と言うことで「武器」を振りかざしていることになる。

私のクライアントたちは、特に神経質というわけでもなく、周りにうまく合わせられるタイプである人がほとんどだった。それでも皆が何かしらの我慢をしていたということは、あなたも今まさに、何十どころか何百個も大目に見ていることがあるのではないだろうか。しかし、大目に見る癖がどれほど根深いシミになっていようとも、レーザー治療は始められる。そしてその効果は、短期的にも長期的にも非常に大きい。

大目に見るということは、自分で自分に言い聞かせてきた妥協の表われであることが多い。その対象は、感じの悪い同僚の存在かもしれないし、人間関係の中で自分が嫌々担っている役割かもしれない。あるいは、精神衛生上あまり良くない状況に自分の身を置いているのかもしれない。でも考えてみれば、子どもの頃はそこまで物事を大目に見てなどいなかったはずだ。

気に入らないことがあれば、泣くなりわめくなりして主張していたことだろう。ところが、成長するにつれて私たちは社会性を身につける。すると、自分の感情を抑えるように教え込まれる。泣きわめくのは大人のすることではない、というわけだ。

かといって、それが行きすぎて自己否定に結びついてしまうのもやはり良くない。そこで、物事を大目に見る癖をなくしつつ、自分の希望をスムーズかつ効果的に、そして周りとの関係を壊さないようにうまく主張するスキルを身につけることが必要になる。

物事を大目に見ることは、本質的には自分を麻痺させることと同じである。例えば、美しい音楽をかけているとしよう。そこへ突然、車のクラクションや人の喋《しゃべ》り声などがして、あたりが騒がしくなったら、あなたはその耳障りな音をとにかく締め出そうとするだろう。一方では音楽を聴こうとし、もう一方では騒音を聞かないようにすると、自分のエネルギーも分散してしまう。すると何が起こるか。音楽の音程の一部には騒音の周波数と重なるところもあるので、その部分をシャットアウトすると、それだけ音楽自体も聞き逃してしまうことになるのだ。人生もそれと同じことである。**何かを大目に見ると、その不快さを感じなくて済むように心が閉じてしまい、その分幸せも感じられなくなってしまう。**

自分が本当に求める人生にしようと思うと、**自分の感覚は鈍らせるのではなく、逆に敏感に研ぎ澄まさなければならない。**となると、**我慢は手放さなくてはならないのだ！** それができて初めて、自分にとって最も大切なことのためにエネルギーを最大限使うことができる。

物事を大目に見ている状態だと、自分も、自分の仕事も、平凡でつまらないものになる。生まれ持った創造性も押し殺され、いつも疲れた状態になってしまう。

大目に見ることをやめれば幸せが増え、一緒にいて楽しい人になれる。自尊心が傷つくことも減るので、自分の価値を表現することにもっと注力できるようになる。そうすると、人より一歩先に行くことができ、何かを乗り越えたり迂回《うかい》したりするのにエネルギーを注がなくてもよくなるのだ。

計画をもって賢く取り組めば、大目に見てしまうことが足枷《あしかせ》になる場面を減らしたり、なくしたりすることができる。人によっては、積もり積もったイライラを爆発させてみることが良い第一歩になる場合もあるだろう。だが、単に怒りをぶつけたところで終わってはいけない。「良い人なんてやめてやる！」症候群に陥って、不満を募らせては爆発し、落ち着いたら元に戻る、というのでは繰り返しになるだけだ。

「良い人なんてやめてやる！」症候群にならないためには、次の四つのステップで対処していくといい。

一つ目は、**物事を大目に見ることで自分が得ている利益に気付くこと。**何かを大目に見ることと引き換えに、自分は何を手に入れているのだろう。何か実体があるものだろうか。それとも単に、自分や自分の価値を大事にするためにわざわざ行動を起こす面倒臭さから逃れられることだろうか。

二つ目は、**その領域で自分が要らぬ我慢をしないための目安や基準を設けること。**数字で決めておくといい。例えば、つまらない話を何秒以上聞かされたら、話題を変えるなり会話を中断するなりする。あるいは、ハードルの高い仕事に何時間、または何日まで費やしたら「もういい、割に合わない。次へ行こう！」と舵《かじ》を切る。そういったことだ。

三つ目は、**物事を大目に見ることをやめるとどうなるか分からない、という不安やリスクを感じてしまう要因を減らし、なくすこと。**時間やお金、スペースに「スーパーリザーブ」があれば、おそらく助けにはなるだろう。だが、「不安に振り回されない」という決意さえあればそれで解決することもある。

そして四つ目は、**自分が大目に見ているものに対して、健全な関心を寄せること。**我慢には、自分がさらに強化すべき分野を示してくれているという側面もある。そういう意味での「盲導犬」になってもらおう。大目に見る対象を根絶しようとする前に、そこから学べるものは学ぶのだ。

この法則が身につくと……

- ✓ 自分にとって問題になりそうな状況や人付き合いに巻き込まれる前に、自分で気付いて身を引けるようになる。
- ✓ 以前であればひるんでしまっていたような場面でも、自分のために行動を起こせることに誇りを持つようになる。
- ✓ ずっと悩みの種になっていることに対して、一歩踏み込んで改善を図ることができるようになる。

✓ 自分の意思を持って、率直にものを言ったり変化を起こしたりする自信がつく。

✓ あなたがもはや大目に見てはくれないと見るや、エネルギーを奪うような人たちのほうから離れて行ってくれる。

✓ コミュニケーションスキルが向上する。

大目に見ない人生に向けての10のステップ

次のそれぞれの項目ができたら、チェックしよう。

1. □ 大目に見ることは皆にとって良くないことだと理解する。
2. □ 家で自分が大目に見てしまっていることを一〇個書き出す。
3. □ その一〇個の要素をなくせるよう家族に協力を仰ぐか、自分で行動を起こす。
4. □ 仕事において自分が大目に見てしまっていることを一〇個書き出す。
5. □ その一〇個の要素をなくせるよう周囲に協力を仰ぐか、自分で行動を起こす。
6. □ 何かを大目に見ることで、自分も見返りを得ている面があるのだと理解する。
7. □ 物事を大目に見ることをやめることに、意欲的にコミットする。
8. □ 不満を言う代わりに、きちんと自分の要求を伝える。

9. □ 自分にとって負担になっているタスクや雑事の処理に一〇万円投資する。

10. □ 項目1から9までが終わったら、もう一度繰り返す。

いっさい大目に見ないための10の方法

赤ちゃんや小さい子どもの頃は、いっさい何の我慢もしていなかったはずだ（あの頃はよかった！）。ところが成長するにつれ、私たちは「セルフィッシュになるな」と教えられる。そうすると、物事を大目に見る術《すべ》（つまり、受け入れる、耐える、順番を待つ、分別を持つ、物事の良い面を見る、妥協する……といったこと）を身につけざるを得ない、ということになる。

こうしたスキルを叩きこまれたばかりに、私たちは大目に見ることにかけては一級品、の状態になってしまった。でも、もうその癖からも足を洗うときだ。自分や自分の最も大切な人たちから見たときに、自分が何かに目をつぶるほど自分の魅力が下がってしまうということを、今のあなたは理解しているだろう。

これから出てくるヒントを活かせば、自分が大目に見てしまっていることを九〇〜一〇〇％の割合で減らせることだろう。願わくは、離婚も失業もすることなく、友達を全て切るなんてはめにもならないで済みますように（もちろん、それが自分にとってベストな方法であるときは別だ）。

1. 物事を大目に見るとどうなるか、そもそもなぜこんなに大目に見ていることが多いのかを知る

物事を大目に見ることはブレーキのようなものである。人としての成長や進化のプロセスにおける本来のスピードを緩《ゆる》めてしまう。急速な成長というと響きが良い（もちろん実際にも素晴らしいことだ）が、そこには同時に怖さもあるものだ。望んでいた変化がまさに起ころうとするとき、私たちは最初のうちは高揚感を覚える。ところがあるとき突然、これまでの状況が良くも悪くもいかに自分にとってしっくりくるものだったかに気付く瞬間が来る。例えば、恋に落ちるときは燃え上がるものだが、しばらくすると、本当にこの人でいいのだろうか、やめておいたほうがいいのではないか……などと考え始めるようなものだ。

別の言い方をすると、不安を感じることがきっかけになって人は我慢をする、ということである。我慢とは、スピードを落とすことで私たちを安心させてくれるものでもあるのだ。意識的かどうかは別として、**私たちは安心を感じたくて、自ら進んで物事を大目に見ることを選んでいる。**失敗するのが特に怖い大事な関係性においては、いっそうその傾向が強い。しかし、人間関係に我慢を持ち込むのは、自由に羽ばたこうとする鳥の首に重石《おもし》をつけるようなものだ。つまり、**何かを大目に見ることで自分自身の可能性を阻害するばかりか、関係性がさらに発展していく可能性をも摘んでしまうことになるのである。**

自分を責める必要は決してないが、この問題はぜひ解決して、もっと自分に自由を許そう。

物事を大目に見ることが減れば減るほど、自分のスピードを弱めるものに対してもうまくノーを言えるようになる。おそらく、あなたは今いろんな役割を抱えているだろう。親として、働き手として、アーティストとして――ただでさえギリギリなのに、物事を大目に見ることもせず、しかもこうした役割も果たし続けるなんて不可能だ、と思うかもしれない。でも、必ずできる。それぞれの物事に対して対処の仕方を変えていく、というだけで済む話なのだ。

2. 人生で大目に見ていることを、大小問わず五〇個挙げてみる

五〇個も？　と思うかもしれないが、誰でも最低それぐらいは抱えている。二〇分もあれば余裕で書き出せるだろう。書く、というのが非常に重要である。単に頭で思い浮かべるのではなく、実際にその目で見ることが大事なのだ。

特に、解決するのが不可能に思えるような、自分にとって大きく立ちはだかる存在である我慢の対象ほど書き出すようにしよう。こういったものがきちんと認識できることが重要である。なぜなら、**小さい我慢はほとんど何かしらの形で、大きい我慢に紐づいている**ものだからだ。

以下は参考カテゴリーである。日々の仕事／職業にまつわるもの／事業に関すること／パートナーの習慣や行動／自分の習慣や行動／身の回りの設備／車／家／オフィス環境／他人の態度やコミュニケーションのあり方――こうした場面で起きている我慢について、リストに挙げ

てみよう。

ナンシー・ホワイトは、六人の女性のクライアントに、週に一度グループコーチングをしている。そこでこの「いっさい大目に見ない」法則を紹介して、各自が大目に見ていることを書き出してもらったのだが、リストがあまりに膨大になっていくので一同圧倒されてしまった。「Aさん」は、床に布団を敷いて寝ている今の状況が耐えられないが、ベッドを買うお金がない、と言った。「Bさん」は、用事や雑務で手一杯で、自分の時間が取れない状況が辛い、と言った。するとここで、どちらにとっても嬉しい名案が浮かんだ。ナンシーの提案はこうだ。――BさんがAさんを雇って、週に一度いろいろと用事をこなしてもらう。そしてAさんは稼いだお金で立派なベッドを買えばいい。つまり、リストに書き出してみるだけで、ウィンウィンな解決策があっという間に生まれたというわけだ。実際にやってみると、こんなにもシンプルに我慢はなくせるのである。

3. 物事を大目に見ることで自分が得ている利点を自覚する

好きで何かを大目に見ている人などほとんどいないので、こう言われると変な感じがするかもしれない。しかし、**何かを大目に見ることは、何らかの方法で現に自分の役に立っているものである。**そうでなければそもそも大目に見ることなどしていないはずだ。

何かを大目に見ることが自分の役に立っている、というのは、ウイスキーのイメージにちょうどよく似ているかもしれない。アルコール中毒者はウイスキーを飲むことで、今この瞬間の痛みや不安を消すことができる。だがその一方で、目に見えないダメージも蓄積されていく。

自分が大目に見ていることが、自分にどんな利点をもたらしてくれているのか。それをしっかりと見つめて認めることが重要である。もしかすると、すごく実用的で健康に良い効果さえあるかもしれない。

自分がいま大目に見ていることを書き連ねたリストの各項目に、少なくとも一つずつ、そこにある利点も書き込んでみよう。次に、思考と勘の両方を使って、その利点と、かかるコストとをてんびんにかける。自分の人生の中で、果たしてどの我慢が一番高くついているだろうか?

答えが浮かぶ頃には、それに対して行動を起こす力も一緒に湧いてきているはずだ。

4．大目に見ていることのリストを精査して、そのハードコストとソフトコストを見極める

ハードコストは目に見えるものであって、数字で測ることができ、短期的なものとしても長期的なものとしても算出できる。一方、ソフトコストはそこまではっきりしない。「この我慢は結構高くついているな」というような、心の奥底での感覚はあるものの、それを数字や言葉で詳細かつ完璧に表わすことが難しいのである。

リストを使うことで、自分の我慢の中でも「高くついている」ものをせっかく見極められた

ので、ここはもう一歩踏み込みたい。大目に見ているそれぞれのことにかかっているコストを、ハード面とソフト面の両方で、できる限り特定してみよう。

5.「我慢フリーなゾーン」まで進化する意味があるか、自分の意思を固める

前の第2〜4項までのエクササイズをすることで、自分自身のことをもう少し深く理解できるようになったことだろう。そして、「大目に見ること」のダイナミズムらしきものも（ポジティブなものもネガティブなものも含め）分かるようになったはずだ。すると、この一連のプロセスのどこかの時点で、いっさい我慢をしなくてもいいゾーン、略して「我慢フリーなゾーン」に自分を持っていくかどうか？　という選択肢が出てくる。

我慢フリーなゾーンに行くとはどういうことかというと、基本的には内面での変化あるいはシフトを起こすことである。つまり、**「大目に見ること」をこれ以上黙ったままただ受け入れようとは思わなくなり、（その根源も含め）対象をしっかり特定して消そうと考えるようになるのだ。**

注意したいのは、「こうすれば未来永劫我慢することがなくなる」というわけではないということだ。そして、『大目に見ること』が全くできない人間になる」ということでもない。そうではなく、何かを**大目に見ることに現状かかっているコストを、ハード・ソフトの両面から正しく認識し、その上で、「払うのはもうやめよう」と自分で思えるようになることなのであ**

る。そうなれば、その後いつ何かを大目に見る場面に行き当たったとしても、対処するための行動に素早く移れるようになる。

我慢フリーなゾーンに自分を置くことの意味は、自分や他の誰かに約束するような類のものではない。単に、「『大目に見る』ことには一貫してノーと言う」という自分の態度を表わしているのだ。そしてこの態度があれば、大目に見ることをなくすのはより簡単になる。なぜなら、その存在に気付くと同時に、迷いなく打つべき手が打てるようになるので、我慢が長期にわたる習慣として染みついてしまうのを防ぐことができるからである。

6. コストが最も大きい我慢を選んで、それを一一〇%除去する

一一〇%？　と思うかもしれないが、そのとおり。**余分な一〇%は、我慢の「根源」をなくすためのものだ。**例を挙げよう。ある女性が、夫が歯磨き粉のチューブを真ん中から押すのがどうしても嫌だ、と思っているとする（その人が神経質なのが問題だと言う人もいるかもしれないが、それはまた別の話だ）。そこで夫に「やめてほしい」とか「こうしなさい」とか言うのではなく、そもそもボトル式の液体歯磨きか、歯磨き粉ならチューブを押しても「真ん中」から凹《へこ》んでいかない作りのものを単純に買ってくればいい、という策で、女性の我慢はあっさり解消できるかもしれない。

例としては卑近《ひきん》すぎてばかばかしいと思われたかもしれないが、これこそがまさしく先の余

分な一〇％に相当する。あるいは、また別の話をしよう。私は何年も前に心理学の講座を受講していた。その教授が事あるごとに口にしていたことがある。それは、人は議論になると、相手を打ち負かそうとしてしまいがちだということ。ヨットにたとえると、「相手の帆から風を奪おうとする」ということだ。そして、教授はいつも続けてこう言っていた。「でもそれより、自分の帆が相手の風に当たらないようにするほうがずっと効率的で簡単だ」

というわけで、自分が向き合う我慢が大きいものでも小さいものでも、そもそもの背景から変えてしまおう。もう**「大目に見ること」自体が二度と起こらない状況を作ってしまうのだ。**そうしないと、同じ我慢に何度も繰り返し足止めをくらうことになる。それでは前進しているとは言えないのだ。

7. 自分が変わろうとしていることを身近な人に伝える

家族や職場など、自分の周りにいる人に、自分が変わろうとしているということを伝えておくのがフェアである。**自分は「我慢フリーゾーン」を目指しているのだということを、相手に伝わりやすい言葉を選んで話そう。こうしてきちんと伝えておいた上で、以前の自分であれば受け入れて大目に見ていたであろうことにさらりとノーを言うのだ。**強引なやり方をしなくても、揺るぎない芯を持つことはできるということである。

いきなり豹変して周りをびっくりさせるのではなく、自分がだんだん変化していく過程を知ってもらおう。今の自分にとっては何が「OKではない」のか、時間をとって話すのだ。要は、頭ごなしに正当性を振りかざしてはいけない、ということである。きちんと心を砕いて歩み寄ろう。実際、今は嫌だと思っていることを過去の自分は受け入れていたわけで、ある種周りにそう「教育」していたのは自分なのだ。そう考えると公平だろう。

周りの人を我慢フリーゾーンに巻き込むのもいいかもしれない。自分が変化していることを受け入れてもらうには、大抵はそれが一番簡単だ。あなたの確固たる決意に触発されて、周りの人もきっとわくわくして力が湧いてくることだろう。大目に見ることをやめることで得られる効果を実感してもらえば、あなたが変わろうとしているということも、よりいっそう受け入れてくれるようになるはずだ。

8.大目に見ることをやめる試みを助けてくれる友人やコーチ、セラピストを見つける

前にも使った犬の例でいくと、「大目に見ること」が尻尾で、自分の人生が犬自身である。何が言いたいかというと、自分が何かを大目に見ていたことに気付いてそれをやめていく過程では、思いもよらない揺さぶりが起きることもある、ということだ。その何かを大目に見ていた頃にも、そのときの人生なりの共生関係やバランスや調和があったはずだ。自分が進化すれば、それが不安定になるのは当然である。予想外の影響が出たり、波が来たりすることもあるだろう。

これまであまり我慢してこなかった人はそれほどでもないかもしれないが、蓄積してきたものがたくさんある人ほど反動も大きいだろう。

でも今のあなたは、大目に見るのをやめることの長期的なメリットを考えれば、短期的な反動リスクは十分受け入れるに値するものだと知っている。せっかく始めた変化を良い方向に持っていくために、そして、変化によって壊れてしまうものよりも、新たに構築していくもののほうが確実に大きくなるようにするために、**他の人にサポートしてもらおう。**心から信頼の置ける友人や、優秀なコーチやセラピストに助けてもらうことで、変化による反動があってもすぐに対応して、うまく乗り越えていけるようにするのだ。そうやっていけば、**人生で予想外のことが起きても、それも贈り物（ギフト）なのかもしれない、という見方ができるようになっていく。**

モントリオール在住のコーチ、イヴォン・ラ・プラントには、まさにこの「人生における変化はギフトである」という考え方がぴったり来るようなクライアントがいる。二人の出会いは、イヴォンが「魅力の法則」の電話クラスを修了して間もない頃だった。イヴォン自身、この「いっさい我慢をしない」法則には懐疑的だったところがあり、自分自身で実験をしてみて、ちょうど素晴らしい効果を実感し始めたときに、まさにそのクライアントが現われたのである。クライアントにはお金がなかった。もともと腕のいいインテリア・デザイナーで、素晴らしい仕事の実績も過去にはいくつかあったのに、三年前に自己破産して以来、生活保護を受けていた。

まず、イヴォンはクライアントに、自分が我慢していることを書き出してもらった。みすぼらしい靴を履いていることから、普段の食事の内容、自分の喋り方や仕草《しぐさ》に至るまで、ありとあらゆる全部である。そこから、こうした我慢のもとを、最大公約数的に一〇個にまで絞り込んだ。括《くく》り出していく際の鍵になったのは、「どうして自分は生活保護に甘んじているのだろう？ そこにはどんな利点があるのか。自分の中にも、そのままでいたい理由があるのか。自分がやりたいと思うことを妨げているものは何か？」といった問いである。それを突き詰めていくと、彼と父親との関係に行き当たった。クライアントの父親は息子の仕事を良く思っておらず、「お前は出来損ないだ、成功できるわけがない」という言葉ばかり彼に投げつけていたのだ。

三年前、クライアントは、とある仕事を不利な契約条件で軽率に請《う》けてしまったことがきっかけで、全てを失った。そのときに父親の言葉が蘇《よみがえ》ってきて、耳について離れなくなったのだという。それで彼は意欲を失ってしまった。そして、意欲を失ったままでいることを、自ら甘《かん》受《じゅ》してしまった。これが、クライアントの全ての我慢の根源だった。

一〇個に絞った我慢のもとは、いずれもエネルギーを奪うものだという点で共通していた。クライアントの「宿題」は、毎日その我慢に対して何かしらの行動を起こし、それを決まった時間にイヴォンに電話で報告することだった。最初の二日は、クライアントは時間通りに電話してこなかった。イヴォンは、「きちんと約束を守れないならやめます」と伝えた。すると、それ以降は電話が遅れることはいっさいなくなった。それから、いろいろなことが変わり始めたのだ。

インテリア・デザイナーとして失敗したあと、クライアントは営業マンとして再就職していた。勤め先は、一四世紀のタペストリーの複製を作るメーカーである。ところが、三年間で彼が売った商品は一枚もないというありさまだった。そこで、イヴォンのサポートでてこ入れをし、潜在的なお客様にもっとポジティブなアプローチをしていこう、ということになった。実際にやったことは、クライアントがこれまでに関わりのあった人の中から、タペストリーを買ってくれそうな人をリストアップすることである。初めは数人も思い浮かばないと言っていたクライアントだったが、記憶の糸を手繰《たぐ》り寄せるうちにリストはどんどん膨れ上がり、すぐに四〇〇〇人の名前が挙がった。

クライアントが意欲を取り戻して、初月の売上は七〇〇〇ドルだった。翌月には三万五〇〇〇ドルにものぼった。以降も継続的に同じくらいの結果を出し続けているそうだが、それでもクライアントは定期的にイヴォンと打ち合わせを設け、自分が大目に見ていることをさらに一つ一つつぶしていっているのだという。

9.リストアップした「大目に見ていること」を一日に一つずつ、九〇日間かけてなくしていく

三〇日間、あるいは九〇日間と一定の期間を決めて、自分が「大目に見ていること」をリス

トアップした中からそれぞれ三〇個、または九〇個を選び、一日に一つずつフォーカスして、それぞれの「大目に見ていること」をなくすことに取り組んでみよう。そうするうちに勢いが出て来て、プロセスがもっと速く、もっと楽に回せるようになっていくことに気付くだろう。なぜかというと、そこで得られるものは、一つ一つの「大目に見ていること」の裏にある不安を打ち消す程度の一時的な満足や後押しで終わるものではなく、そのレベルをゆうに上回るものだからだ。

こうした毎日を過ごしていく中で、たとえ狙い定めた我慢を完全になくすことはできなくても、一歩前へと踏み出したということだけで十分大きなことなのである。大目に見ることをなくせたのが一部だったとしても、それだって紛れもなく進歩であり、その後の自信を作る上での種となるのだ。

10. 自分の進歩を支えてくれる、重要な基盤やゴールを刷新する

自分が大目に見ていることを一つずつ見つけてやめていくにつれて、**人生の基盤のほうも新しく構築し直さなければならない**ということが分かってくる。そこには二つの理由がある。

一つ目は、コストが高かったとはいえ、大目に見ていた行為自体にもこれまでの自分の人生を支えてくれていた面があるということだ。

二つ目は、人や、仕事、信念、事業など何でもいいが、自分の支えになってくれているもの

は得てして変わっていく。そして、その変化は自分自身の変化の度合いにもよる、ということだ。自分の周りからだんだん（あるいは突然）去っていく人もいるだろう。するともっと良い仲間が引き寄せられてくる。自分の目指すゴールだって、知らず知らずのうちに、あるいは劇的に変わることもあるだろう。

変化すれば素晴らしい解放感が得られる一方で、ある種の喪失もともなうものであるということは認識しておくべきだろう。だからこそ、新しい人や事業、ルーティーンや習慣、そして行動を取り入れて、より充実した、信頼できるサポート・システムを作り上げる必要がある。自分一人だけなら、ちっぽけな存在だ。所詮《しょせん》あなたは、人間にすぎないのである（これ以上ない褒め言葉として受け取ってほしい）。

ステップ16

自分の喜ばせ方を周りに示す

Show Others How to Please You

察してもらおうとはしないこと

君は俺のもの？　それとも違う？

――ルイ・ジョーダン（歌手）

これがコーヒーだと言うなら、紅茶を下さい。
逆に紅茶だと言うなら、コーヒーを下さい。

――エイブラハム・リンカーン（政治家）

本書の最初に出てきた魅力の法則、「信じられないくらいセルフィッシュになれ！」（ステップ1）をきちんと理解して消化できていれば、このステップは簡単だ。

自分の喜ばせ方を他人に示すことには、二つの要素がある。**一つ目は、自分にとって何が一番嬉しいかを知ってもらうことである。だが、察してもらおうと思ってはいけない。二つ目は、そのために相手にしてもらいたいことを、自分から教えることである。**

それぞれは別個のものではあるが、どちらも非常に重要だ。

人生において自分が関わりを持つ相手には、本心をまっすぐ伝えるのがフェアだろう。自分が心から好きなものについて話しているか。また、自分が（例えば雇用主であるとして）相手に本当にしてもらいたいことをしっかり伝えているか。相手に迷いを強《し》いることがないよう、自分からきちんと明らかにしよう。自分が思い切りセルフィッシュになることを受け入れるほど、自分の好みや希望、他者に対する要望を本音で正確に伝えることがどんどん容易になっていく。そして、セルフィッシュな自分であることは、自分の大切な人たちにとっても、そしてその人たちと関係を築くにあたっても有益なのだ。一人で気を揉《も》んだり、周りに妙な遠慮をしたりすることはもうやめよう。「もしあの人が本当に自分のことを想ってくれているなら、理解してくれるはず……」などと勝手に期待するのもナシだ。

自分がどうしてもらえたら嬉しいかが相手に伝われば、相手のほうもわざわざ面倒な当て推量をしなくて済む。逆に相手も同じようにしてくれたら、自分もきっとありがたいだろう。もし自分の望みに相手が応えられないと分かれば、それをきっかけにお互いの関わり方を見直すこともできる。黙って期待し続けて、失望や恨みを蓄積してこじらせる、なんてこともなくなるのだ。

コーチとして人々と接する中で、私はクライアントから人生や人間関係についての深い告白をいくつか打ち明けられてきた。そこで思ったのが、仕事でも恋愛でも、人間関係が壊れてしまうきっかけのほとんどは、その中の誰かが「自分のニーズが尊重されていない」と感じることから始まる、ということである。そういう人は次第に不公平感を募らせ、「自分はこれだけ尽くしてきたのだから、それ相応のものを手にする権利があるはずだ」と思うようになるのだ。

そのような考え方も、ある意味では正しい。だが、**他者に自分の喜ばせ方を素直に伝えるスキルがあれば、人間関係が壊れることも減り、充実した関係が構築できるようになる。**そして、もし変化が必要になっても、軋轢《あつれき》を生むことなく、しなやかに次のフェーズに移行していくことができるのだ。

自分もそうなりたいと思ったら、ものは試しに、このあとの一〇項目を実践してみよう。

ニュアンスの違い

要求する（REQUEST）VS. 期待する（EXPECT）——「要求する」とは、自分が欲しいものを直接かつ具体的に求めることだ。「期待する」とは、言葉では何も言わず、ほのめかしはするかもしれないものの、内心で希望をくすぶらせている状態である。

器のレベル（HAVINGNESS LEVEL）VS. ニーズ（NEED）——「器のレベル」とは、良いものを引き寄せたり、手に入れたりした際、それを受け入れて自分の中で保ち続けることができる能力のことだ。多くの人は成功を手にしても、それを維持できるだけの器がないので、また元に戻ってしまう。一方、「ニーズ」とは、自分の才能とリソースを最大限活かすために必要なもののことである。パーソナル・コーチはどちらの面をケアする上でもあなたの助けになるだろう。

示す（SHOW）VS. 言葉で伝える（TELL）——自分が求めるものは、直接「示して」みせるのが一番いい。できるだけ実物を見せよう。どんな風に頬に触れて、どんな風にキスしてほしいか、実演するのだ。「言葉で伝える」のは自分も大変だし、聞くほうの相手にも負担になる。口で言って終わりにはしないこと。

具体的（SPECIFIC）VS. 曖昧（GENERAL）——「金曜日には、一輪のバラにカスミソウを添えて、ガラスの花瓶に活けて贈ってほしいの」と言えば「具体的」である。「花が欲しいな」と言うだけだと広すぎて「曖昧」だ。具体的に望みを伝えれば、相手も的を外さず、あなたを喜ばせるのが楽になる。

この法則が身につくと……

✓ モノが実際に欲しいタイミングよりも前に、周りに求めることができるようになる。すると、周りの人も、あなたに必要なものを提供するにあたり、余裕を持って準備ができるようになる。
✓ 自分の要求を的確に伝えないくせに特定のモノを求めるのは不公平である。
✓ 自分が欲しいものや必要なものは、まさしく求めている方法で手に入るのだ、という自信がつく。
✓ あなたを喜ばせたいと下心なく思ってくれる人と関係を築くようになる。
✓ 自分が求めているものを与えてくれない人がいても、その人以外のところから十分満たされているので、「そういう人もいる」と受け入れ、うまく付き合えるようになる。
✓ 自分が心から喜びを感じるものが分かるようになる。
✓ 偶然ではなく、ほぼどんなときも、他の人から喜ばせてもらうことができるようになる。
✓ 取引先からより良いサービスを受けられるようになり、遅延や摩擦や手違いも減る。
✓ これまで無駄にしていた時間を節約できるようになり、いいかげんな付き合いがなくなる（他の人からもいいかげんな態度が減る）。

自分の喜ばせ方を他人に示すための10の方法

1．自分にとって抵抗がない触れ合いのレベルを示す

身体のどの部分であれば他人に触れられても平気か。触れる時間や強さは？　じっとしているほうがいいか、動きがあるほうがいいか。しっかり？　それとも緩く？　抱擁は大丈夫か？　握手のほうがいいか？　あとは、距離の近さはどうだろう――。

例えばキス一つとっても、感じ方は人によって全然違う。挨拶の印に頰に軽く交わすキスも、よほど親密な人とでなければ居心地が悪いという人もいる。女性の場合は、親しい友人なら男女どちらが相手でもあまり気にならないようだ。男性の場合はそうはいかない。どう思われるか気になったり、自分から親しげな空気を醸し出すことで、何となく競争優位性を失うような感じがしたりする人が多いようだ。とはいえ、男性の中にも、同性の頰にキスをするのも握手と同じくらい特に気にならない、という人も、性的指向にかかわらずやはり一定程度はいる。

触れ合いは、それ自体が言葉である。それぞれの行為にはどんなメッセージがあって、どういう形で表現されたら嬉しいか、自分でもきちんと知っておかなくてはならない。例えば、抱擁の仕方も人によって違う。腕をまわして背中をポンポンと叩く人もいるし、「よしよし、大丈夫だからね」と声かけを加える人もいる。異性と抱擁を交わすことが苦手な人もいるし、同

性と抱擁を交わすことが苦手な人だっている。こと性同一性に関わることについては思春期の頃の影響が強く、当時冷やかしを受けたことで染みついた恐れや不安を、ずっと引きずっている人もいるのだ。

私の男性の友人の一人が昔、平和部隊に入っていて、太平洋に浮かぶ小さな島に駐屯したことがあった。そこでは、親しい友人であれば男性同士が手をつなぐことが慣習として普通だったという。あるとき、友人が島の男性と一緒に歩いているとき、相手が手をつないできた。友人は一瞬「げっ」と思ったものの、すぐにジレンマに陥ったらしい。ここで手を引っ込めてしまったら失礼に当たる。でも、こんなこと今までしたことないのに——少なくとも、男が相手だなんて。

友人は何秒か不快感と戦ったが、結局は違和感のほうが去っていった。「これは友情の証し以外の何物でもない。自分はここでは外国人だし、こうして気に入ってもらえるのは素晴らしいことじゃないか」と思い直したそうだ。

触れ合い方と距離の取り方。ジェンダーとアイデンティティ。そして、他人との線引きと、温もりやつながりを求める気持ち。こうしたものに折り合いをつけるにあたっては、無意識のうちにさまざまな葛藤《かっとう》が起こるものだ。だからこそ、自分にとってはどういう触れ合いが嬉しいかを示すことは、自分自身をもより深く掘り下げて理解することにつながるのである。

2．話を聞いてもらうために、あらかじめすり合わせをする

自分の話は無視されている、と感じることほど人生で辛《つら》いことはない。人間的に進化していくためには、自分の言葉とそこに込められた気持ち、そして伝えたかったメッセージを他の人に受け止めてもらって、きちんと何かしらの反応を返してもらう、ということが重要な鍵になる。そこまで人に求めるのはおこがましいのでは、と気が引けるかもしれないが、自分から踏み込まなくてはどうしようもない。

人に話を聞いてもらうとき、相手からは批判が返ってくるかもしれないという心の準備はできているだろうか。それとも、どんなときでも肯定してもらわないとダメだろうか。「優しく誠実な態度で自分の話を聞いてほしい」という希望を持つこと自体は何も悪くない。ただ、特にビジネスの世界では、自分のアイデアが否定されることも当然ある、という覚悟は必要だろう。相手のほうは「少しでも利点のあるアプローチやコンセプトを」という目線で品定めしてくるからだ。だが、出したアイデアが採用されなかったからといって、あなた自身が否定されたわけではない。アイデアはあくまでも、自分の一部がその時々で表出したものであって、いくらでも更新していくことができる。

一方で批判というコミュニケーションも、単に刺々しい物言いをするだけではダメで、建設的なあり方になっていなければならない。それならば、自分のほうから主導権を握ってしまおう。どういう批判の仕方をしてもらえたら、自分としても恨みを抱かず、アイデアをより良く

磨き上げる方向に議論を持っていけるのか、先に示しておくのだ。

どの程度の時間、自分の話に耳を傾けてほしいか。どんな聞き方をしてもらえたら嬉しいか。相手にきちんと伝えよう。互いに実りある関係を築くためにどうすればいいか、あらかじめ相手とすり合わせておくのは、何ら失礼には当たらない。それこそスマートで有意義なやり方だ。

3 どういう気持ちの表わし方をしてもらえたら嬉しいか、人に伝えておく

人から何をもらったら嬉しいだろう。プレゼントなら、商品、色、大きさ、もらう頻度、ブランド——どんなモノがいいだろう。それとも、別のものがいいだろうか。優しさ、大切な時間、愛情、サプライズ、旅行、世話焼き、本、新しい発想や知恵、花、音楽……。

贈り物もまた、一つのコミュニケーションの形である。クリスマスや誕生日のたびに、人々は（時に必死になって）思いを形にしようと心を砕く。その苦労を取り除いてあげよう。自分が欲しいものを相手に察してもらおうとしなければいいのだ。こういう場面では、遠慮や恥じらいは不要である。いろんな選択肢やアイデアを、いろんな価格帯でこちらから提案してあげれば、周りの人たちは無理することなく、あなたを気にかけているということを形で表わすことができる。

「気持ちが大事だ」とよく言われるが、より正確に言えば、その気持ちがどう伝わるかが大事

なのである。そして、どういうものを、どういう形で伝えてもらったら一番嬉しいかは、他でもない自分にしか分からないのである。

4. どういう反応を返してほしいか人に伝える

これは先の第2項目の続きである。話を聞いてもらった上で、**自分としてはどういう反応を返してほしいか、臆することなく自分の責任で人に伝えよう。**どういう言葉をどういう言い方で伝えてほしいのか。一連のやりとりのどこに反応してもらいたいのか。声の調子。話のスピードと長さ……相手に伝えるべきことはいろいろある。

繰り返しになるが、自分の希望を相手に伝えるのは、決して押し付けがましいことではない。コミュニケーションの可能性を広げる行為である。もちろん、特にお互いが不慣れなうちは、ちょっとした混乱もあるかもしれない。だが、大きなブレイクスルーはすぐに結果として現われるだろう。

5. 自分が求めるものは、きちんと人に伝える

時には苦しい場面でストイックに耐えることが最適解である場合もある。内心では二度とごめんだと思いながらも、「困った人」に対してうまく対処することで、難しい状況を切り抜け

られる場面もあるだろう。だが、こうした行動は周りから見ると、「この人はストレス耐性があるんだな」というサインに他ならない。そこで行動パターンを変えない限り、同じような問題が何度も繰り返し降ってくることになってしまうのだ。

難しい人が相手でも、感じの良い人が相手でも、いずれにせよ自分の求めることははっきりと伝えよう。もっと時間が欲しい、あるいはもっと時間を短くしてほしい。もっとスペースが欲しい。もっと注意を向けてほしい。もっと気にかけてほしい。もっと気を遣ってほしいし、尊重してほしい。忍耐強さを身につけてほしい。受け入れてほしい。支持してほしい。違うやり方をしてほしい。違う結果を出してほしい。態度やものの見方を変えてほしい――。そういった思いを言葉にするのだ。

自分のニーズを口に出すだけでも、それが自分にとってどれだけ大切なものなのかが相手に伝わる。心ある人であれば、何とかしようとしてくれるだろう。そうではない人もいるかもしれないが、それならそれで、**人間関係にストレスを感じる状況から抜け出して、ネガティブなパターンを打破する良い契機になる。**

とある女性の話をしよう。彼女は昨年から、本業の仕事に加えてコーチングの仕事もするようになった。きっかけは、仕事上の人間関係の悩みだった。彼女に嫌がらせをしてくる人が職場にいたのだ。だが、会社の上層部は特に手を打ってくれる様子はなかった。彼女の側の事情としては、かねてから両親や兄弟がいるコロラドに行きたいと思ってはいたものの、仕事を辞めることもできずにいた。

彼女がセッションを受けていたコーチからのアドバイスは、周囲の人々、特にその嫌がらせをしてくる人物に対して、ノーを主張するようにすることだった。そこで彼女は、「ボランティア」で残業をすることや、悪意ある「ユーモア」で嫌な思いをすることを、もう黙って我慢しないことにした。間もなく彼女は配置転換されたが、異動先では幸運なことに彼女を認め、尊重してくれる人々に恵まれた。そしてそのさらに三週間後のこと。五年前に出していた、とある求人への応募がなぜかいきなり通ったという連絡があった。そして、全く新しい仕事を始められることになったのだ――しかも、念願のコロラド・スプリングスで！

新しい仕事は、人間関係にまつわる分野の内容で、彼女がずっとやりたいと思っていたことだった。そして、家族との距離も、物理的にも気持ちの面でも以前より近くなった。「何だか恩恵がずっと続いているような感じです」と彼女は語ってくれた。**「自分の面倒は自分で見て、本音を言うようにしたら、全てがうまくいったんです」**

6.自分が一番受け入れやすい対話のスタイルをあらかじめ相手に伝えておく

これも第2項目と第4項目と関係があるが、先の二つとは立場が逆である。自分が主に聞き手の側にあるとき、話し手と自分の双方が要点をつかみ、建設的な会話ができるベストな方法は何だろう。**自分が心を開いて話を聞きやすい声のトーンや、内容が一番良く理解できるタイミングや雰囲気について、相手にあらかじめ伝えておくといいだろう。**

ジェニファーは、富裕層が多い郊外の地域で教師をしている女性である。彼女は最近コーチングを受けた。同じ学校で一五年間勤め上げた彼女は、このたび新しい学校に栄転することになったのだが、そこの校長が昔かたぎなところがあり、気に入らないことがあるとすぐに怒鳴《どな》りつけることで有名だった。快活で、自然と自己主張ができてしまうタイプだと自覚があったジェニファーは、新しい上司が自分に手を焼くことになるのではと心配だった。自分はあくまでも自分らしくあるつもりだが、満足のいく働きをして学校に貢献したいと思っていることを、校長にきちんと知っておいてほしいと思った。また、何か自分に至らないところがあれば指摘してもらいたいが、とはいえ怒鳴られるのは嫌だった。そこでコーチからアドバイスされたのが、校長に「もし自分が怒らせてしまうようなことがあったら、大声で怒鳴る代わりに、『ジェニファー、ちょっといいかな……』と声をかけてほしい」と伝えることだった。そうやって呼び掛けてもらえれば、ジェニファーも自分が何かまずいことをしてしまったのだと気付くことができるし、校長の怒りのトーンが抑えられることで、聞く側としても何が問題だったのかを頑なにならずに受け止められる。

小さな歩み寄りではあるが、こうしたことで世界をがらりと変えることができるのだ。

例えば、ただ休暇に行くだけで楽しいことが起きるわけではない。ただ食べ物を食べたり、誰かと過ごしたりするだけで満ち足りた気持ちになれるわけでもない。それと同じで、**ただ誰かが何かを発言した、というだけでコミュニケーションが成立するわけではないのだ。あくまでもそのやり方や雰囲気が大事なのである。**

誰にでも自分なりの好みを持つ権利はあるし、その好みをきちんと明らかにする義務もある。これができれば、その場に込められた「メッセージ」をもっとオープンに受け取れるようになるし、気持ちの面でも満たされる。自分の人間的な成長がさらに促進される可能性が広がっていくのである。

7．取引先には、どういうアプローチをされたら買いたくなるかを示しておく

業者や取引先との関係は、友人や配偶者や恋人との関係に似ているところが多々ある。そこでの目的は、双方の満足が長期的に維持できる形で成立すること。それができなければ取引はうまくいかず、「パートナー」を変えざるを得ない。だからこそ、自分が求めるものがはっきりしていれば、その分だけ大事な時間の節約になる。特徴、機能、利点、価値、価格、融通の効き具合、信頼性、在庫の余裕、適合性、品質……こうしたことの**要求水準をあらかじめ明らかにしておこう。**

これができるかどうかは、やはりスキルの問題である。一番大事なのは、何と言ってもセルフィッシュになることだ。つまり、「自分はそれだけのものを求めるに値する存在だ」「この世で生きていく中で、欲しいものはどんどん手に入れていいのだ！」と心から思えているということである。このスキルは使えば使うほど強化されていく。かといって、それは自分が強欲で嫌なやつになるということでは決してない。

あなたがビジネスで関わる人たちは——恋愛関係などで関わる人たちと同じく——どうやってあなたを喜ばせたらいいか分かれば、すごく嬉しいものなのだ。自分だけでは分からなければ、相手とじっくり対話してみよう。相手の商品の何が良くて、どんな価値があるのか教えてもらうのだ。相手が答えに詰まってしまう、もしくは答えること自体を嫌がるようであれば、さっさと見切りをつけて別の相手と「デート」したほうがいいだろう。

8．自分が他の人にもオススメしたいと思うサービスのレベルを示す

これは前の第7項目からつながる話だ。どんなビジネスマンにとっても、口コミは何より確実でおいしい宣伝である。あなたに口コミをしてもらうためにどこまで「払う」べきかは、相手に計算させよう。あなたのほうは、**どうすれば自分を満足させられるか、相手に分かるように示してやればいい。**

例えばそれは、サービスの良さを最大限活用する方法を懇切丁寧に説明してくれる、というようなちょっとしたことかもしれない。あるいは、あなたが満足しているかを細やかに気にかけてくれる態度かもしれない。完璧なものを提供したいという誠実な気持ちがはっきりと表われていること。あなたのニーズにぴったり合うよう工夫してくれること。プロ意識。手厚いフォロー。顧客の声を聴く姿勢……こうした要素があれば、取引は間違いなくウィンウィンなものになる。

自分が誰かに口コミをする場合、ある意味では自分自身の信用をその商品やサービスに懸けることになる。もし、自分のオススメに従った友人が、良いサービスとはとても言えないような扱いを受けたら、口添えした自分の立つ瀬がなくなるだろう。だから、取引相手には気後れすることなく、はっきりと言ってやればいい。「良いサービスを提供してくださるなら、友人に薦《すす》めてもいいと思っています。どのくらい良いものなのか、私を納得させてください」と。

誰しもが最高のパフォーマンスをしたいと思うし、どれくらい頑張ればどの程度の見返りが得られるのかを知りたいはずだ。自分の仕事に誇りを持っている人であるほど、要求がはっきりしている目の高い顧客を喜ばせたいと思うものなのだ。

9.こうしてもらえれば好きになる、ということを相手に伝える

自分がどうしてもらえれば相手を好きになり、尊敬し、一緒にいて楽しいと思うのか。楽に実現できるチャンスを相手にあげよう。

「好きにならずにいられない」状態になれるよう、こちらからお膳立てしてあげるのだ。どうしてもらえると相手を好ましく思えるか、あらゆる場面で具体的に示して、相手を導こう。どうしたらいいかを当て推量させてはいけない。もちろん、相手が自力で全て正解に辿り着いてくれたら素晴らしいが、それを待っていてはダメだ。あなたが誰かのことを好きになり、その人と一緒に楽しく過ごしたいと思ったとして、相手のほうでもそれを望んでくれるなら、魔法を起こす方法――つまり、ますますあなた好みの人間

になる方法を、自ら進んで学ぼうと思ってくれるはずだ。

10.関係構築の基盤となる考え方に変化が必要であれば、そう伝える

ネガティブであるよりはポジティブなほうがいい。閉鎖的であるよりはオープンなほうがいい。嫌々よりは進んでやるほうがいい。厳しいよりは自由がいい。独善的であるよりは控えめなほうがいい。がめついよりはありがたみを知っているほうがいい。わざわざ探し求めなくてはならないよりは単純に楽しめたほうがいい――。何事も、こうしたベースの考え方の違いが結果を左右する。だから、**物事の基盤をなすものをポジティブな方向に変えることは、誰かとの関係においても一つ、非常に重要な転換点になるだろう。**ベースのあり方の部分がそもそも気に入らなければ、表面的な結果ばかり求めてしまうことになる。例えば、「こんなに仕事で我慢しているのだからもっとお金が欲しい」「こんなに店員が嫌な態度で、店の雰囲気も悪いなら、もっとサービスしてもらわないと割に合わない」「同じ金額をかけるならもっと得るものがないと……」と、こういった気持ちがどんどん湧いてきてしまうのだ。

人間関係において相互に信頼があって、心から尊重し合える関係になれれば、相手にばかり求める気持ちは和らぎ、お互いに納得できるウィンウィンな方法を見いだすことができるようになる。

ステップ 17

自分の最大の弱点を肯定する

Endorse Your Worst Weaknesses

自分の一番嫌なところを受け入れられれば、
他人に対しても寛容になれる

心が濁っていれば
自然は全て色褪《あ》せて見える。
心が明るく照らされていれば
世界は光に満ち溢れて見える。
——ラルフ・ウルド・エマーソン（思想家）

自分をしっかり持っている強い人は
良い経験も悪い経験も丸ごと消化する。
そう、ちょうど肉を食べるときのように
多少飲み込みづらい部分があっても
しっかり咀嚼《そしやく》するのだ。
——フリードリヒ・ニーチェ（哲学者）

ほとんどの人は、自分の弱さを無視したり、隠したり、否定したり、あるいは何かしら補ったり、克服したりしようとする。だって、弱点は弱点だ。決して良いものではない。

これまでは、あなたもそう思ってきただろう。だがここからは、自分の欠点に対して違った見方を身につけていくことになる。バラ色の眼鏡をかけて楽観視するのではなく、**自分を恥ずかしく思ったり責めたりする気持ちを取り除くフィルターを通して見るのだ。**すると、いわゆる弱点だと思っていた部分が、自分を進化させる可能性を広げる扉に見えてくる。

ポイントは、**自分の一番の弱点を愛し、受け入れる方法を見つけること——そして、欠点を改善しようとは思わないことである。**……そんなことできないって？　謙虚さがなくなって成長が止まってしまうのでは、と心配だろうか？　実際、謙虚さはちょっと減らすくらいでちょうどいい。そうすれば、個人的な面でも仕事の面でも、飛躍的な成長を遂げることができるだろう。

本章の「10の方法」を実践していけば、これまでずっと自分で変えたい、消したいと思ってきた自分の弱い側面に対して、肯定的な見方ができるようになるだろう。

ニュアンスの違い

是認する（ENDORSE）vs. 受け入れる（ACCEPT）——「是認する」とは、肯定し、認めることである。「受け入れる」とは、単に同意を示すことである。

弱点（WEAKNESS）VS. 欠点（FAULT）——「弱点」とは、何かが欠けていて脆《もろ》い箇所のことである。「欠点」とは、欠陥のことである。弱点は強化することができるのに対し、欠点は修復しなければならない。

尊重する（HONOR）VS. 保護する（PROTECT）——弱点を「尊重する」とは、弱み自体も尊いものとして大切に扱うことである。一方、弱点を「保護する」とは、弱みを防御し、覆い隠して守ることである。

誇りに思う（FEEL PROUD）VS. プライドを持つ（HAVE PRIDE）——自分の弱点を「誇りに思う」とは、それを自分の一部として愛でることである。「プライドを持って」しまうと人は尊大になり、その部分に固執して変化に抵抗を示すようになる。

降参する（SURRENDER）VS. 補う（COMPENSATE）——自分の弱点に「降参する」と、その存在を認めることを出発点に、弱点が持つ素晴らしい点にも目を向けることができるようになる。自分の弱点を「補おう」とすると、欠けているものを何とか埋め合わせようとするだけで、限定的なアプローチになってしまう。

この法則が身につくと……

✓ 自分の最大の弱点と、自分の強みとのつながりが見えるようになり、わくわくする。

✓自分の弱点が気にならなくなり、強みをより発揮できるようになる。
✓自分の弱点を素晴らしいものだと心から思えるようになる。
✓自分を非難することにずっと費やしていたエネルギーを取り戻すことができる。
✓自分や他人の中にある真実を直視するのを恐れて逃げるのをやめる。
✓自分以外の誰かになろうとしなくなる。
✓自分のあらゆる側面を見ることができるようになり、可能性が開花する。
✓自分の過去を恥じる気持ちから解放される。
✓自分の弱点がいかに自分を助けてくれているかに気付き、人生をより深く理解できるようになる。

自分の最大の弱点を肯定するための10の方法

1．最大の弱点が教えてくれる自分の素晴らしい部分に気付く

自分の一番の弱点は何だろう。臆病なこと？　嘘つきなこと？　無神経であること？　せっかちなこと？　セルフィッシュであること？　知ったかぶりであること？　……それとも、ここに挙げたようなレベルでは済まないだろうか。

自分にとって悩みの種になっている欠点を一つ選んでみよう。それをとことん掘り下げることで、きっと素晴らしい価値が見えてくる。例えば、自分は臆病だと感じるなら、それは自分が超敏感な感性（紛れもないギフトである）を備えていることの表われかもしれない。自分は嘘つきだという人は、現状に満足しておらず、もっと高い理想を見ているということかもしれないので、自分がついたその嘘を真実にできるよう、そのまま目標を高く持てばいい。無神経になってしまうという人は、もしかすると今周りにいる人たちとは合わず、そろそろ付き合いを変える時期なのかもしれない……といったような感じだ。

自分の最大の弱点を直そうとするのではなく、それが語りかけてくるものを理解するように努めよう。自分の弱みを恥だと思う気持ちをいったん脇に置けば、ヴェールの向こうに隠れたものにも目を向けられるようになる。そうすると、自分の人生を次のレベルにステップアップさせるために必要なものが、自然と分かってくるだろう。

そういう意味では、自分の弱点は最高の道しるべになる。何を目指し、どこにフォーカスすればいいかを教えてくれるのだ。自分に課された役割と、目指すべきゴールとを混同しないよう、弱点をうまく使って正しい方向を見定めていこう。

2.自分の弱点を受け入れ、誇りに思うことで変化を起こす

第1項目を読んでみて、自分の弱点をそこまで「弱い」ものだと思わなくなってくれただろ

うか。「自分や他人の弱みを非難せず、受け入れよう」というのは巷《ちまた》でよく聞かれるアドバイスだが、私としては、単に受け入れるのではなく、もっと先に踏み込むことをお勧めしたい。

例を挙げて説明しよう。マデリン・ホーマンというコーチが経験した話だ。彼女はニューヨークのハドソンバレーに住んでいて、主にクリエイティブな仕事をしているクライアントたちを相手に、素晴らしいコーチング実績を挙げている。

マデリンのクライアントの一人に、ライターをしている三〇代の男性がいた。ここではローレンスと呼ぶことにしよう。ローレンスは、ある成長著しい産業分野に関する、世間でも評価の高いニュースレターを書いている。その知的な内容と、重厚なエッセイの中に貴重な情報がふんだんに盛り込まれている点が人気を博し、発行部数も膨大だ。大変な仕事ではあるが、ローレンスが書くものはいつも素晴らしかった。最近、とある雑誌が彼のことを、この分野で「誰もが欲しがる人物」と評したほどだ。

それにもかかわらず、ローレンスの会社がマデリンを雇った理由は、彼が締め切りを守れないことが頻発し、悪夢のような状況に陥っていたからだった。ローレンスのほうもストレスで一杯だった。人との交流に割く時間もなければ、自分のことを気にかけている余裕もない。マデリンはまず、生活面での出費を抑えて、日頃の懸念事項を少しでも軽くすることをアドバイスした。これでストレスが少し減った。次にマデリンは、まだ取り除くことができないストレスと彼が引き続き戦っていけるようジム通いを勧め、ローレンスは健全な体力をつけていった。

ローレンスは、締め切りがなかなか守れないことを、自分の欠点だと思っていた。仕事に取り掛かる前に、どうしても「ぐずぐず」してしまうのだ。そしていざエンジンがかかれば、一二時間でも一四時間でも休みなく没頭することになる。ローレンスは、自分のこうした「ぐずぐず」癖を変えるか、なくしてしまいたい、と思っていた。

一方マデリンは、それが彼らしい働き方なのだということを事実として受け入れて、肯定していくべきだと考えた。彼女自身も実はアーティストとして活躍しており、その経験から創造的なプロセスにはある程度の「無駄」が必要で、その部分は省くべきものではない、と考えていたのだ。

マデリンはローレンスに、自分で欠点だと思っている部分は逆に強みでもあって、クリエイティブな仕事をする上で大切なものなのだと捉えよう、と伝えた。二人は、新しいスケジュールの組み方を一緒に考えた。「無駄」な時間を最初から織り込み、時にはそのために半日も時間をとった。ローレンス自身も、いったん自分を責める気持ちを脇に置いてみると、自分の傾向として、仕事に着手する前に自由な時間を多く取るほど、その後の集中力も持続する、ということに気付いた。こうしてローレンスは、時間の制約から解放された。心から面白いと思える仕事に、主体的に取り組めるようになった。これまでの自分にずっと欠けていたものが満たされた感じがした――何しろ、ニュースレターの仕事で手一杯で、それ以外のことをする余裕などいっさいなかったのだ。締め切りに遅れてしまっていたのも、彼の積もり積もった鬱憤《うっぷん》の一つの表われでもあったのである。

もちろん、他にもいろんな手は打った。だが、ローレンスが、自分自身の創造性の自然な姿を、「先延ばし」癖という欠点としてではなく、強みとして捉えることができるようになったことが鍵となって、あらゆる不満や締め切り問題が解消されたのだ。

受け入れるとは、諦めるという意味も含んでいる。そして、**肯定するとは、その「恵み」に感謝して、誇りに思うということなのである。**

自分の最大の弱点を、心から肯定できること——人として進化していくためのステップとして、これほど素晴らしいものはないと思う。あなたが新しい世界に足を踏み入れ、内側から輝きだした姿を見たら、周りの人たちはどう感じるだろう。自分の心もきっとずいぶんと楽になり、進歩に集中するエネルギーも大いに湧いてくることだろう。

弱点を受け入れるだけでも、確かに心は癒される。だが、**それをさらに肯定することができれば、自分の「真実の姿」を本当の意味で認めることができ、人は自由になる。**この違いは大きい。ぜひとも後者を活かしてほしい。

3.弱点をきっかけにしてコミュニティ・ネットワークを作る

自分の一番の弱点は何だろう。どうやってそれに対処しているだろうか。そこから何を学んだか。その弱点を取り巻く、他の弱みはあるだろうか。自分と同じ弱点を持っている人は他にもいるだろうか。

自分の弱点は、同じ問題に向き合う仲間たちの集まる「クラブ」への招待券でもある。**自分**

と似た弱点を持つ人たちと交流を深めることで、弱みを強みに変える助けが得られるかもしれない。弱みを人との共通点として捉えるだけで、それまで自分一人で戦ってきたところに、同じゴールを目指す仲間が、突如としてたくさん見つかることになるのだ。

周りに何かしら助けを求めることは、多くの人が苦手としているところだ。だが、実はそれこそ一番賢い選択になりうる。それによって、助けをくれた人のほうにも自らがしたことを誇りに思える機会を提供することができる。

助けてもらった人よりも、実は助けた人のほうが得るものが多いというのが世の常である。そして、救いの手を差し伸べる側もそれを分かっているからこそ、喜んで助けてくれるものなのだ。

人生に矛盾はつきものだが、これほど幸せな矛盾も他にないだろう。これを利用しない手はない。

4．自分の最大の弱点が人生に与えてくれたものに気付いて感謝する

今の自分がいるのは、弱点があったからこそでもある。そのことをきちんと認めて、改めて感謝しよう。

自分の弱点がきっかけで何かしらの転機があった、という出来事や状況、人間関係を思い浮かべてみる。当時どう感じていたかはともかく、今振り返ってみて「あれは弱点があったおか

げだな」と思う点を一〇個、具体的に書き出してみよう。弱点に何かしら守られていたな、と思うところも挙げておこう。

じっくり考えて書いていくと、自分でも驚くようなリストができあがるはずだ。

私のクライアントの話をしよう。彼にはとても優秀な兄がいた。その兄に憧れつつも、内心では羨《うらや》ましさのあまり憎んでいる自分に、クライアントは自己嫌悪を抱えていた。だが、それを糧《かて》に努力を重ねて、クライアントはアメフトのプロ選手としてＮＦＬ（ナショナル・フットボール・リーグ）で活躍し、スーパーボウルでも何度かチャンピオン・リングを手にした。兄への劣等感がなければ自分はこの半分も達成できなかっただろう、と彼は言う。

このクライアントほどのドラマチックなエピソードはなかなかないかもしれない。だが、**素晴らしい成功の陰には、弱点を乗り越えようとする何かしらの努力が必ずあるものだと思う。**これは、ほぼ全ての人の人生に共通のテーマなのだ。

一方で、弱点を克服することにとらわれてしまうと、喉の渇きを海水で癒そうとするようなもので、いつまでも満たされないままになってしまう。だから、これまでに自分が十分成長してこられたことを改めて認め、感謝し、自信を持とう。**もう自分を恥じたり、欠点を埋め合わせなくてはと過度に思い詰めたりする必要はないのである。**

5. 自分の最大の弱みを最高の強みに結びつける

私の最大の弱点は、他の人が発するものにあまりにも敏感である点だと思う。他人のエネルギーに触れれば動揺するし、批判されるとすぐ心が折れるし、称賛されると簡単に舞い上がってしまう。自分でそれを全くコントロールできないのだ。それでも、実はこの弱点こそ、私の最大の強みにもなっている。

自分の弱点を個性として尊重するために、私は自分の生き方を変え、優先順位を問い直し、働き方も変えた。その過程を経る中で、いっそう敏感になった面もある。だが今の私は、この敏感さも一つのスキルであり、自分に与えられた贈り物だと思っている。そして、この弱点を克服しようとするのではなく、まさに強みとして活かすことで、どんどん新しいビジネスを作っているのだ。感性が鋭い分、私は他の人が人生で求めていることを感じ取ることができる。

また、自分が心理的に一番楽なように「ライフスタイル」や働き方をデザインしているので、敏感になるあまり自分を壊してしまうこともない。具体的には、他者と接点を持ちすぎて疲れてしまわないよう、ウェブサイトを積極的に活用したり、頻繁に休暇をとったり、あちこち移動したり、プライバシーを十分確保したりしている。そうすれば、他者から感じ取るものに呑まれてしまうことなくインスピレーションを得ることができる。そして「今感じ取ったこのニーズを満たすには、どんな商品やサービスがあればいいだろう?」という視点で物事を考えることができるようになるのだ。

自分の最大の弱点だと思っているものは、実は「ここに素晴らしいものが隠れているよ。こっちから見せてあげる前に、自分で気付いて変化を起こしてよ！」と言っている、心と身体からのサインなのである。

言い換えれば、**「弱み」とは自分で自分の目から隠している秘密のようなものなのだ。自分を信じて、その秘密に踏み込んでみよう。**コーチやセラピスト、あるいは信頼の置ける聡《さと》い友人の助けを借りるのもいいだろう。

6. 自分の弱点分野を他の人に任せた上で、強みにフォーカスする

私がコーチングをしてきたクライアントの中にも、自分の弱点を改善すること自体に満足を覚える人がたくさんいた。例えば、整理整頓が非常に苦手な人の場合、世界一のファイリング・システムを探してきては意気揚々と導入する。だが、こういう場合、ひと月もしないうちに容量が一杯になってしまって、意味がなくなるのがオチだ。

ほんのひと時の「成功」のために心血を注いだところで、根本的なやり方が変わらない限り、結局は劣等感と挫折が待ち受けているだけだ。これでは投資する甲斐もない。

となると、まずは自分の強みにフォーカスするほうが賢明だろう。そこで先にお金を稼いでおいて、余裕が出てきたら、弱みの部分を任せられる人を誰か雇えばいい。

例えば、私は書類仕事や電話での対応、人前に立つことや請求書の処理が本当に苦手であ

る。でも、こういった仕事は全てバーチャル秘書がやってくれるので、何の問題もない。だから、自分にとって負担になることを無理やり頑張らなくても、もっと楽で見返りの大きいことに集中できる。

私が苦手なことでも、バーチャル秘書にとっては邪魔でも苦痛でも何でもなく、普通の仕事として難なくこなせてしまうのだ。

もちろん、やろうと思えば自分でもできるだろう（一応、公認会計士なので）。だが、それだと時間もかかるし、その分のチャンスも逃してしまう。感情面、精神衛生面、経済面などを鑑《かんが》みると、私個人としてはコストが高いと言わざるを得ない。

自分一人で弱みをカバーしようと頑張って自分らしさを失うくらいなら、外部のサービスに頼るほうがいい。そこにお金をかけるのは、賢い投資以外の何物でもない。自分の強みの分野にずっと集中できる分、収益も上がって、コストもすぐ回収できるだろう。

圧倒的な魅力を身につけるには、超伝導体になることが必要だ。ところが、自分の弱点を克服することに躍起になっているようでは、いつまで経っても超伝導体にはなれない。**自分が望まないことに無理やり取り組むのは、極めて抵抗が大きい行為**だからだ。頑張ることで何となく高尚な気持ちになれると思うかもしれないが、実際はそれほどでもない。単に心が麻痺してしまうだけだ。

私は、書類仕事や人前に出ることが苦手な自分の性質をうまく使うことを覚えた。昔はそんな自分が恥ずかしくて劣等感で一杯だったが、今はそれを自分の資産であり、強みだと思っている。日々たくさんの人と接するが、実は皆、私が構築したキャピラリー（毛細管）システムによって「事前選別」された人たちだ。キャピラリーシステムの各ステップに従い進んでいく中で、私が提供しているものが自分の求めているものに適《かな》うと確信した人だけが、実際に私に会いにきてくれるのだ。そういう人が相手であれば、きっと双方摩擦も少なく、実りある関係が築けるだろう、と安心して臨むことができる。

こうした飛躍効果を、あなたの人生にも応用してみよう。**自分の強みを活かすことに遠慮なく集中したらいいのだ。自分の弱点は、その領域が得意な人にカバーしてもらおう。**これこそまさに、最高の投資の一つだと言える。

7.自分の苦手なことを人にきちんと理解してもらう

自分の弱みを強みに「変える」プロセスには、自分の弱点について他の人に正確に理解してもらうことも含まれる。要は、他の人の前でも、人間くさい自分であることだ。「嘘の自分で好かれるよりは、ありのままの自分で嫌われるほうがいい」というくらいのスタンスでいよう。

もちろん、何もしないで自分の弱点を人から好きになってもらえたら一番幸せだろう。だが、そんな都合の良い話は、おとぎの国の夢物語である。

受け身で待っているのではなく、自分の弱みを他の人に自分から伝えよう。以下にいくつか例を挙げる。

「知らない人からこういうEメール（電話）が来たときの対応が本当に下手なので、そこはすみません」

「秘密をどうしても黙っておけないので、広まってほしくないことは私に言わないでください」

「書類仕事が壊滅的にできないので、お電話で納品確認させていただきます」

「皆さんとの毎回のコーチング・セッションの内容を、もれなくメモできるだけの集中力に自信がありません。ご自身のゴールと、そこへ向かうためのプロセスの管理は、各自でしっかりお願いします」

お分かりいただけただろうか。**自分の弱点を傲慢《ごうまん》に振りかざすのではなく、正直にさらけだすことで、本当の自分を見せるのだ。隠そうとしなければ、弱みは強みになる。**うまく使うことで、あらゆる人間関係を自分に合う形にデザインしよう。

8. 自分の限界を知り、楽にうまくいく道を選ぶ

「魅力のOS」を存分に機能させるにあたっては、できるだけ抵抗の小さい道を行くことが重要な戦略だ。つまりは、**物事の本来の姿に逆らわず順応する**、ということと同義である。

大切なのは、自分のエネルギーが淀みなく流れ、楽に前進していけるところに集中することだ。そのほうが、自分の能力の限界や、生まれつきの得意、不得意を無理に乗り越えることで自信や成功を手に入れようとするよりも、ずっと魅力的である。自分の人格がしっかり確立さ

れていれば（ステップ20参照）、抵抗の小さい道を選んでいくだけで、苦しい思いをすることなく、どんどん上のレベルに行くことができるだろう。

9.自分の最大の弱点を肯定することで、他の人の人間らしさも受け入れる

これは非常に重要なポイントである。自分の最大の弱点を直視し、その存在を認めて受け入れ、逆に強み（少なくとも強みの種）として肯定できるようになると、他者のことも同じ目線で見ることができるようになる。**他の人の弱点に接してもあまり気にならず、自分の軸が揺さぶられることもなくなっていく。**

これまでであれば、嫌な思いをしたり、はっきりしないとイライラしたりしていたような他人の行動も、まるで面白い映画でも見るように余裕を持って眺められるようになり、脅威を感じたり、煩《わずら》わされたりもしなくなる。

うわべを取り繕《つくろ》うと、自分という人間らしさがなくなっていく。もっと強くならなければというプレッシャーに苛《さいな》まれるだけでなく、うわべの自分が勝手に設定した基準に満たない相手は避けなければと感じてしまうからだ。こうして偽りの仮面を被り続けていくと、その仮面で覆い隠していたはずの不安が、逆にどんどん増していくのである。

自分の弱点を、愛を持って見られるようになれば、他人に対しても広い心で接することができるようになる。

ただしそれは、相手のことを大目に見ろということではない。自分にとって嫌なことは、や

はり我慢するべきではない。私が言っているのは、**他人を裁いてはいけないということだ。自分自身に対して、弱みも含め、ありのままでいる自由を尊重するのと同じように、他の人のことも尊重するということである。**

それができれば、あなたは本当に魅力的な人になる——他の人にとっても、そしてあなた自身にとっても。

10．最大の弱点を肯定することで、魅力の法則の扉を開く

もうお分かりだとは思うが、念押ししておこう。自分の弱点を肯定するということは、人に対して「これが僕の弱点なんだから、そっちが理解しろよ！」と言えばいい、ということではない。自分の弱みを他人に責任転嫁してはいけないし、弱点を通して自分を成長させていくことを放棄していいわけでもない。

自分の弱みを真の意味で肯定するためには、それが自分自身や自分の人生、そして周りの人に与えている影響を、一〇〇％引き受けなくてはならない。弱点を恥じる必要は全くないが、それを振りかざしてはいけないのだ。

つまり、自分の最大の弱点を肯定することは、始まりの第一歩にすぎない。そこから新しい可能性が開け、本当の自由へと足を踏み出していくことができるのだ。

ステップ 18

自分の感受性を高める

Sensitize Yourself

感受性が高まれば、今ここにあるチャンスを逃さず、
もっと活かせるようになる

人生の目的は生きることであり
生きることとは感じることだ。
喜びいっぱいに、陶然《とうぜん》として、穏《おだ》やかに、厳《おごそ》かに
感じることだ。

——ヘンリー・ミラー(小説家)

目の前のことにもっと注意しなさいよ、
ってマルタにいつも言われるんだ。
うん、あれはマルタだと思うんだけど。

——ジャック・ハンディー(ユーモア作家)

人生で成功するために多くの人がやりがちなのは、とにかく頑張って、自分を犠牲にして、必死に頂上を目指して登っていくようなアプローチである。それに比べると、「魅力の法則」はもっと穏やかで、繊細だ。精巧でハイエンドな個人用OS、といったようなところだろう。

魅力によって成功を引き寄せる――この仕組みの恩恵を受けようと思ったら、自分自身や周りの環境、他の人の些細な変化に対して、敏感になる必要がある。なぜなら、感受性が鈍《にぶ》って麻痺してしまい、自分の声ばかり大きくなると、周りで起きていることにも気付けなくなってしまうからだ。

「魅力の法則」をきちんと働かせるには、普通の人よりも早く物事を感じ取れるようにならなくてはならない。するとその分、より精緻《せいち》で効果の高い対応が早く取れるようになる。

自分の感覚を研ぎ澄まさなければ、たとえチャンスがやって来たとしても、対応する間もなくすり抜けて行ってしまう。だから、感受性が麻痺した人はいつまでも無知なままで、物事に反応するのも遅れ、結局は単なるばかになってしまう。

ただ人によっては、これ以上感受性を強める必要がない場合もある。もうすでに感じる力が十分高い人は、自分の感受性を鈍らせるような人や環境から距離を置くだけで、大きな効果が得られることだろう。

もちろん、感受性が強いということに対してあまり良く思わない向きもある。そういう人たちに言わせると、「感受性が強い人は温室に咲く花のようなもので、現実世界には適応できない。才能はあるのかもしれないが、世間で揉《も》まれては生きていけない」ということになる。

こうしたナンセンスな言葉には、一秒たりとも耳を貸さないことだ。

とはいえ、感受性が豊かな人のほうも、自分が世の中の平均的な人たちとは違うのだということをきちんと認識しておくべきだろう。そして、**繊細で鋭い自らの感覚を、資産として活かすための方法を身につけなくてはならない。**感受性の豊かさは、性的魅力や富などと同じく、人生において強力な作用を及ぼすものである。そのエネルギーをうまく使うことができれば恩恵をたくさん受けられるが、悪い方向に働かないよう、きちんと導いてやらなくてはならない。

自分の内なる感受性に触れ、その力を活かして成功を生み出すためのヒントは、このあとの「10の方法」を読めば分かるだろう。

ニュアンスの違い

感受性を高める（SENSITIZE）VS. 敏感である（SENSITIVE）――「感受性を高める」とは、敏感になることである。「敏感である」とは、漠然としたものを感じ取ることができることである。物事のニュアンスや細部に息づくもの、人生におけるチャンスを感じ取れるほどのレベルで鋭い感覚を持つ人はほとんどいない。

超敏感である（SUPERSENSITIVE）VS. 敏感である（SENSITIVE）――「超敏感」と言えるレベルの感覚を備えた人は、普通の人よりも多くのものを心や身体で感じ取るので、しばしば周囲の状況や出来事、環境、周りの人に圧倒されてしまうことがある。このような状態に対応するスキルを身につければ、超敏感な人ほど、大いに成功することができる。

麻痺している（NUMB）VS. 無自覚である（UNAWARE）——行動することや、本質に向き合うことに対して、自らを「麻痺」させてしまっている人もいる。物事に気付く力は十分あるのに、いざ対応するとなると動けないのだ。「麻痺」がなくなれば、物事に気付く力自体ももっと鋭敏になる。一方、「無自覚」な人は、そもそも人生に対しての洞察がない。世の中におけるさまざまな概念や力学に対して無知なのだ。解決策は、トレーニングあるのみ。自らに知的な刺激を与え、感覚を研ぎ澄ませるのだ。

気付き（AWARENESS）VS. 知識（KNOWLEDGE）——「気付き」とは、物事に対して何かしらの意識があり、感覚として分かっている状態である。「知識」とは、事実として明確に認識していることである。気付きには、まだ立証はされていなくても、間違いなく真実である、というようなものも含まれる。人生の豊かさは、こうした繊細な感覚の中にこそ息づいているものだ。

感じること（FEELING）VS. 知ること（KNOWING）——「感じる」とは、何かに触れて知覚し、そこに何かしらの印象を抱くことである。「知る」とは、情報を得ることである。どちらも重要であり、高いレベルまで磨き上げればそれだけ強力なものになる。だが、ほとんどの人は片方しか重視していない。

環境（ENVIRONMENT）VS. 状況（SITUATION）——「環境」とは、自分の周りに作用している条件、影響、力のことである。「状況」とは、とある状態の中における一場面を捉えたものである。ほとんどの人は、本来は環境を変えることに集中すべきところで、状況のほうを何とかしようとしてしまう。

モチベーション（MOTIVATION）VS. 条件反射（PAVLOVIAN REACTION）——「やる気が起きている」場合、何かをしようという気持ちになっていて、そのやり方にも選択の自由があることが多い。「条件反射」の場合は、考えたり、選択したりする余地もないままに身体が動く。

選択（CHOICE）VS. 優先順位（PRIORITY）——「優先順位」をつけるとは、自分の手持ちのものを順番に並べていくことだ。「選択」するとは、手持ちの札の中から選ぶか、ふとその瞬間に新しく浮かんだものを選ぶということである。

フィーリング（FEELING）VS. 感情的な反応（EMOTIONAL REACTION）——「フィーリング」とは、今この瞬間に起きていることを知覚することだ。「感情的な反応」をしてしまうときは、今起きたこと以上のものに反応している。つまり、自分の中で消化しきれていない、過去の同様の出来事が脳裏に蘇《よみがえ》ってしまった結果なのだ。

この法則が身につくと……

- ✓物事に対して、以前より早く、より深く、気付きを得られるようになる。
- ✓自分の感覚を鈍らせるものを取り除こうとするようになる。
- ✓自分が知っている事実や、従前どおりの意見よりも、今感じたものを信じるようになる。
- ✓他の人が見過ごすような細々としたものに気付いて活かせるようになる。
- ✓自分の身体が出す信号をよく理解しているので、決断するのが簡単になる。
- ✓自分が間違った方向に行きそうになったらすぐ感覚で分かるので、自分で即座に修正できるようになる。

自分の感受性を高めるための10の方法

1. 感受性を麻痺させる物質を摂らないようにする

アルコールや麻薬、砂糖は、感覚を麻痺させる物質だということが証明されている。摂取しても差し当たり問題が表面化しない場合もあるかもしれないが、物事をしっかりと感じたり、今この時を認識したりする身体の自然な能力は、確実にむしばまれていく。

こうしたものの力に浸っている間は、感じる力も大きくなっているような気がするものだが、それはあくまでも一時的なもので持続しない。これらは誘惑にすぎないのだ。確かに、アルコールを飲めば心配事を忘れられる。だから「社会的潤滑油」と呼ばれるのだろう。だがアルコールは、カウンセリングやコーチングや最新の医療と違って、その心配事を完全に乗り越えるという意味では全く役には立たない。コカインも不安な気持ちから自分を浮上させ、一時的には途方もない力を手にしたような気にさせてくれる。だが効果が切れれば元よりも低いところに突き落とされ、悪循環に陥っていく。経済的にも精神的にも、身体の健康の面でも、失うものが非常に大きいのだ。

ほとんどの専門家が、物質濫用はうつ病の症状だと言っている。これは朗報と言っていい。なぜなら、現代ではうつ病と診断される人の数が爆発的な割合に達している一方、治療ができる可能性もまた高いからである。

最近の薬は八〇％程度の症例で効果を発揮しており、患者を興奮させたり、抑うつ状態にしたりすることもないという。こうした薬は、脳内の化学物質の作用を正常なレベルに整えてくれるのだ。詰まった燃料パイプをきれいにすることで、ガソリンがタンクからエンジンにきちんと届くようにするみたいなものだ。実際、こうした薬を服用した患者は、「自分を取り戻したような感じがする！」と言うのだそうだ。

もし自分が先に挙げたような中毒性のある物質にのめり込みそうになっている場合は、その事実をよく見てみること。評判が良く専門性も高い医療カウンセリングを受けてみよう。それこそ、自分が自分にしてあげられる最高の治療かもしれない。

2.感受性を麻痺させる行為をやめる

テレビを見ること、過食、現実逃避、そして恋愛やセックスに溺れることは、いずれも自分の感覚を麻痺させる行動である。インプット過多で他に何も感じられなくなるか、何か特定の行為と結びついていなければ「感じる」ことができない状態になってしまうのだ。

もちろん、一つ一つの行為自体は、節度を守っている限り必ずしも悪いことではない。だが、前の項で書いたとおり、「負荷の大きい」体験は一時的なものにしかならず、持続させることはできない。そして、こうした行為に溺れずにいられないという状態は、実はもっと根深い、ただし治療も可能な、精神面での隠れた問題のサインかもしれないのである。

3.感受性を麻痺させる環境や状況から距離を置く

本書を読んでいるということは、あなたは成功に興味があるのだろう。素晴らしい! もちろん、成功は望んでしかるべきものだ。だが、**古いやり方で成功を追いかけるのは、大きなストレスにもなりうる。**特に、働きすぎ、通勤ラッシュ、食事をきちんと摂らない、家族との時間や仕事外の関わりを置き去りにする、プレッシャーがきつい……といったことをともなってしまう場合は良くない。

家庭や仕事、「ライフスタイル」の状況がストレスでいっぱいだと、起こっていることを全て感じている余裕など全くないだろう。無理をすれば自分の身体や心、精神が壊れてしまう。とすると、自分の感覚を開こうとする前にまず、こうした環境から抜け出すことがベストな方策になりうる。

そのためには仕事を辞めたり、離婚したり、引っ越したりといったことが必要になるかもしれない。何が正解かは、自分にしか分からないだろう。でも、決断する前に本書を最後まで読んでほしい。そして、ポジティブな変化を起こすたくさんの選択肢があることを知ってほしい。正しい考え方とスキルを身につければ、今の自分が思っている以上に、まだまだ他者に前向きな働きかけができる可能性がある。

実は、あえて「決める」必要もない。**感覚を研ぎ澄ませるプロセス自体に、自分の環境や状況に勝手に大きな変化をもたらす作用があるのだ。身体の感覚が正しく磨かれれば、自分にとって良くない状況にとどまり続けることを身体が許さなくなる。**頭で考えると抵抗があっても、身体はちゃんと知っているのだ。そして、身体の反応をきちんと捉えることは、極めて高度な知恵のあり方なのである。

4.自分のモチベーションの源を見つめる

頑張ることで精一杯だと、今身の回りで起きていることを感じるのは難しい。頑張るためのエネルギーはアドレナリンを結集させ、細やかに「感じる」ためのエネルギーを圧倒してしまう。テレビを見ていると周りのことが分からなくなるように、あまりに刺激の強い力がかかると、それ以外の感覚まで閉ざされてしまうのだ。

モチベーションを上げてくれるものの多くは、心身に一定の負荷がかかり、未来志向なものである。一方、フィーリングは現在に息づくものだ。しかし、このフィーリングとよく混同されがちなのが感情的な反応で、こちらは過去か未来に根差すものである。

フィーリングと感情的な反応は全く別のものなので、それぞれがもたらす結果も大きく異なる。**フィーリングは、自分と今この瞬間を結びつけてくれる。感情的な反応は現在をきっかけにして、消化しきれていない過去の事象を持ち出してくる。**

フィーリングとは、目の前に開けた地平線や、新鮮な可能性を感じ取ることであり、その感覚は常に刷新されていく。一方、感情的な反応とは、こびりついて避けられない嫌な感覚として、同じところをぐるぐる回るものだ。まともな人がどちらを選ぶかは明らかだろう。この二つの違いをきちんと認識して活用することが重要である。でも、ほとんどの人はどうしたらいいのか分からないのだ。

フィーリングと感情的な反応との違いを心得ている人は、一〇〇%現在を起点にモチベーシ

ョンを上げることが可能である。これができると、非常に大きい。素晴らしい実例があるので紹介しよう。「ＣｏａｃｈＵ」の卒業生が受け持っているクライアントが、牧師でもあり作家でもある人だった。彼は、とある哲学的な本の構想を一〇年間温めていた。隙間時間で原稿を書こうと思ったら一年はかかる超大作だ。ところが、途中で筆が進まなくなってしまい、本がなかなか完成しない。思うようにいかないクライアントは、すっかり気を落としていた。

クライアントは結果にこだわるあまり、創作活動に楽しみを見いだせなくなっていた。コーチは彼に、他にいつか書きたいと思っている本はあるかと尋ねた。すると実は、イエス・キリストのたとえ話をもとにした現代モノの物語をひそかに書き溜めており、そちらは何の苦もなくスルスルと書けるのだと言う。

こうなると、進むべき道は明らかだった。コーチのアドバイスのもと、クライアントは「重要」な作品のほうはいったん手を止めて、まず寓話ベースの物語のほうを書いていった。執筆作業は、不安ではなく純粋な喜びを糧にどんどん進み、なんと三カ月で書き終えた。それでもクライアントは、果たしてこの作品が出版に値するだろうかと心配していた。彼が作品の抜粋版をコーチング仲間たちに送ってみたところ、そのうちの一人がある出版エージェントを紹介してくれた。結局、そのエージェントが原稿を気に入って、出版に向けて話が進んでいくこととなったのだ。

そのクライアントも今では、自分の創作活動は、完璧主義や称賛欲しさからではなく、喜びによって支えられていると自負しているそうだ。モチベーションをきちんと棚卸しできたところから、まさに扉が開き始めたのである。

5.自分の内外で起きていることをより感じるために、感じること自体に価値を置く

感じる、ということに関しては、多くの人が「知らぬが仏」ということになりやすい。実は皆、感じないでいるほうがいいと内心では思っているのだ！　そして、それも十分理解できる。

しかしながら、**一度「もっと感じたい」という気持ちになると、自分が感じるもの全てに心惹かれ、魅了されることになる。**そしてそれが本当に興味を引くものだからこそ、心から知りたいと思うのだ。

このステップへと進むためには、**自分のフィーリングは価値があるものだと信じて、うまく使いこなせるようになる必要がある。**さらには、事実や統計に対するように、フィーリングに対しても向き合えるようにならなくてはならない。

フィーリングは、まだ発見されていない真実のようなものだ。はかなく捉えどころがないので、数字で表わすことはできないが、検証を重ねて計算されたものよりもずっと価値があることも多い。

自分が感じたことを信頼できるようになることは非常に有益だが、実際に目に見える効果が出るまでには時間がかかる人もいる。でも、それでいい。自分のペースで進んでいこう。

6．自然な感受性を阻害する、感情面でのブロックを取り除く

心の傷を癒《いや》すのに、セラピストは大きな助けになってくれる。子どもの頃、あるいは大人になってから感情面で傷つくことがあると、その傷が障害となって、自分の人生と、そこで感じることを余すところなく味わい、対応していくことができない場合がある。

感情面での傷や重荷を負っているとき、人は過去に縛られている。まるで振り払えない悪夢のように、いつも同じようにうまくいかない状況が何度も繰り返し起きるのがその証拠だ。**助けを求めるのは弱さではない。むしろ、自分で解決策を模索する、非常に知的な行為だ。**もし車のバルブがガタガタするようになったり、助手席に排気ガスが入り込むようになったりしたら、迷わず修理に出すだろう。自分の精神状態は、車の状況などよりもずっと、自分の現在と未来の幸せにとって大事なものだ。ちょっとでも問題があるのではという気がしたら、勇気を出して診てもらおう。

7．文字表現で伝わるよりも、感覚で感じる中に含まれる情報のほうが多いと心得る

もしあなたが、感覚を磨くことの必要性について、実用面あるいは経済的利益の面から納得できる理由が欲しいと思っているなら、本項の内容がちょうどいい。情報時代が進展していくにつれて、お客様はいっそう、本質を求めるようになっていく。その意味で、**自分が敏感さを**

備えていれば、ビジネス上もその感受性が非常に重要な資産になるのである。

言葉や言語による表現は、ビジネスにおける変化や、お客様の嗜好の進化のスピードについていくことができない。些細な変化が察知され（大抵はこの時点でもう遅い）、情報が言語化され、その情報を知った事業者が商品に反映し、その商品をバイヤーが仕入れて、やっと消費者のもとに届く頃には、もともと察知されたトレンドはまた変化してしまっている。あるいは、情報が伝わる過程で、大事なポイントが抜け落ちてしまうことも多い。だから、市場には「似たり寄ったり」の商品がひしめき、なけなしのシェアを奪い合う一方で、先見の明があり感覚の鋭い企業が、可能な限り消費者の嗜好を捉えて商品を進化させ続けているのである。例えば、マツダが一九八〇年代の終わりにアメリカの自動車市場に投入した「ミアータ」（訳注：日本での名称は「ロードスター」）は、「ロータス・エラン」のような六〇年代初期のイギリスのスポーツカーを彷彿《ほうふつ》とさせるデザインだった。それが、一九六二年当時にエランに憧れていた若者だったベビーブーマー世代の心を捕らえて、発売初日から大成功したのだ。フォードの「マーキュリー・カプリ」も似たような大きさの車ではあったが、デザインと設計が行き届いておらず、「ノット・ア・ミアータ（ミアータじゃないやつ）」などという、不名誉なニックネームで呼ばれることとなった。

本当にスマートな企業を目指すならば、優秀で「敏感な」人間を週に一度、カスタマーサービスの電話対応につけて、お客様から寄せられる問題や要望を、些細なものも明らかなものも両方、吸い上げるようにするといい。

音楽業界には、あるバンドが売れるかどうかを聞き分けるのに長《た》けている、「耳」と呼ばれる専門家がいるのだそうだ。コーヒーや紅茶のプロも、味や質の微妙な違いを感じることができる。非常に敏感な味蕾《みらい》のおかげで、その違いを認識して、言葉で表わすことまでできるそうだが、世の中の九九％の人にはとてもできない芸当だ。それでも、そういう専門的な能力を備えていない消費者も、やはり何かが欠けているということには気が付くものなのである。

8 感じることと、感情的に反応することを区別する

この二つの違いには前にも言及しているが、大事な点なのでもう少し深掘りしておきたい。あのウィンストン・チャーチルも、スピーチをする際の心得について、このように語っている。「重要なことを伝えたいときは、微妙な言い方をしたり、巧《うま》い言い回しをしようとしたりはしないこと。杭を打つような気持ちだ。一度叩いて、もとに戻って、また叩く。それからまた、三度目を叩く――この時には思い切り強打するのだ」。

ここでは以下が大事なポイントだ。**フィーリングは、今この瞬間の自分にとって正しいことである。感情的な反応は、過去に感じたものの残像でしかない。**フィーリングというと何か悪いことのように言われがちなのは、多くの人が感情的な反応とフィーリングとを取り違えてしまうからだろう。

もし自分が感情的に反応しがちであれば、物事をしっかりと感じているとは言えないだろ

う。そして、しっかり感じることができない限り、自分の感覚を研ぎ澄ませることはできないのである。

9.「十分な証拠」が揃うのを待たずに、小さなヒントや手掛かり、感覚を頼りに対応する

別の言い方をするなら、**「推測して、信じる」を合言葉にしよう**ということだ。

感じることとは、スキルである。多くの人にとっては、何度も試して、練習を繰り返すことで身につけていかなくてはならないものだ。だが、それだけ時間をかける価値は十分にある。物事をより早く、より深く感じられるようになり、そしてそれにクリエイティブに対応できるようになっていくと、前進していくスピードも速くなる。対応しようとわざわざ決める必要もない。ただ、やるのだ。のろい思考が足を引っ張るのを、身体のほうが許さないのである。

ポイントは、**言葉になるよりも前に、フィーリングや感覚に「降参」することだ。**慣れは必要だが、指数関数的に伸ばしていくことができるスキルでもある。選択肢を一つ一つはかりにかけるやり方に比べると、自分の内なる感覚を信じるほうが、ずっと進んだやり方だ。犬かきとボディサーフィンぐらい差がある、と言ってもいいだろう。

10.言葉で説明しようとする間にチャンスは過ぎ去ってしまうものだと心得る

前の第9項のやや発展編である。

大きなチャンスというものは、ほとんどの人が気付く準備もできないうちにやって来る。すぐに気付けなかったからといって、いっさい恩恵を受けられなくなるというわけではない。だが、**人生やビジネスにおいては、面白いものは最先端にある**――レースで言うなら、カーブで立ち遅れるのではなく、先頭集団としてカーブを曲がるところが、一番面白いのである。

そのためには、**フットワークを柔軟に、速くすること。**新しい競技場が見えてくれば、すぐにそちらで競技に参加しよう。身を置く場所を移してみれば、素晴らしい人々がそこで待っていてくれることだろう。

ステップ 19

自分の環境を完璧に整える

Perfect Your Environment

「魅力のOS」をアップデートするためには、
最上級の環境が必要

ディーラーさんよ、
四ドアの黄色のオープンカーが欲しいな。
コンチネンタルのスペアタイヤと
ワイヤースポークホイールもつけてくれ。

——チャック・ベリー(ミュージシャン)

規則正しく、整った生活をしなさい。
そうすれば、猛烈に独創的な仕事ができる。

——ギュスターヴ・フロベール(小説家)

「魅力のＯＳ」についての理解が進むと、あなたは多くのものに気が付くようになり、またその頻度も増えていく。一つには、知覚や認識の機能が研ぎ澄まされることで感じ取れるものが増え、物事をはっきりと見られるようになり、周りの人や環境からより影響を受けるようになるからである、ということが言えるだろう。これは、進化していく上では当然のプロセスだ。

その過程で積極的に取り組んでいくと良いことの一つに、**自分の環境の質、信頼性、秩序などを高めていく**、ということがある。後ほど、自分なりのこだわりを持って極めていくべき一〇の分野をリストで挙げる。こうした観点に着目していけば、魅力の力を存分に発揮することができるだろう。

ところで、「こだわり」とは何を意味しているかというと、一つは対象の質をできる限り高めて卓越したものにすること、そしてもう一つは、自分の思う「自分らしさ」が、対象にしっかり表現された状態にすること、の二つを指している。

「環境を完璧に整える」と聞いて、もしどこか即物的な感じがしたり、とってつけたような浅はかな感じがしたりする場合は、まずは、コーチやカウンセラーとじっくり話してみることをお勧めする。なぜなら本来、自分を大切に育むための完璧な環境づくりは、今述べたようなマイナスな要素を全く挟まずに実現できるものだからだ。

「魅力の法則」の実践は、自分のペースで一歩ずつ進めていくことが大切である、という主旨のことを前にも述べた。ここでは、「こだわりを追求する過程で、やみくもに大金をはたくようなまねはしないように」という言葉でも言い表わせるだろう。とはいえ、できる範囲での改善策であれば、費用をはなから出し渋ることもしないでほしい。お金の計画の面で会計士やファイナンシャル・プランナーの手を借りるにしても、このステップで自分がどのくらいのスピードで進化していくのが適切なのかは、結局は自分にしか分からない。私に言えることは、自分なりに「完璧な環境」を整えていくことで、新しい世界が見えてくるということ、そして、他の人もまたあなたの内面を理解し、尊重してくれるようになるということだけだ。

本章では、物質的な物事についても多く話題にするが、その本質は、かつて私の生徒の一人が言ったように「自分に活力を与える」ということである。

その方法をもっと詳しく知りたい、という人は、このあとの「自分の環境を完璧にするための10の方法」を読み終えてから、「ＣｏａｃｈＵ」の「環境整備プログラム」（387ページ）をやってみよう。

ニュアンスの違い

完璧である（PERFECT）VS. 好ましい（PREFERRED）――「完璧」なものとは、純粋で、完全で、自分にぴったりで、健全なものだ。「好ましい」ものとは、他より良い、もしくは比較の上で望ましいものである。完璧なものを目標にしつつ、そこに至るまでは、好ましいものを手に入れていき、その過程も楽しく味わおう。

こだわる（BUFF）VS. 卓越している（EXCELLENT）――「卓越」したものとは、最高の品質を持つものだ。最高の品質のものに、自分らしさが加われば、それはすなわち「こだわり」になる。言い換えると、こだわりの中には自分の跡があり、それが自分らしいスタイルとして表われているのだ。こだわりとは、まさに自分自身であると言ってもいい。

基準（STANDARDS）VS. ルール（RULES）――「ルール」とは、行動するにあたっての処方箋であり、規定であり、指示である。「基準」とは、自分の環境下で自分がどんな振る舞いをし、そこに何を持ち込むのかについての選択の問題である。

基準（STANDARDS）VS. 境界線（BOUNDARIES）――「基準」とは、自分はこれに沿ってやっていく、と決めたルールの集合である。「境界線」とは、人や出来事、状況などに対して引かれた、越えてはいけない見えない一線のことである。例えば「ルールがどうかは関係なく、私に対しては大声を出さないで」というのは境界線の問題であり、「私は人に対して大声を出さない」というのは基準の問題である。

エネルギー（ENERGY）VS. フィーリング（FEELING）――「エネルギー」とは、自分を前へと動かしていく力の感覚である。「フィーリング」とは、自分をより高みへといざなう感覚のことである。

この法則が身につくと……

- ✓ エネルギーに余裕が持てるようになり、物事がより良い形で、速く、簡単に進むようになる。
- ✓ 自分が環境を整えるために行なったことのうち、一体何が効いたのかも、ちょっと振り返れば突き止めることができる。
- ✓ 自分の環境のある一つの分野を改善するか、完璧にすることで、別の分野を改善するのも簡単になるのが実感できる。これが勢いにつながっていく。
- ✓ 完璧に自分の思い通りに整えた環境下では、自由の幅が広がるので、創造性が豊かになる。
- ✓ 自分の生活における細々としたことを合理化し、完璧と言えるレベルには満たない要素を取り除いていくことで、ストレスが減る。

自分の環境を完璧にするための10の方法

1. 車を完璧にする

自分の車を運転するとき、どんな気分だろうか。どんな気持ちにさせられるか。逆にどんな気分を感じたいか。そのために何を変える必要があるだろう。

重要なのは、フィーリングと現実のバランスを取ることだ。例えば自動車であれば、新品でも中古でも、**自分が選べる中で一番良いものを買おう。**自分のフィーリングを優先すれば、大きさ、年数、モデル、状態、車種、ブランド、外観、利便性、信頼性、コスト、乗り心地、操作性、機能、オプション、色……といったようなことも決めやすくなる。

インターネットには、車を買う上で非常に役立つ情報がたくさん転がっている。もし住んでいる町が小さくて、価格競争が起きるほどディーラーの数がない場合は、インターネットで最安価格を調べておくといいだろう。小さな町のディーラーは、地元の客には自分の店でぜひとも買ってもらいたいと思うものなので、きっと勉強してくれるはずだ。

2.服を完璧にする

これについても、同じ質問をしてみよう。――手持ちの服を着ているとき、どんな気分だろうか。

映画やテレビ番組のスタイリストは、自分に完璧に合う服を見つけたら、同じもの、もしくは色違いを二、三枚は買うそうだ。服について敏感な人ほど、自分の印象が服選びによって大きく左右されることを、よく分かっているのだ。

服も、他のものと同様に、自分を表現する言葉のようなものだと言っていい。その表現を頻繁に変える人もいれば、一生の中でもほとんど変えない人もいる。身につける服に自分のスタイルを持つことは、話し方や文章、絵、写真などの表現活動において自分のスタイルを持つことに似ている。他の人との違いを明確に打ち出す基本要素を持ちつつも、遊び心も織り交ぜ、さらに型破りな選択もできる能力が必要だ。

そうした遊び心がないと、自分がスタイルを持つのではなく、スタイルを持つことに自分が振り回されてしまう危険がある。この二つの違いは大きい。だから、**自分のフィーリングに従い、思い切って、自信を持って、自分の内側にあるものを服を通して表現しよう。**

3．家を完璧にする

ここでも同じだ。今の家で過ごすとき、どんな気分だろう。本当はどんな気分を感じたいだろう。

家の環境に変化を起こす手段をざっと考えてみても、費用がかかるものもあれば、そんなに高くないものもある。大切なのは、**自分には価格帯も含め選択肢があり、今すぐに何らかの形で自分の住環境を良くすることができる**、と知ることだ。観点はいろいろある。立地、広さ、デザイン、家具、照明、家具の配置、質、色、材質、状態、住み心地、適合性、空気の循環、電化製品、収納、キッチン、浴室、リビング、寝室、電力、安全性、居心地、周辺環境や近所付き合い、快適さ、アート、装飾、寝具類、スタイル、レイアウト等々……。**どんなものが自分にとって心地よく、心身の支えになるか考えてみよう。**

ペンシルバニア州西部に住んでいるシャロン・イークスというコーチが、彼女を含め多くの人が敬愛する詩人、故カール・サンドバーグのエピソードを、最近私に教えてくれた。カールは八九歳で亡くなったが、晩年の二二年間、ノース・カロライナ州西部のブルーリッジ山脈の中にある、一八六〇年建造の古い農家に住んでいた。妻と三人の娘たち（そのうち二人には障がいがあった）、孫が二人と、一万四〇〇〇冊にものぼる蔵書に囲まれて、簡素で愛に溢れた、気ままな生活を送っていたらしい。環境は完璧だった。家の中とベランダには彼が快適に執筆できる場所がいくつか設けられていた。夜の静寂の中で執筆するのを好んだカールは、仕事を終えると他の家族が起きてくる頃に眠りに就く。そして、カール以外の家族の面々は、二〇〇匹のヤギを飼っている農場の仕事を朝から始めるのだった。

カールは、静かな部屋で眠り、昼頃起きて家族と食事をし、午後は娘や孫たちと、近くの森の中のさまざまな小道を散歩した。夕食はいつも非常に賑《にぎ》やかで、食べ終わったら皆で本を朗読したり、歌を歌ったりしたようだ。そして家族が就寝すると、カールは執筆を始めるのである。

カールが遺《のこ》したものはたくさんあるが、「自分の家を完璧にするとは、必ずしも散財したり、派手に飾り立てたり、都会のエリートを気取ることを言うのではない」ということも教えてくれた。本質は、自分らしくあるために必要なものを提供し、自分と自分の目標の支えになってくれるような環境を、自分にできる範囲で作ること――これに尽きるのだ。

自分に甘いのではと思うかもしれないが、そのとおり。最高の形で自分を甘やかそう。そうすれば、そこから自分の魅力も存分に溢れ出していく。

4.仕事の環境を完璧にする

仕事をしているとき、どんな気分だろうか。自営業だろうが勤めていようが、仕事の上での選択肢もやはりいくつもある。仕事の内容自体はもちろん、会社、職場や仕事場、机、椅子の座り心地、書類管理のシステム、サポートサービス、コンピュータ、プリンター、ファックス、アート、照明、空調、同僚、ストレスレベル、適合性、給与、役割、従業員の尊重度合い、求められるもの、通勤手段、社員特典、保障、年金、昇進など、いろいろな観点があるだろう。

今挙げた中で、**もっと改善できる項目はあるか考えてみよう。**今の雇い主とは「お別れ」したほうがいいだろうか。物理的な面での不便さが解消されれば、仕事がスムーズに進むだろうか。それとも、もし欲しい情報にすぐアクセスできるようになれば、もっと成果が出せるだろうか。

雇用主と従業員との関係は、多くの点で恋愛関係に似ている。もし、困難に直面する場面が多いにもかかわらず、いつかもっと自分の価値が認められて道が開け、風向きが変わるのではないかという思いを捨てられずにいるとしたら、その期待は無駄になる可能性が高い。どういうわけか、このことに気付くまでに時間がかかればかかるほど、怒りに満ちた、苦い別れに終わってしまうものだ。だから、このままでいるか、それとも次へと進むか、頭で考えて最終結論が出るまで待つ必要はない。自分の心と身体に聞いてみよう。あなたの職場には、不満ばかり言う文化が蔓延《まんえん》してはいないか。そこに加担してしまいたくなることはないか。それとも、労使でウィンウィンの関係が築かれているだろうか。——答えは感覚が教えてくれる。

そしてもちろん、自分が仕事で最高の成果を出すために、物質的な面からの施策が有効そうであれば、大なり小なり試してみよう。アメリカのプロバスケットボールの名将パット・ライリーは、自分の仕事の最も重要な側面は「選手の才能が開花するような雰囲気を作ること」だと著書で述べている。チームが遠征するときは、柔らかい高級タオルが部屋にたくさん用意されているような、超一流のホテルを予約するように徹底していたという。その思想は、「最高の快適さを提供すれば、選手も最高の努力で応えてくれる」というものだ。心ある選手たちには、まさに効果てきめんだったようだ。

あなたも、この思想を自分に取り入れてみてはどうだろう。

5．自分の身体を完璧にする

自分の身体について、どう感じているだろう。自分の体型、体重、髪、目、歯、顎、頬、胸、腹、尻、脚、足、手、肌、活力とエネルギーのレベル、息、呼吸、運動レベル、肌の張り、筋肉の張り、爪、腕、耳、額、肩、背中など……身体に関するあらゆる面でのメンテナンスに、週にどれくらいの時間を確保しているだろうか。**自分の財政面で健全な運用を心掛けるのと同様に、身体の健康にも安定的な投資を積み重ねていくのがベストである。**少しずつでもいい。大きな成果が出て軌道に乗るまでは時間もかかるだろうが、それまでは辛抱しよう。自分の身体は、自分が持ちうる中で最も大切な機械だ(もちろん、単なる機械などでは到底あり得ないが)。少しばかり時間と努力を投資する価値は十分すぎるほどあるし、身体のほうも必ずそれに応えてくれる。パーソナル・トレーナーをつけるもよし、クッションの効いたプロ用のシューズを買うもよし。ジムに入会する、自転車を買う、ダンベルやマシンを使ったウェイト・トレーニングをする、マッサージをする、ヨガを習う、公園でバスケットボールをする、エアロビクスのクラスを受ける……**身体作りと健康維持に適《かな》うもので、自分の心も満たされて楽しめるものであれば何でもいい。**そこに投資することこそ、自分にふさわしい、最高の贈り物なのである。

6.食べる物と飲む物を完璧にする

自分が摂取するものについて、自分の身体はどう感じているだろう。まさか、近所のハンバーガー・チェーン店の常連だったりしないだろうか。アルバイト店員が「ポテトはつけますか?」と言い切らないうちに、サーカスで芸をする馬みたいに、勢い込んで頷《うなず》いてはいないだろうか。

食生活は極めて個人的なものだ。文化的な要素を持つものでもある。食べ物の嗜好は、自分のアイデンティティが寄り集まって形成されていく。他の人にぴったりのアドバイスが自分には全く合わないこともあるし、その逆もまた然《しか》りである。

確かに言えることは、何も極限まで節制しなくても健康になることはできる、ということだ。食べることは本来楽しいことであるべきであって、悔《く》いの対象ではないのだ。食事を恐れてしまうことは、肥満と同じくらい病気になるリスクをはらんでいる。**そもそも食べるという行為は、目の前の食事を楽しみつつ将来の健康も確保する、バランスの取れたある種の投資にもなるはずなのだ。「ライフスタイル」のアップデートの一環として、食事についてもできることはたくさんある。**例えば、間食を減らす、ジュースを減らす、ビタミンやミネラルをサプリメントで補う、野菜や果物を摂るようにする、普段の食事量を決める、食事の頻度や一回の食事量を考える、穀物を多く摂る、健康食品を食べる、完全または部分的な菜食主義になる、浄水を飲む……等々について考えてみよう。この他にも、食事制限に関する本や、健康志向の料理本、専門のトレーニング・プログラムなど、挙げだしたらきりがないほどだ。

時間はかかるかもしれないが、身体にポジティブな変化を起こすことができれば、そこからさらなる発展に向けた土台（あるいは食卓）が整っていくことだろう。

7. 自分の周りのエネルギーを完璧にする

感覚が研ぎ澄まされてくると、自分があたかも、周囲のさまざまな信号をクリアに受信できる、高品質な無線受信器のようになってくるものだ。ここで大事になるのが、**自分のダイヤルを一番良い周波数帯に「あらかじめ調整しておく」ことである。**恋愛でも、ストレスレベルでも、友人でも、コーチでも、家族関係でも、仕事でも、配偶者でも、お金のことでも、知的な刺激についてでも、音楽でも、自然と触れることでも、近隣の雰囲気でも、「ライフスタイル」でも、対象は何でもいい。要は、**自分自身と自分の心が一番豊かになるものを選ぶ**、ということである。

先に挙げたような分野については、少しずつでも一気にでも、アップグレードすることが可能だ。その方法としては、自らの今後の選択を変えていってもいいし、既存の選択の下での関係性をもっと良くしていくために働きかけをするのもいい。

また、もう一つポイントがある。それは、一つの領域でのエネルギーの流れを良くすることができれば、他の領域でのアップグレードも簡単になる、ということだ。例えば、ストレスレベルを下げる何かしらの行動を取れば、神経系を駆け巡るアドレナリンの量も減らすことができる。アドレナリンは、本能的な闘争・逃走反応が要求される場面では非常に役に立つものだ。しかし、日常生活でアドレナリン優位になってしまうと、決断を急ぎがちになったり、睡眠障害になったり、もっと悪いものも含め、いろいろと好ましくない影響が出てしまう。

8．照明、音響、空調、映像設備を完璧にする

周りの環境の変化は、自分が思うよりもずっと、幸福度の変化に影響している。例えば、「季節性情動障害」（SAD）と呼ばれている健康問題がある。この症状になりやすい人は、日光が少ない環境にいると、軽度または重度のうつ病になってしまう可能性がある。

季節性情動障害はほとんどの場合、冬の日照量が極めて少ない地域が中心の気候性の症状であるが、単に屋内で過ごす時間が長すぎることによっても引き起こされる。ある研究によると、アメリカの中でも特に気候が良いサンディエゴに住んでいる人でも、季節性情動障害を打ち消せるほど日光を浴びている人は少ないのだという。日照量自体は十分なのに、そこに暮らす人たちが屋内でずっと過ごしているために、体内に取り入れる日光の量が足りていないのだ。

もし冬になぜか疲労が出たり、体重が増えたり、逆に減ったりした場合は、意識的に日光に当たるようにしよう。

自然光や、雰囲気を演出してくれる音、新鮮な空気、深いアート、素晴らしい景色など、視覚や聴覚を快く刺激する要素を、皆もっと利用すればいい。これらはいずれも自分の活力の源になる。一番心地よいと思うものを選んで取り入れよう。

9. 人格的な統合性を完璧にする

今のあなたが悪いとか、やり方が逆行しているとか言うつもりはない。だが、私自身も含め誰もが、**人格的な「統合性」という観点でのミクロまたはマクロの改善を、常に取り入れていかなければならないと思う。**例えば、事務手続きや制度の最新状況が可能な限り把握できるシステムを導入することで、常に正しい対応が迅速に取れるようになる、といったシンプルなことでもいい。

流れに遅れず、機に応じた対応をしていくという点に関しても、やはり同じことが言える。例えば、税金の処理、適切な保険をかける、公的な届け出や借金の返済期日を守る、大事な人との関係や約束のために時間を作れる状態にしておく、真実や正直さを大切にする、といったことがそうだ。

人格的な統合性とは、単に誠実であるという以上のものである。「統合されている」ということの意味は、自分の人生や自分自身を構成するあらゆる要素が、自分にとって最良の結果を生むために、スムーズに連携している状態のことだ。**私たちが真の意味で手に入れることができるもののうち、自分に対する評判以上に大事なものなどない。だから、人格の統合性に磨きをかけることは、自分の幸福をさらに増やすことにつながるのである。**

10.ツールやコンピュータや設備をアップグレードし、完璧にする

合理的かつ予算の許す範囲で、自分が使うものには最高に性能が良いものを選ぼう。良い車を持つことや、良い家に住むことなどもこれに当たる。**良い設備を持つことは気分が良いだけでなく、最高のパフォーマンスが発揮できる状態を整えることにもなる。**コンピュータやプリンター、スキャナー、モデム、電話、留守電システム、洗濯機、ドライヤー、キッチン家電、工具、収納など、自分のキャパシティを広げ、支えになってくれるものは、完璧または最新の状態にしておこう。

環境整備プログラム

このあとのページにある「環境整備プログラム」は、あなたの人生における「がらくた」の類を一掃する助けになるツールである。実践すれば、自分の軸が揺るぎないものになる。成功の可能性も高まり、いっそう拡大していくはずだ。

環境整備プログラムは、四つの重要分野のセクションに二五個ずつ、計一〇〇個の項目で構成されており、一つ一つの点について自分をしっかり客観的に評価していくことになる。そうすることで自分の現在地が分かり、自分の今後の進歩を測る基準も設定できる。

一〇〇の項目は、それぞれが人生における重要な問題を表わしている。だが、現時点で全てに取り組む必要はない。そうした問題が意識に残るようになるだけでも、大きな進歩である。そのあとで、それらの困難にどう対処していけばよいか、ゆっくり考えていけばいい。

今の時点では、自分の人生で最も重要な課題だと思う項目を、どれでもいいので一つ選んでおこう。そのたった一つの問題を解決できれば、もっと自信がつき、大きなプレッシャーからも解放されるだろう。やがて自分の中に強さや活力が湧いてくるのを感じるはずだ。それがまた次の項目に取り組んでいくための力になる。

タイミングが来たと思ったら、次の課題に取り掛かっていこう。自分の人格的な強さや成長への意欲の高まりをフィーリングで感じ取ることで、ふさわしい時機が来たのだと分かるだろう。初めは難しいとか手ごわいとか感じたりするような問題にも、すぐに楽しんで取り組めるようになる。

一カ月か、一年か、それ以上かかるかは分からない。だが、環境整備プログラムを完遂する頃には、あなたは堂々たる魅力を備えているはずだ！

環境整備プログラム

4つのステップで進めていこう。

ステップ1. それぞれの項目を読んでみる。自分に当てはまる場合は、ボックスにチェックする。自分に厳しく採点しよう。時々、あるいはだいたい当てはまる、という場合は、今は「当てはまる」のボックスにはチェックを入れず、常に当てはまるという状態になって初めてチェックを入れること。記載そのものがそもそも自分のケースに当てはまらない場合はチェックをする（自分がどう頑張っても当てはまらないことなので、点数に数えておく）。個々の記載は、自分の状況にうまく合うように読み替えてもらって構わない。

ステップ2. 各セクションの合計点を計算する。4つのセクションのチェックを数えて、記入欄に書く。そして、それらをさらに合計して、現時点での総合計点として併せて記載しておく。

ステップ3. 「進捗《しんちょく》チャート」を塗りつぶしていこう。例えば、「健康」のセクションで9個チェックがついたら、チャートの下から順に9個ボックスを塗りつぶす、といった具合だ。チャートは必ず下から上へと塗りつぶしていくこと。チャートが全て塗りつぶされることが目指すゴールだ。そこに到達するまでの間は、4つの各分野の進捗状況が一目で分かるようになっている。

ステップ4. 全てのボックスが埋まるまで、楽しみながら続けよう。必ずできる！　無理をする必要はないが、やりきるぞという気持ちで取り組もう。1カ月でも1年でも、必要な時間はきっちりかけて、環境整備プログラムを完遂しよう。コーチや友人の助けもどんどん借りるといい。なぜなら、プログラムを早く完了すればするほど、人生で求めるものも早く手に入れられるようになるからだ。

課題に取り組んでいく中で、自分の人生に良い結果や飛躍的な進歩があった、ということがあれば、以下の欄に書き留めておこう。

物理的な環境について

- □ 個人的なファイルや書類、領収書などをきちんと整理している。
- □ 車の状態は極めて良い。点検、修理、清掃、部品交換なども必要ない。
- □ 家は整理整頓されていて清潔である。
- □ 家電や機械、器具類（冷蔵庫、トースター等）はきちんと動く。
- □ 服にはアイロンがかけてあり、清潔で、自分によく似合うものばかりだ。
- □ 観葉植物やペットの健康状態は良好である。
- □ ベッドや寝室は、良質な睡眠がとれる最適な状態になっている。
- □ 今住んでいる家（アパート）をとても気に入っている。
- □ 自分の周囲を美しいもので満たしている。
- □ 自分の好みで選んだ地域に住んでいる。
- □ 健康的な光がたっぷり当たる環境である。
- □ 時間の余裕、ゆとりや自由が、日々の生活の中に適度にある。
- □ 周囲の環境から悪影響を受けることはない。
- □ 家や仕事の環境に対して、我慢するようなことがいっさいない。
- □ 仕事環境は、生産的でかつ刺激に満ちている。
- □ リサイクルを心掛けている。
- □ オゾン層を破壊する原因になる製品は使わない。
- □ 今の髪型は理想どおりである。
- □ 楽しい気分になれるような音楽を常に流している。
- □ ベッドは毎日整えている。
- □ 普段、けがをしたり、転んだり、ぶつかったりすることはない。
- □ 家に来てくれたお客様がくつろげる雰囲気にしている。
- □ 浄水を飲むようにしている。
- □ 家や倉庫の中に必要のないものを置いていない。
- □ いつも約束の時間に遅れることなく、早めに到着するようにしている。

…→ 合計　　点（25点満点）

健康について

- □ カフェインはめったに摂らない（週に３回未満）。
- □ 砂糖はほとんど摂らない（週に３回未満）。
- □ テレビはほとんど見ない（週に５時間未満）。
- □ アルコールはほとんど飲まない（週に２杯未満）。
- □ 歯と歯ぐきの状態は良好である（６カ月以内に歯医者に行った）。
- □ コレステロール値は正常である。
- □ 血圧は正常である。
- □ ３年以内に、健康診断をしっかり受けている。
- □ たばこ類は吸わない。
- □ 薬の濫用もしない。
- □ ２年以内に、眼科検診をきちんと受けている。
- □ 理想的な体重である。
- □ 爪は健康で、見た目も良い。
- □ 仕事の完遂に、焦ったりアドレナリンを総動員したりする必要はない。
- □ 仕事以外の面でも人生が充実している。
- □ 毎日に楽しみがある。
- □ 自分で嫌だなと思うような習慣は一つもない。
- □ 自分が抱える心身の問題を自覚し、向き合って対処しようとしている。
- □ 夜と週末と休日にはきちんと休み、毎年少なくとも２週間は休暇を取る。
- □ エイズの検査を受けている。
- □ 高品質なサングラスを使っている。
- □ 心身ともに苦しみを感じるようなことはない。
- □ 毎日歯のフロスをしている。
- □ 週に３回はウォーキングや運動をしている。
- □ 耳の状態は良好である。

→ 合計　　点（25 点満点）

経済状態について

□ 収入のうち最低 10%は貯蓄に回している。

□ いつも期日までに支払いをするようにしている。

□ 収入源は安定している。

□ 経済的に自立することの必要性を理解しており、その実現計画もある。

□ 借りたお金はきちんと返している。

□ お金を借りた会社や個人の相手には予定通り返済している。

□ 銀行の口座には 6 カ月分の生活費が貯めてある。

□ 毎週決めた金額で計画的に生活し、無理せず貯金をする余裕がある。

□ 税金の還付はきちんと申請しており、払うべき税金も支払っている。

□ 自分の収入で賄える範囲で良い暮らしをしている。

□ しっかりした医療保険に入っている。

□ 自分の資産（車、家、財産、宝飾品）にはきちんと保険をかけている。

□ 来年の分までお金の計画を立てている。

□ 違法の疑いをかけられるようなことはしていない。

□ 遺言には常に見直しをかけており、内容も明確である。

□ 不安で夜も眠れないような投資の仕方はしていない。

□ 自分の価値を心得ている。

□ 十分な報酬とやりがいが得られるキャリアや職業、仕事に就いている。

□ 仕事に注いだ努力に見合うだけの収入を得ている。

□ 専門性の高いサービスを提供し、お客様も喜んで割増料金を払ってくれる。

□ 仕事でやり残しは発生させない。

□ 自分のキャリアや仕事上の成長を支援してくれる人に囲まれている。

□ 仕事を病欠することはほとんどない。

□ 経済的な自立を確立していくため、毎月十分なお金を貯蓄している。

□ 収入が上がっていく割合は、常にインフレ率を上回っている。

…→ 合計　　点（25 点満点）

人間関係について

- □ 両親に感謝の気持ちを３カ月以内に伝えている。
- □ 兄弟姉妹との仲は良好である。
- □ 同僚やお客様との関係は良好である。
- □ 上司や部下との関係は良好である。
- □ どこかで偶然会ってしまったら嫌だなと思うような人は一人もいない。
- □ まずは人が第一で、結果はその次と考えている。
- □ 自分の足を引っ張ったり、害になったりする人間関係は手放している。
- □ 自分が損害を与えてしまった相手には、謝罪の気持ちを伝えている。
- □ 他の人のうわさ話や悪口は言わない。
- □ ありのままの自分でいるだけで、愛し尊重してくれる友人や家族がいる。
- □ 人にどうしてもらったら嬉しいか、きちんと伝えるようにしている。
- □ 手紙や電話はもれなく確認している。
- □ どんなことであっても、必ず本当のことを言うようにしている。
- □ 周りの人からはたくさんの愛情を受け取っており、幸せである。
- □ 故意かどうかはともかく、過去に自分を傷つけた人のことを、完全に許している。
- □ 約束は必ず守るので、周りの人も自分を信用してくれている。
- □ 誤解や行き違いが生じたら、すぐに訂正するようにしている。
- □ 他人のルールや好みではなく、自分で決めた人生を生きている。
- □ 別れた恋人や配偶者との間にわだかまりはない。
- □ 自分の望みやニーズを把握しており、それを満たすようにしている。
- □ 他の人を裁いたり、批判したりしない。
- □ 人に言われたことに対してむきになることはない。
- □ 親友またはソウルメイトと呼べる人がいる。
- □ 不満を言うのではなく、要望を伝えるようにしている。
- □ そのままの自分を受け入れてくれる人たちとだけ付き合っている。

……➡ 合計　　点（*25* 点満点）

進捗チャート

下からボックスを塗りつぶす。チャートが全て塗りつぶされることが目指すゴールだ。

	物理的環境	健康	経済状態	人間関係
25	□	□	□	□
24	□	□	□	□
23	□	□	□	□
22	□	□	□	□
21	□	□	□	□
20	□	□	□	□
19	□	□	□	□
18	□	□	□	□
17	□	□	□	□
16	□	□	□	□
15	□	□	□	□
14	□	□	□	□
13	□	□	□	□
12	□	□	□	□
11	□	□	□	□
10	□	□	□	□
9	□	□	□	□
8	□	□	□	□
7	□	□	□	□
6	□	□	□	□
5	□	□	□	□
4	□	□	□	□
3	□	□	□	□
2	□	□	□	□
1	□	□	□	□

ステップ 20

徹底的に人格を磨く

Develop More Character than You Need

これでもかというほど人格を高めなければ、圧倒的な魅力にはならない

人格は危機を通して形成されるのではない。浮き彫りになるのだ。

——ロバート・フリーマン（写真家）

私の作家としての原点は、守られた人生を送ってきたことだと思います。守られていると いうことは、怖いもの知らずになるということでもあります。冒険心に満ちた勇気とは、内側から湧いてくるものなのです。

——ユードラ・ウェルティ（作家）

人格者であるとか、一流の人物であるとかいった言葉は、最高の賛辞である。でも、そもそも人格とは何だろう？　一流の人物になるためには、何が必要なのだろう。

品位がある人や、誠実な人のことを指して、人格者であると言われることが多いようだ。この二つももちろん大事だが、人格とはもっと多くの要素で成り立っているものだ。

私は、**人格を形作るものには一〇個の要素があると考えている。**このあとの一〇の方法もその構成に沿って書いており、自分が今どのレベルにいるのかを把握し、さらにどの部分に磨きをかければいいかが分かるようになっている。

それぞれの項には、一〇個のチェックリストがついている。全て足し合わせると、一〇〇項目分の自己分析ができるので、これを**「人格チェック100」**と呼んでいる。このチェックを通して、自分の特徴や、生きていく上でのスキル、個性、そしてそれらをどう活かしているか、つぶさに目を向けていく。その過程でも自然に人格を養い、またそれを自分でも実感できるようになっていくのだ。

ニュアンスの違い

人格（CHARACTER）VS. 性格（PERSONALITY）――「人格」とは、自分の性質を全て足し合わせたものであり、他の人と自分を区別するものである。自分の精神や感性のレベルを表わすものと言ってもいいだろう。「性格」とは、自分が人からどのように思われていて、また自分が人とどのように関わるかを表わすものである。

誠実さ（HONOR）VS. コミットメント（COMMITMENT）――「誠実」であるとは、相手を尊重することである。「コミット」するとは、約束したことを守り通すことである。

誠実さ（HONOR）VS. 統合的な感覚（INTEGRITY）――「誠実さ」とは、自分自身や他人と自分がどう関わるかを表わしている。「統合的な感覚」とは、自分と周りの環境に対して、一つにまとまりを持たせることができることをいう。

この法則が身につくと……

- ✓ 初めのうちは少し怖くても、自分の人格を磨くプロセスを楽しめるようになる。
- ✓ 物事の結果よりも、きちんとした人格を保つことが大切だと考えるようになるので、自尊心が高くなり、ちょっとした失敗では落ち込まなくなる。人格を磨けば磨くほど、もたらされるものも大きくなる。
- ✓ 自分にとって最も大切なものを自覚しているので、猜疑心《さいぎしん》に足を引っ張られなくなる。
- ✓ 自分をひけらかそうとしなくても、自然と他人に良い印象を与えられるようになる。

「人格チェック100」を完成させるのに惜しみなく協力してくれたコーチ、ウィンストン・

コナーに感謝の意を表わしておきたい。

次の「自分の人格を徹底的に磨くための10の方法」を読んで、「人格チェック100」の質問に答えていこう。最後に、スコアの集計方法が書いてあるので、それに従って点数を出してみよう。ただし、一〇〇点なんていう点数は、神話の世界から気まぐれにやってきた神様でもない限り出せない数字だ。普通の人間なら、三〇点くらいでもおかしくない。だから、最初の点数に落ち込まないように。一度じっくりチェックリストを見直せば、そこからまた驚くほど速く進歩していけるだろう。

自分の人格を徹底的に磨くための10の方法

1.誠実さ

F・スコット・フィッツジェラルドが書いた、心を打つとある短編を紹介したい。作者自身がモデルと思われる主人公は、昔パリで放蕩《ほうとう》な生活を送っていた。その主人公がのちに、成長期の娘を連れて再びパリを訪れるという物語だ。賢く健気《けなげ》で無邪気な娘のことをずっとほったらかしにしてきた主人公だったが、良い父親になって、地に足のついた生き方をしようと改めて決意するのである。

その娘の名前が「オナー」（Ｈｏｎｏｒ）、つまり「誠実さ」を表わしているというのが非常に意味深い。自分がこれまで娘をないがしろにしてきたこと、そして、娘の存在をできる限り自分の人生に招き入れることの大切さにやっと気付いた主人公の、胸を刺すような深い悲哀の念こそ、この物語の中心をなすものである。

さて、文学の話はこれくらいにしよう。**誠実さを大切にすれば、人生には大きな見返りが得られる。他の項で見ていく各要素についても同じことが言えるが、人格を磨くことでもたらされる利点は、非常に大きいのだ。**その中でも特に、独りよがりではない正しい生き方が、はっきり分かるようになることの意義は大きい。それが腑に落ちれば、自分には最高のものを手にする価値があると一点の曇りもなく思えるようになるからである。つまり、自分は素晴らしい人生を送ることができるのだ、という自信がつき、自棄になったり虚《むな》しさを感じたりすることなく、望むものに手を伸ばすことができるようになるのだ。逆に言えば、どんなに輝いているように見えるものであっても、人格を磨くことから逆行させるものであれば、その中身は黄金ではなく、ただめっきを施しただけのものだということだ。

誠実さとは、公平さ、強い信念、勇気、正直さ、道徳心、忠誠心、信頼性、責任感、実行力、そして勤勉さが統合されたものだと思う。

2．人格のバランス

私の定義では、人格のバランスに優れた人とは、誠実で、健康で、分別があり、つつましく、シンプルで、秩序があり、細かなことにもよく気が付き、満たされないニーズもなく、時間に正確で、物事に取り組む際のバランス感覚のある人のことである。

3．自分らしいスタイル

自分らしいスタイルを持つとは、クローゼットをミラノ製の高級な洋服でいっぱいにする、といったような単純なことではない。**スタイルとは、世界に対して自分のあり方を示すものだ。**スタイルのある人は、品質の優れたものを選び、人を大らかに信頼し、洗練されていて、清潔で、着こなしが上手で、品があり、その場にふさわしい振る舞いができ、情熱的で、一貫性があり、レジリエンスがある人である。

4．思いやり

表面的な現実だけを見ていると、私たちは皆別々の存在のように思える。だがそうではなく、実は皆つながっているのだと知ることが思いやりの原点である。実り豊かで、長く続く関係性は、「皆が得をする」精神から生まれる。**全ての人が満足できることを志向すること、これこそが思いやりである。**人を尊重し、力になり、気遣い、心を配り、寛容で、分かち合い、優しさを持って、辛抱強く、寛大に、そしてもてなしに満ちている人が、思いやりのある人である。

5. 効率性

人格は、現実の生活に当てはめたときに最もその効果を発揮する。要は、効率が非常に大事だということだ。物事を素早く吸収し、洞察力があり、専門能力が高く、生産的で、実績が豊富で、主体的で、巻き込む力があり、投資がうまく、実践的で、一度決めたことはやり通す。そして、キャパシティが大きいことも大切だ。

6. 自己認識力

自己認識力は人格の一側面であるとともに、副産物的に養われていくものでもある。正しい自己認識力があれば、自信が持て、安心感があり、満たされ、整合性があり、自分をケアして、モチベーションを養い、対処能力が上がり、思いやりを持ち、振る舞いも成熟して、自己肯定感が持てるようになる。

7.オープンさ

オープンであるとは、物事をあるがままに、自分の意識や人生に取り入れられる資質である。「自分のことは自分で決める」ということと、物事を支配しようとして柔軟性に欠けることとは、全く別のものだ。オープンな人は、許容性があり、直感力に優れ、気付く力があり、前向きで、冒険心があり、精神性を大切にし、視野が広く、現在志向で、創造性豊かで、柔軟性に富む人である。

8.成果

人格を備えた人は「期待通りの成果を出す」。つまり、**ウィンウィンな結果**になることを目指し、先を見越して、価値を与え、安請け合いはせず、相互に成長し、適応力があり、革新的で、率直で、要領が良いものである。

9.生きるスキル

昔のR&Bソングに、「ワット・イズ・ヒップ」(What Is Hip?) というタイトルの曲がある。「ヒップ」とは西アフリカの言葉が由来になっていて、大まかに言えば**「目を開かせるも**

の」という意味である。生きるスキルが高い人とはまさにヒップな存在であり、愛することに長《た》け、賢く、軽やかで、ユーモアがあり、駆け引き上手で、機転が利き、寛容で、知恵があり、大局観を持っている人のことである。

10.コミュニケーション

コミュニケーション力は、私にとっては生きる上で最も重要なスキルである。若い頃は、自分の思いを言葉で表わすことがほとんどできなかった。だから、自分を徹底的に鍛え上げた。特に注力したのが、表面上は似ているように思えても実際は別である、というような、物事の中にある違いを言葉で明らかにすることだ。これこそ、私が身につけた中でもとりわけ大切なスキルである。

優れたコミュニケーション力は誰にでも身につけることができるのだと、皆がしっかり理解すべきだと思う。これに関係するのは、**声の調子によく気を付けることと、「ダンス」するようにテンポ良く、話し手と聞き手の立場を行ったり来たりすること。**歯切れが良いこと。明瞭であること。感謝の気持ちを持つこと。相手を祝福する気持ちを持つこと。建設的であること。元気付けること。親しみを込めること。そして、表現することである。

自分の人格を徹底的に磨くための人格チェック100

チェックの進め方を説明しよう。

各項目の記載が自分にどの程度当てはまるかを考え、次の数字０～４のどれかに丸をつける。

・全くあてはまらない＝０
　（「今の自分には当てはまらない」は、「全く当てはまらない」に含む）
・時々当てはまる＝１
　（「できるときはそうしている」は「時々当てはまる」に含む）
・よく当てはまる＝２
　（「できる限り心掛けている」は、「よく当てはまる」に含む）
・ほぼ当てはまる＝３
　（「私は確かにこのタイプで、大抵はこうだな」は、「ほぼ当てはまる」に含む）
・常に当てはまる＝４
　（「まさしく、いつも自然にそうしている」は、「常に当てはまる」に含む）

最後にスコアの集計方法が書いてあるので、それに従って点数を出してみよう。チェックに答える中で、何か感じたことがあれば書き留めておくといい。

さあ始めよう。

1. 誠実さについて

0　1　2　3　4　*1.* 公平さ。私は正しく公正なことだけを行なう。

0　1　2　3　4　*2.* 強い信念。私には固く信じているものが少なくとも10個ある。

0　1　2　3　4　*3.* 勇気。私は恐れることなく危険に対処する。

0　1　2　3　4　*4.* 正直さ。少なくともこの１年間、嘘をついたり、取引で相手をだまそうとしたりしたことはない。

0　1　2　3　4　*5.* 道徳心。私は自分なりの道徳を持っていて、それに従って生きている。

0　1　2　3　4　*6.* 忠誠心。家族や友人など、大事な人のために尽くす。

0　1　2　3　4　*7.* 信頼性。私は自分の言ったことを99％守る。

0　1　2　3　4　*8.* 責任感。人と約束したことは必ず全うする。

0　1　2　3　4　*9.* 実行力。私は行動力があり、必ず物事を実行する。

0　1　2　3　4　*10.* 勤勉さ。自分が関わったことは途中で投げ出さず、必ず最後までやり遂げる。

セクションの合計 ･･･―→　点

2. 人格のバランスについて

0　1　2　3　4　*1.* 誠実さ。私は常に公明正大で、ズルはしない。

0　1　2　3　4　*2.* 健康。感情面も、精神面も、肉体面もコンディションは申し分ない。

0　1　2　3　4　*3.* 分別。自分の行動を自分できちんと律することができる。

0　1　2　3　4　*4.* つつましさ。稼いだ金額の１～３割は貯金している。

0　1　2　3　4　*5.* シンプルさ。私は誠実でシンプルに、力みのない生き方をしている。

0　1　2　3　4　*6.* 秩序。私はきちんとしており、秩序ある生活をしている。

0　1　2　3　4　*7.* 細やかさ。細かい点にもよく気を配り対処する。

0　1　2　3　4　*8.* ニーズの満足。余裕を持って自分のニーズを満たし、欲求不満で他者に寄りかかることがないようにしている。

0　1　2　3　4　*9.* 時間の正確さ。私は時間に正確で、約束に遅れることはめったにない。

0　1　2　3　4　*10.* バランス感覚。一度にたくさんのことをしようとしても無駄だと心得ている。

セクションの合計 ･･･―→　点

3. 自分らしいスタイルについて

0　1　2　3　4　*1.* 品質。質の良いものしか買わず、自分が人に提供するものも質にこだわる。

0　1　2　3　4　*2.* 人を信じる。取引をするときは、相手は信頼の置ける人だと考える。

0　1　2　3　4　*3.* 洗練。人に洗練された印象を与える。

0　1　2　3　4　*4.* 清潔さ。衛生には常に気を配り、身ぎれいにしている。

0 1 2 3 4	5.	着こなし。カジュアルな恰好をしているときでも、着こなしが際立っている。
0 1 2 3 4	6.	品。チャーミングで温かく、適度な丁寧さをもって人と接している。
0 1 2 3 4	7.	場にふさわしい振る舞い。「何事にもTPOがある」ということを弁え、常に最良のタイミングと場所を選んでいる。
0 1 2 3 4	8.	情熱。自分の感覚を強く震わせるもの、大きな喜び、自分が信じるものがはっきりしている。
0 1 2 3 4	9.	一貫性。人に対する態度が変わらず、物事への姿勢も一貫している。
0 1 2 3 4	10.	レジリエンス。困難にぶつかっても、素早く(2～48時間くらい)、意志を持って立ち直ることができる。

セクションの合計 ‥‥→ 点

4. 思いやりについて

0 1 2 3 4	1.	尊重の気持ち。相手のことを無下にするようなことはしない。
0 1 2 3 4	2.	力になる。他の人を助けたいと思っている。
0 1 2 3 4	3.	気遣い。他人の様子を気にかけている。
0 1 2 3 4	4.	心遣い。他人に対して心を込めて親切に接し、大切にする。
0 1 2 3 4	5.	寛容さ。多様性を、自分の器を心理的にも精神的にも広げてくれるものだと思い、歓迎している。
0 1 2 3 4	6.	分かち合い。自分の手元に何でも溜め込もうとせず、けちにもならない。自分から与える。
0 1 2 3 4	7.	優しさ。人のことを傷つけず、虫も殺さない。
0 1 2 3 4	8.	辛抱強さ。待つことが必要であればいくらでも待つ。
0 1 2 3 4	9.	寛大さ。気前よく与えることを心から楽しめる。
0 1 2 3 4	10.	もてなし。自分の家や部屋に人を招いたら、くつろいでもらうようにしている。

セクションの合計 ‥‥→ 点

5. 効率性について

0　1　2　3　4　*1.* 吸収する能力。どこからやってきた情報でもうまく取り入れ、処理することができる。

0　1　2　3　4　*2.* 洞察力。人の可能性を見抜き、成功できるように進んで助ける。

0　1　2　3　4　*3.* 専門能力。自分の仕事に関して最大限に力を発揮できている。

0　1　2　3　4　*4.* 生産性。他の人が１週間かけてやるよりも多くの仕事を、１日のうちにこなす。

0　1　2　3　4　*5.* 実績。仕事で良い成果を上げ、貢献してきた実績がある。

0　1　2　3　4　*6.* 主体性。自分の道は自分で作り、他の人の指示を待つことはしない。

0　1　2　3　4　*7.* 巻き込む力。他の人にも利益がありそうなことにはどんどん人を巻き込む。

0　1　2　3　4　*8.* 投資。人やアイデア、設備、チャンスに対して、時間とお金を慎重に投資する。

0　1　2　3　4　*9.* 実践性。意味のあることしかしない。

0　1　2　3　4　*10.* やり通す力。始めたことは完遂する。

セクションの合計 ···→ 点

6. 自己認識力について

0　1　2　3　4　*1.* 自信。胸の奥から湧き出る自信がある。

0　1　2　3　4　*2.* 安心感。自分は安全で、恐れるものは何もないと感じる。

0　1　2　3　4　*3.* 満足感。自分自身と自分の人生に心から満足している。

0　1　2　3　4　*4.* 整合性。辻褄の合わない生き方はせず、全てのゴールが整合している。

0　1　2　3　4　*5.* 自分へのケア。自分のニーズを理解しており、それを常に満たそうとしている。

0　1　2　3　4　*6.* モチベーション。モチベーションを上げるのに他人を頼り切ったり、結果頼みにしたりしない。

0　1　2　3　4　*7.* 対処能力。人生で起きるあらゆることに対処できる。

0 1 2 3 4 8. 思いやり。他の人の誤りに対して常に理解を示し、自然に許すことができる。

0 1 2 3 4 9. 成熟。子どもっぽい振る舞いはしない。

0 1 2 3 4 10. 自己肯定感。自分は十分な教育を受け、よく自分を律し、本もたくさん読む。自分の強みを知っており、それを活かしている。

セクションの合計 ⋯→ 点

7. オープンさについて

0 1 2 3 4 1. 許容性。自然のものに抗わない。人をありのままに尊重し、現実を受け入れる。

0 1 2 3 4 2. 直感力。虫の知らせや、自分の内側から聞こえる小さな声を聴く。証拠は必ずしも必要ない。

0 1 2 3 4 3. 気付く力。気付くとはどういうことか理解しており、その力を高めようとしている。

0 1 2 3 4 4. 前向きさ。いつも自分から進んで物事に挑戦し、人の助けになろうとしている。

0 1 2 3 4 5. 冒険心。新しい人やアイデア、活動、仕事に積極的に向き合う。

0 1 2 3 4 6. 精神性。高次のものの存在を信じており、私たちは皆つながっていると理解している。

0 1 2 3 4 7. 視野の広さ。周りで起きていることをきちんと見て対応できる。

0 1 2 3 4 8. 現在志向。今この瞬間に生きており、過去や未来にとらわれない。

0 1 2 3 4 9. 創造性。素晴らしいアイデアやチャンスといったものが自然にやってくる。あえて何かを創り出そうと頑張る必要がない。

0 1 2 3 4 10. 柔軟性。物事に早く簡単に適応できる。

セクションの合計 ⋯→ 点

8. 成果について

0 1 2 3 4 1. ウィンウィン。自分だけでなく、一緒に仕事をする相手にも利益を得てもらう。

0 1 2 3 4 2. 結果。必要なときにはきちんと結果を出す。

0 1 2 3 4 3. 先を見越す力。ニーズを見越して、早期に手を打つ。

0 1 2 3 4 4. 価値を与える。いつも自分が人をより良い状態にできるように関わっている。

0 1 2 3 4 5. 安請け合いをしない。約束した以上の成果を出す。

0 1 2 3 4 6. 相互成長。他の人が自分から学びを得るように、自分も他の人から学ぶ。共に成長する。

0 1 2 3 4 7. 適応力。新しい状況やアイデア、技術にもすぐに適応する。

0 1 2 3 4 8. 革新的。常に試行錯誤して、物やプロセスや関係性を向上させている。

0 1 2 3 4 9. 率直さ。いつも正直で公平である。

0 1 2 3 4 10. 要領の良さ。解決策をすぐに見つけることができる。

セクションの合計 ･･･→ 点

9. 生きるスキルについて

0 1 2 3 4 1. 愛する力。他者に対して愛情を抱き、相手からも愛を受け取ることに喜びを感じる。

0 1 2 3 4 2. 賢さ。自分の目的を達成するためにチャンスを活かすことができる。

0 1 2 3 4 3. 軽やかさ。物事をきちんと受け止めるが、過剰な意味付けをしたり、必要以上に重大な扱いをしたりすることはない。

0 1 2 3 4 4. ユーモア。あらゆることにユーモアを見いだせる。

0 1 2 3 4 5. 駆け引き上手。たとえ時間がかかっても、人との関係を粘り強く構築する。

0 1 2 3 4 6. 機転の良さ。世渡り術に長けており、何が人を動かすかを心得ている。

0 1 2 3 4 7. 寛容さ。自分が持っているものを人と分かち合う。

0 1 2 3 4 8. 知恵。非常に優れた知恵を身につけている。

0	*1*	*2*	*3*	*4*	*9.* 大局観。歴史に学び、過去から未来への流れの中で自分たちの現在の立ち位置を理解している。
0	*1*	*2*	*3*	*4*	*10.* ヒップさ。まさしく自分から滲み出ているものだ！

セクションの合計 ……→ 点

10. コミュニケーションについて

0	*1*	*2*	*3*	*4*	*1.* 声の調子。温かくはっきりした声で話す。
0	*1*	*2*	*3*	*4*	*2.* テンポ。話すことと聞くこと、両方をバランスよく行なうことができる。
0	*1*	*2*	*3*	*4*	*3.* 歯切れの良さ。話したい言葉が自然と口を突いて出る。
0	*1*	*2*	*3*	*4*	*4.* 明瞭さ。シンプルに、分かりやすく話す。
0	*1*	*2*	*3*	*4*	*5.* 感謝。心を込めて感謝の気持ちを表わす。
0	*1*	*2*	*3*	*4*	*6.* 祝福の気持ち。他人の成功を喜ぶ。
0	*1*	*2*	*3*	*4*	*7.* 建設的。他人の良い面を強調し、批判はしない。
0	*1*	*2*	*3*	*4*	*8.* 励まし。励ましを必要としている人に対して、支援を惜しまない。
0	*1*	*2*	*3*	*4*	*9.* 親しみ。人が好きで、好意を素直に表わす。
0	*1*	*2*	*3*	*4*	*10.* 表現する。コミュニケーションを図るときには、自分の精神と愛、感情、興奮が自然と言葉に宿る。

セクションの合計 ……→ 点

スコアの出し方

「0」は0点。「1」は1/4点（0.25点）。「2」は1/2点（0.5点）。「3」は3/4点（0.75点）、「4」は1点として、各セクションの点数を合計しよう。徹底的に人格を磨くことの大切さが分かったら、コーチやカウンセラーを頼って、100点満点を目指していこう。

総合得点 ……→ 点

ステップ 21

「現在は真に完璧だ」と心得る

See How Perfect the Present Really Is

特に現実を受け止めたくないときほど、
この真理に立ち返る

「在るべき姿をしたもの」など未だかつて存在したためしがないのに、人は皆それを追いかけている。実際には、「こう在るべき」なんてものはなく、ただそう在るだけなのだ。

——レニー・ブルース（コメディアン）

今この時という時間は、他のあらゆる時間と同じく、とても素晴らしいものだ——私たちがそれをどう扱えばよいか心得ている限りは。

——ラルフ・ワルド・エマーソン（思想家）

これはもしかしたら、きちんと腑に落ちるまでは、「魅力の法則」の中でも一番難しく感じるトピックかもしれない。だが、一度理解してしまえば、決して揺るがない明白なものになる。実際にこの考え方に沿って生きていくのは、とてもチャレンジングなことだと思うが、挑戦すればするほど、前進する勢いも増していく。

物事はあるがままに在るということ。そして、私たちが本当の意味で手にしているのは「現在」というこのとき、この瞬間だけであるということ。——これらのことをきちんと認識して受け入れられるようになれば、現在は完璧なのだと自然に思えるようになっていく。これが本質である。

素直には喜べないことかもしれない。それでも、この真実を踏まえて、ここから学び、成長していくのみだ。

別の角度から言うと、現在を（欠点も何もかも含め）受け入れるということは、未来への希望を捨てる、ということではない。あなたの夢は叶わない、ということではないのだ。それどころか、全く逆である。**ありのままの現在に寄り添う（そして愛を注ぐ）ことが、実は最適な未来を引き寄せるベストな方法なのである。**

一筋縄ではいかない問題だろうが、諦めずに取り組めば必ずやり遂げることができる。いったんは理解したと思っても、実際にこのことが試される場面になると忘れてしまっているかもしれない。それでも、一度学んだことは裏切らない。きっとすぐに思い出して、進むべき道が分かるようになるはずだ。

ニュアンスの違い

完璧である（PERFECT）VS. 好ましい（PREFERRED）――「完璧」なものとは、純粋で、完全で、自分にぴったりで、健全なものだ。「好ましい」ものとは、他より良い、もしくは比較の上で望ましいものである。完璧なものを目標にしつつ、そこに至るまでは、好ましいものを手に入れていき、その過程も楽しく味わおう（ステップ19の「ニュアンスの違い」〔374ページ〕に同じ）。

要求する（REQUEST）VS. 不満を言う（COMPLAINT）――「要求する」とは、自分が必要としているものや、誰かに変えてほしいことをきちんと伝えることである。「不満を言う」とは、責めたり、欠点をあげつらったり、けちをつけたりすることである。ほとんどの人は、他人や人生に対して不満を言うばかりで、自分の要求を明らかにしようとはしない。

この法則が身につくと……

✓ 悪い知らせを受け取っても、動揺することが減る。
✓ 好奇心が強くなり、たとえ悪い状況にあっても、現在の中に完璧さを見いだすことを楽しめるようになる。
✓ たとえ当初自分が望んでいた姿ではなくても、現在の状況を穏やかに受け止め、楽しむことができる。
✓むやみにゴールを設定するのではなく、現在の中にチャンスを見いだすようになる。
✓「こんなはずじゃなかった」と思わずに、現実をそのまま活かせるようになる。
✓宇宙の真理に逆らわず日々を過ごすようになるので、エネルギーを消耗しない。
✓一見すると問題に思えることの裏にあるギフトに気が付き、その恩恵を受けられるようになる。
✓今自分が持っているものをもっと活かせるようになる。

「現在は真に完璧だ」と心得るための10の方法

1．宇宙にはバランスが働いていることを心得る

自然の力は、何百万年にもわたって万物のバランスを保ってきた。それは必ずしも自分が望むような形ではないかもしれないが、「バランス」としか言いようのない力が、いついかなるときでも働いているのである。

私はこれを「原因と結果」という言葉で呼ぶこともある。過去が原因で、現在が結果だ。**抗《あらが》おうとせず、力を抜いて、現在を完全に受け入れて初めて、物事を正面からきちんと見られるようになる。**このプロセスを避けようとすることは、恐れの感情から逃げるために薬を使うよ

うなものだ。効果が切れると、またもとの恐怖に浸るか、下手をするともっとひどいことになる。だがそうしている間も、より良い未来を引き寄せるためのあらゆるヒントが、あなたに気付いてもらうのをじっと待っているのだ。だからこそ大切なのは、**自分の目をしっかり見開いて、冷静に頭を使うこと、そして、物事を自分の色眼鏡でジャッジしないことだ。**

ここで「ジャッジしない」とは、**自分や他の誰かをいたずらに責めない**ということである。誰かが、あるいは何かが変わるべきだ、という結論を焦るあまり、いら立ちや不満を感じたとしても、それを自分や相手にぶつけてはならないのだ。何かしらの結論に無理やり走るのではなく、自然なタイミングで結論が下りてくるのを待とう。その瞬間は劇的にやって来ることもあるかもしれないが、大抵の場合は、混乱やストレスの「もや」が晴れていくにつれて徐々に見えるようになってくる。するとやがて、**その結論自体も、今の自分の人生のバランスを構成している一つの要素なのだ**、と気付くときが来るだろう。その要素を存分に活かせば、自分にとってより好ましい未来が引き寄せられてくるものなのだ。

2.現在とは、今ここにある全てであると心得る

未来は入念に計画可能である、という主張自体は可能である。過去は私たちの人生に大きな影響を与えている、と言うこともできる。だが、こう考えて生きることもできる――**自分に何とかできるのは「現在」のみであり、本当の意味で存在しているのは、現在、まさに今この瞬**

間だけだ、と。

今自分がしていることによって、未来を方向付けることはできるし、過去からの呪縛《じゅばく》を解くこともできる。しかし、未来も過去も、それ自体を変えることはできない。

過去も、未来も、大切なものであることには変わりない。だからどちらも無視することはできない。けれど、その二つよりも、現在のほうがもっと重要である（そしてより面白く、パワーも大きい）。現在こそ、今ここに在るもの、である。**過去と未来にとらわれなくなるほど、現実に向き合ってきちんと対処していけるようになるのだ。**

3．たとえ自分が望む形でなくとも、それが今のベストだと心得る

完璧であるとは、公正公平で好ましい状態を意味するわけではない。**なぜ物事が今の姿で存在しているのか——たとえ今の自分には理解できなくても、より大きな枠組みで捉えてみれば、完璧な説明がつく**ということ。これが、「完璧である」ということが指す意味である。

ステップ8で紹介した四〇代半ばの企業家、ジョージの話をここでおさらいしたい。彼はいら立ちと怒りを抱えて、コーチのボビ・ジェンマのところへやって来た。

セールス関係の事業に多く携わってきたジョージは、休みなく駆り立てられるように働き、自分のキャリアを考えるよりも目の前の事業が優先で、自分を外側の基準で評価しようとしがちだった。企業家精神を持った人は皆、似たようなところがあると思う。

ボビはまず、今のありのままの自分で良いのだと、ジョージのことを肯定することから始めた。

それから、今度はジョージが抱えている事業にフォーカスした。どのプロジェクトを続けるかを決めることで、逆に手放すものも決めていった。

その中で、一度に手掛けることは三つまでがちょうどいい、という結論に達したのだが、ジョージは、コーチングのプロセスを経る中で、外側の具体的な目標に取り組むのと同じくらい、自分の内側の問題にも取り組むべきだと次第に考えるようになっていった。そこで最初に着手したのが、自分で勝手に作り出していたプレッシャーを和らげることだった。それまでのジョージはいつも怒りっぽく、周りの人に厳しく当たっていた。自分を鎧《よろい》で固めて、あれやこれやと嚙み付く箇所を探してしまうのが癖だったのだ。今の彼は、かつての自分がいかに高慢な人間だったか、笑って話すことができる。態度を和らげてみても、何も問題はなかったのだ。自分の心を軽くしていくにつれて、他の人に対しても気楽に接することができるようになった。こうして、人との関係構築もうまくいくようになってきたジョージは、「魅力の法則」にも興味を持つようになり、ウェブでいろいろと調べ始めた。これは使える、と思ったようで、今はボビとのコーチング・セッションでも、半分は「魅力の法則」について学び、もう半分の時間でキャリアのことを話したい、と希望しているらしい。ボビとジョージの二人三脚は今も続いており、キャリアの面での成果が現われるにはある程度時間はかかるだろう。だが、ジョージがここまで変わったのも、今のありのままの自分を彼自身が受け入れるところから始まったのだということがポイントだ。そこから、これまで握りしめてきたものを緩《ゆる》めていった——つまり、**現在に抗うことをやめた**のだ。こうしてジョージは、本当に自分がフォーカスすべきところについてのヒントを、以前よりもはっきりつかめるようになったのである。

4.現在に対しては行動を起こすことができると心得る

第2項で述べたとおり、現在が素晴らしいのは、私たちの手でそれを変えることができる、という点にある。しかも、私たちが思っているよりずっと、その影響は大きい。**現在を変えることは簡単である。**多くの人は、過去にとらわれた状態で未来を変えようとしがちだが、そのやり方では難しい。自分の内側で紛争を起こすようなものだ。だから、**人生において、これは戦いだ、と感じる場面が訪れたら、力を抜いて、前を見据えて、肚《はら》を決めよう。そして、現在という時の中で、最も抵抗の小さい道を探すのだ。**

5.進化は現在という時の中で起きるものと心得る

過去の豊かさや、未来の可能性に比べると、現在は「十分」だとは思えないかもしれない。もしそうであれば、こう考えてみよう。——あなたという人間は、進化していく。単に変化していく、というのではない。あなたという人間の進化のプロセス全体、という目で見ると、一つ一つの変化は小さな点にすぎないのだ。そういう視点から見てみると、途端に現在という時は非常に刺激的なものになる。**現在進行形で進化し続けている限り、未来の豊かさの可能性も無限大になる**からだ。

それから、もう一つ大事なことがある。それは、他の人、遺伝子、ミーム、技術、哲学など、**自分の周りの世界も進化していく**ものだということだ。私たちは皆、大きなプロセス全体の中の一部である。そう思うと、現在はまたさらに面白いものになる。力を抜いて、大きな流れを見極めて、逆らわず身を委ねればいいのだと思えるようにもなるだろう。F・スコット・フィッツジェラルドの小説、『グレート・ギャツビー』（野崎孝訳、新潮社など）の最後の一文のように、「流れに立ち向かうボートのように、絶え間なく過去へと押し戻され」ることはないのである。

6. 全てのものにはギフトがあると心得る

「なぜ『現在』（present）と『贈り物』（プレゼント）とを同じ言葉で呼ぶのだろう」と昔からよく言われるが、私はよくこの言葉を引用する。これはつまり、現在のどの瞬間の中にも、見ようと思えば常にポジティブな意味を見いだすことができる、ということを表わしている。焦りやいら立ちにとらわれ、独りよがりになってしまうと実際にはなかなか難しいが、とにかくそういうことなのだ。

だが、よく注意しておきたいこともある。それは、悪いことが起きたときに、単にそれを正当化したいからと言って、「これはギフトなんだ」と無理やり解釈しようとしないことだ。大事なのはオープンな姿勢である。**悪いことにぶち当たっても、そこには何かしらのギフトが見つけられるはずだと思えば、現在からより多くの学びが得られるものなのだ**、と覚えておこう。

7．「今すぐやる」ことこそ最も早い学びの道であると心得る

過去から学ぶこともちろんできるが、**現在起きていることから学ぶほうが、より早く多くのことが得られる。**学ぶとは、成長し変化していくことを言うのであって、単にスキルを身につけ情報を得ることではない。情報を得るのは、実際に身をもって学ぶことの代替でしかない。机に向かっての勉強ではなく、生きていく中でこそ学びは得られるものだからだ。優れたコーチなら皆が言うことだが、**スキルを磨くにも実践に勝る方法はない。**ゲームを外から引いて見るのではなく、実際に参加すること。過去や未来にとらわれるのではなく、現在に集中することだ。

8．現在とはレバレッジが効くものだと心得る

現在とは、豊かな時間である。本当に多くのことが今まさにここに息づいているからだ。ほ

とんどの人はそれを見たり感じたり体験したりすることができないので、恩恵を受けられないままに終わってしまう。でも、逆にそのスキルがあれば、現在という時を大いに活かすことができる。

つまり、**過去や未来に対してよりも、現在に対してのほうがもっと多くのことができる**、ということである。現在とは、たとえるならパン生地を膨らませるイースト菌、あるいは少しの力で大きな作用（レバレッジ）を起こせる滑車や、てこの支点のようなものである。**現在という時の中で起きるあらゆることに気付き、感じ取れる人は、そこに対してもうまく働きかけていくことができるだろう。**

9.現在とは、過去から積み重なってきたものの最高地点であると心得る

歴史を学ぶことは、なぜ物事が現在の姿で起きているのかを理解する良い方法である。ただ、過去から現在について学ぶことができるというのはもちろんだが、逆に現在を完璧に理解することによって過去についてももっと学べる、ということも言えるのではないか。この二つの理解を組み合わせれば、未来について考える上でも非常に役に立つはずだ。

進歩を生む過程には、常に双方向の思考回路がある。過去から現在へ、そして現在から過去へと辿る道だ。例えば、発明されたばかりの頃の車は、当時の最先端の馬車に、原始的なエンジンがくっついただけのものだった（もちろん、馬は除く）。その後、エンジンやトランスミ

ッション、タイヤ、ブレーキ、車体フレーム、アクセルなど、自動車のあらゆる部品はとてつもない進化を遂げていった。だが、車の本質的な部分を直感的に捉えてみれば、フレーム、乗車部（ボディ）、二つのアクセル、四つのタイヤ、そしてサスペンションなど、馬車に使われていた技術の「なごり」が今もなお見てとれる。未来の車を考えようと思ったら、**今後もずっと残っていくであろう「なごり」の部分を考えるといい。**技術の進化で主要な部分が何かしら変わっていくことはあるかもしれないが、なくなってしまうことはおそらくないだろう。

現在とは、過去を映す窓である。過去がくれた大切な学びを現在からしっかり読み取ることで、未来のことも少しだけ見通すことができるようになるのだ。

10・「現在は真に完璧だ」と口に出して言う

ばかばかしく聞こえることは分かっているが、自分がそう言うのだからそうなのだ、と言い切ってしまったほうが簡単なこともある。現在は完璧だと自分が心から思っていれば——そしてその信念に沿って生きていく決意があれば——それでもう十分なのだ。言い換えると、**現在は完璧であるという自分の信念が、本当に現在を完璧でかつ望ましいものにしていってくれる力を、だんだんと引き寄せてくれるのである。**

だから、大きな声で言ってみよう。「現在は完璧だ！」と。

そうしたら、次にどんな心の声が聞こえるだろうか？

どんな反応だったとしても、それ自体が完璧なものである。なぜなら、**あなたは同じところにはとどまらず、どんどん進化していくからだ。**現在に対して大切に向き合うのはもちろんだが、その一瞬一瞬は、進化の過程における基準点の一つにすぎないのである。

ステップ 22

どんな状況においても建設的な人になる

Become an Unconditionally Constructive Person

本当の意味で相手を尊重できれば、あなたの魅力はぐっと増す

人生でどこまで成功できるかは、幼い者に優しく、年老いた者に思いやりを持ち、苦しむ者に心を寄せ、弱い者や強い者に対していかに寛容でいられるかにかかっている。なぜなら、自分もいつかは、いずれの立場にもなりうるからだ。

――ジョージ・ワシントン・カーヴァー（植物学者）

率直にものを言わなくてはならないときは美しいやり方で。

――ハリール・ジブラーン（詩人）

本章の法則を表わす冒頭の言葉を、三つに分けて考えてみよう。

一．どんな状況においても（unconditionally）。どんなときも、状況にかかわらず、特別な条件や例外もなく、必ずそうである、ということである。

二．建設的（constructive）。自分の言動が常に相手にプラスの影響を与えるものであって、決して相手を傷つけたり委縮させたりすることがない、ということである。

三．～な人になる（become a person）。これは、単にテクニックや練習の結果でそうなるということではなく、何も考えなくても「自然に」そういう言動ができる人に自分が進化していく、ということを表わしている。

ニュアンスの違い

建設的である（CONSTRUCTIVE）VS. 比較する（COMPARATIVE）――ある人の行動や結果を他の人と比べたり、あるいはその人が以前に比べてどれほど良くなったかを指摘したりするのは、どんな状況においても「建設的である」とは言えない。相手の進歩の度合いを「比較」でもって指摘してはいけないのだ。今その人が良くやっている、ということをシンプルに伝えよう。

建設的である（CONSTRUCTIVE）VS. ポジティブである（POSITIVE）――

「ポジティブ」な接し方をすると、自分から相手にプラスの影響を与えることができる。「建設的」な接し方をすると、相手が自力でより大きなものを作っていくのをサポートすることができる。

尊重する（RESPECTFUL）VS. 誠実である（HONEST）——「誠実」であるということは、自分が見たままの真実を伝えることである。相手を「尊重」しようとすることは、その場の真実よりも、相手のことを気にかけるということである。微妙で難しい差ではあるが、非常に重要な違いである。

認める（ACKNOWLEDGE）VS. 褒める（COMPLIMENT）——人を「褒める」とは、その人の行動や持っているものなど、その人について自分が好ましいと思う部分を伝えることである。人を「認める」とは、ありのままのその人自身をたたえることである。

誰（WHO）VS. 何（WHAT）——この二つには決定的な違いがある。その人が「誰」であるかは、その人の本質に関わるものである。それに対して「何」が表わすのは、その人の役割や功績、所有物などである。人と接するときは、その人が「誰」であるかにフォーカスしよう。そうすれば、その人の「何」に当たるような成果も後から勝手についてくるだろう。

元気が出る（EMPOWERING）VS. 元気付ける（EMPOWER）——人を「元気付け」ようとするのは、大抵は意図的にやる行動である。「元気が出る」ような存在であるというのは、そうしようと思わなくても人を元気付けることができる、ということである。この二つの違いも大きい。どんな状況においても建設的な人は、一緒にいると自然に元気が出るような人でもあることが多い。

ポジティブである（POSITIVE）vs. 褒めそやす（PUFF）――「褒めそやす」とは、相手の良いところを大げさに言うことで、相手を良い気持ちにさせようとすることである。「ポジティブである」とは、相手の長所や進歩にまっすぐフォーカスして、前向きな姿勢を誇張抜きに示すことである。

最適なもの（OPTIMAL）vs. 可能性（POTENTIAL）――どちらも良い言葉ではあるが、「可能性」のほうはやや誤解を生みやすい見方でもある。相手の「可能性」にフォーカスするということは、裏を返せば、その人の伸び代を自分が決めてしまうということにもなる。どういう状態が「最適」かにフォーカスすれば、そこと現状とのギャップに触発されて、その人が自ら進んで一歩を踏み出そうとするかもしれない。

この法則が身につくと……

✓ 人を批判しなくなり、他の人のことを尊重できるようになる。
✓ 相手を不快な気持ちにさせることをわざわざ言う必要を感じなくなる。
✓ 人の話を聞くときに、誤りや弱点を探すのではなく、その人の個性や長所を感じ取って、それに対して反応できるようになる。
✓ 率直にものを言いつつ、同時に建設的にもなれる！　物事をうまく伝える方法が分かるようになる。

✓ 中身のないお世辞ではなく、本当に意味のある前向きなことを言えるようになる。

✓ 他の人のありのままの姿を喜んで受け入れられるようになる。自分のこともそのまま受け入れられるようになる。

✓ 「この人は自分を尊重してくれる」と他の人が信頼を寄せてくれ、本当に大切な話をしてくれるようになる。

どんな状況においても建設的な人になるための10の方法

1．真実をありのままに伝える

「どんな状況においても建設的になる」というこの法則について、誤解してほしくないことが一つある。それは、この法則を大事にしようと思いすぎるあまり、「真実を言う」ことよりも「建設的になる」を優先してしまうことだ。**言うべきことを言いつつも、同時にどんな状況においても建設的であろうとすることが難しく、両立できる自信がないときは、迷わず「真実を言う」ことを選んでほしい。**たとえその言い方が建設的なものにできなかったとしても構わない。回りくどい言い方をしたり、「ナイス」なコメントをしようとしたりしてはいけない。甘い言葉で塗り固めて、本当に伝えるべきことを覆い隠してしまってはいけないのだ。

真実を伝えつつも、どんな状況においても建設的な言い方をするために必要な、言葉選びや機微を感じ取るスキルは、そのうち自然と身につく。だがもちろん、練習は必要だ。

そのスキルが習得できるまでの間は、真実を伝えるほうを選んで、どんどん失敗しよう。

マーリーン・エリオットは、フロリダ州のサラソータ在住のコーチである。これから紹介するのは、彼女自身が体験した、面白くも本当のエピソードである。

つい最近、マーリーンが近所の大きな郵便局に出かけたときのことだ。郵便局はとても混んでいた。順番待ちの列が入り口のところまでずっと伸びている。マーリーンは分からないことがあったので、係員を呼んだ。すると、シャツにネクタイを締めた男が尊大な態度でやって来て、マーリーンの質問には答えないままに、自分が必要だと思うことばかりを大声でまくし立てる。耳障りな男の声をさえぎって、マーリーンは言った。「すみません。ちゃんと聞こえていますから、叫ばないで」

「これが普段の話し方なんですよ！　別の喋り方なんてしたら、もうそれは俺じゃなくなるんでね！」

「ちょっと音量を落としてくださるだけでいいんですけど」

「小さい声で話すなんて、鼻につくでしょうが！」

「今まさに失礼な態度だと思いますよ。やめてくれないなら、局長を呼びます」

「呼ぶなら勝手に呼べばいいでしょう！」

「小声で話す方法をご存じないのかしら」

「小声でなんか話しません！」

「よく分かりました。では、局長を呼んでください」

「局長に会えるわけなんてないだろう！」

自分の人生がこの後すっかり変わることになるなんて、このときの男には知る由《よし》もなかったが、何といっても相手は「ＣｏａｃｈＵ」のれっきとした卒業生である。

責任者がやって来た。「私が先ほどお話しした男性に関して、苦情を申し入れたいのです」とマーリーンは述べた。すると、近くにいた女性が「あの人、確かにすごく失礼でしたよ」と言い添えてくれた。マーリーンはその女性に名前を聞き、証人としてメモに控えておいた。

責任者が局長につながる電話番号を教えてくれ、マーリーンは家に帰って電話をかけた。電話口でマーリーンは落ち着いて、苦情を言いたいこと、自分には証人がいることを伝え、自分の意図は状況をできる限り改善してもらうことだと述べた。「あの男性職員には処分を下してほしいのですが、通常とは違うやり方でお願いしたいのです。彼がカスタマーサービスの大切さをこれまで以上にきちんと認識できるように、適切なトレーニングかコーチングを受けさせるようにしてもらえませんか。これからそのトレーニングのステップをお伝えしますから、メモしてください」とマーリーンは言った。

局長は興味を引かれたようで、マーリーンを改めてオフィスに招いた。副局長も同席していた。「この郵便局に勤めてこのかた、これほど職員の教育に役立つ建設的なご意見をいただいたのは初めてです」と、定年間近に見える局長は言った。

その結果どうなったかというと、彼らはマーリーンに、問題の職員に三、四カ月コーチングをしてくれないかと頼んだ（マーリーンは断った）。それから、郵便局のカスタマーサービスの相談役になってくれないかとも持ちかけた（こちらは現在検討中だそうだ）。

ポイントは、マーリーンが真実をきっぱりと伝える中で、**毅然とした態度はもちろんのこと、きちんと結果に結びつけたいのだという前向きな姿勢を示したことである。**その際も、甘い言葉でごまかすようなことはしなかった。コーチングの専門用語では、これを「切り離し」と言う。つまり、他の人を悪者にしようとすることからフォーカスを外し、**物事を良くしようとすることに集中するのだ。**

「あの男性は高慢で、失礼で、カスタマーサービスの何たるかも全然分かっていなかったし、しかも誰も自分をクビにできないはずだと高《たか》を括《くく》っていたんです。でも、あの人の態度が全部悪い、と証明することを目標にしていたら、こういう結果にはならなかっただろうと思います」とマーリーンは言う。

後日、マーリーンがその郵便局に行ってみたら、局内は規則正しく回っていて、お客さんはたくさんいたが、順番待ちの列もなく、怒鳴《どな》り声もしていなかったそうだ。

2.人の弱点に関してアドバイスするときは、「もっと良くなる可能性」に気付かせる

例えば握手が苦手な人にアドバイスをする場合、何も考えなかったら、「握手の仕方がぎこちないよ」「何かコツが知りたくなったら言ってね」「握り方が弱いなあ」といった言い方をするだろう。

建設的なアプローチなら、「固い握手は好感を与えるものだよ」「誰かと握手しなくちゃならない、と思ったら、どんな感じがする?」「私はしっかり握手してもらえると嬉しいな。君はどう?」といった感じで伝えるだろう。

要は、**「相手のために」こうなったら一番いいなと思う結果を言葉にして、そこに焦点を置くことだ。** そうすれば、現状とのギャップを本人が認識し、そのギャップの分だけ、自分はまだ進歩できるのだということに気付くことができる。ほとんどの場合はそれだけで、自然に良い方向へと進んでいくものだ。

3.過去との比較で進歩や成長の度合いを言い表わそうとしない

久しぶりに人に会ったとき、「最後に会ったときよりもずいぶん幸せそうだね!」「めちゃくちゃやせたね!」「すごく久しぶりじゃないか。次はこんなに間を空けないようにしなきゃ」なんて言い方をしてはいけない。

建設的なコミュニケーションであれば、「調子良さそうだね」「会えて本当に嬉しいな」といった言葉をかけるだろう。

以前のその人と比べたり、今どれだけ「良く」なったかを強調したりすると、途端にその人を過去へと引き戻すことになってしまう。どれだけ変わったかなんて、他人に言われずとも本人も十分に自覚があるものだ。**相手の進歩を素直に認めるには、今現在のその人に対してコメントすればいい。**比較を持ち出してしまうのは、「今日の君は皆が知っている本当の君とは全然違うよ。何かまぐれにでも当たったのか？」と言うようなものなのだ。

4．真実を伝えるときには、元気が出るような言い方をする

「自分には〜〜なところがあるって自覚するのが大事だと思う」「余計なお世話かもしれないけど……」なんて言い方をしてはいけない。

「言いたいことはよく分かる。大きい変化だもんな。でも、君はすごくしっかりしているし冷静だから、絶対うまくやれるよ」「きっとびっくりしたでしょう。思いがけないことだったよね」など、どんな状況においても建設的な言い方を工夫しよう。

5.相手に対する自分の心の反応に気付く

ある人に対して少しでも否定的な感情が湧いてくる場合は、建設的になることも、まっすぐに物事を伝えることも不可能である。まずは、その心の反応の出どころを突き止めよう。それから、そういう反応を抱かずに済む人と付き合うようにすべきかどうかを考えよう。

6.相手が成長していく過程を心から喜ぶ

相手の成長を単に受け入れるのではなく、**「心から喜ぶ」ことが重要である。**なぜなら、心のどこかに自分に都合の良い思惑が混ざっていれば、上から目線な態度となって滲《にじ》み出てしまうからだ。これではとても魅力的とは言えない。

おせっかいな人は、相手に聞かれてもいないのに、自分が相手に対して思うところを「共有」したくてたまらないようだ。だが、ほとんどの場合は歓迎されない。

友人やクライアント、愛する人に対して、解決策や「次のステップ」を反射的に言いたくなってしまう人は、実は自分がいかに重要な存在で、正しくて、有能かということを示したいだけなのだ。もちろん、どれも良いことではあるのだが、他の人の境界線を尊重することよりも、**自分のニーズを満たすことを優先してはいけない。**相手が人生の中で成長していく姿を喜んで見守れるようになるには、人としての自分の器を広げることが必要だ。しかも、ありのままの自分自身に満足できるようになるには、よりいっそう修行が要る。

我が身を少し振り返ってみよう。果たして自分は、相手のために可能性のドアを開けてあげようとしているのか、それとも、無理やり相手を押し出そうとしているのか。

相手が望んでいないのに背中を押してやろうとしても、上から目線で押し付けがましい、同情された、勝手に決めつけられた、と相手のほうは感じるだろう。あなたは、自分と比べて「この程度か」と思うような人（友人、クライアント、同僚）の中に自ら身を置いて、その中で、先生や親のように「賢い」存在であることに優越感を覚えてはいないだろうか。それは実は、自分のニーズを満たそうとしているだけの行為に他ならないと自覚しよう！

7．相手が自然に持っている個性を褒める

特技と個性の間には、大きな違いがある。

特技とは、その人がうまくやれることである。個性とは、スキルや才能とは別に、その人が持っている特別なものである。

どんな状況においても建設的になる確実な方法は、相手の個性にフォーカスして、それに気付かせることである。そうすれば、その人はそのままで十分素晴らしい存在なのだと伝えられるからだ。ところが、**特技や才能やスキルにフォーカスしてしまうと、相手に「成果を出す」こと、そしてそれを続けることを強いてしまう。**褒め言葉のつもりで言ったことが、実は「あ

なたがこういうことをしてくれるから、私はあなたが好きだ」という風に伝わってしまうことも多い。こうなると、次に続く言葉の自然な解釈としては、実際に言うかどうかは別にしても、「今度は何をしてくれるのか？」という期待のメッセージになってしまう。

例えば、「君は本当に聞き上手だね。コーチになったほうがいいよ！」「よく働くね」「あなたはもともと忍耐強いんですね。きっと子どもにすごく好かれるでしょう」といった言い方は、一見とてもポジティブな声かけに思えるが、どれも結局は成果を褒めているので、もっとやれ、という義務感を相手に与えることになってしまう。こうやって相手を思い通りにしようとするのは、全く魅力的ではない。相手の最高の可能性を引き出すのとは全然違う。

どんな状況においても建設的なアプローチでいけば、「いつも辛抱強く接してくださって、感謝しています」「あなたは何だか特別な雰囲気がありますね」「率直で気持ちが良い人ですね」といった褒め方ができる。

微妙な違いが分かるだろうか？　どんな状況においても建設的な伝え方のほうが、よりいっそうポジティブな結果につながりやすいのである。

8.相手の能力と可能性を信じて任せる

決して上から目線になったり、自分があたかも全能であるかのように思ったりしてはいけない。果たして相手がうまくやれるかどうか（その人自身にも）確信がなくても、ためらわずどんどん任せて、期待しよう。

きっとできる、と信じてあげるのだ。すると大抵は、自分が思っていた以上に相手が頑張って成果を出してくれる。

もちろん、本当に不慣れな分野を任せる場合は、完全に当てにしてはいけない。失敗する余裕を与えて、それを乗り越えた相手がまた一回り成長できることを期待しよう。**失敗は偉大な教師ではあるが、失敗でその人の価値を判断されない環境があってこそ、人は失敗から学べるのである。**

9.どんな状況においても建設的になるスキルを磨いて自分のことも進化させる

どんな状況においても建設的になることはスキルの問題だが、これを学んで磨いていく過程で、自分自身もまた大きく変化し、進化していくものだ。そこには、いくつか理由がある。

一つ目は、**伝え方にここまで徹底的に気を配ることには、かなりの努力と強い意志の力が必要だ。**自分のことをある程度は建設的な人間だと思っていたとしても、こうしたコミュニケーションの取り方をするのは結構難しい。

二つ目に、**他の人の良いところがどんどん見えるようになってくる。**その結果、「全ての人」を思いやり、尊重する気持ちが湧いてくる。そして、その対象には自分自身も含まれるのだ。

こうした要素がうまく働くにつれ、自分の意識や、物事に気付く力も、否応なしに研ぎ澄まされていく。すると、これまで何度も飽き足らず言ってきたように、こうしたスキルは仕事の面でも、プライベートの面でも、大きな成果となって現われるものなのだ。

10.自分の言動の中に、両親から受けた影響があることに気付く

数年前のある晩、コメディクラブで、デール・ゴーニャという歌手がピアノの弾き語りでとても面白い歌を歌っているのを聞いた。タイトルは、「助けて！　うちの両親みたいになっちゃう！」というものだった。

ここにはちょっとした皮肉が込められているのだが、あなたがまだそれに気付けなくても心配は要らない。皆それぞれのペースがある。やがてはどこかで、自分の振る舞いがどこかしら両親のそれと似ていたり、両親の関係性に影響を受けたりしていることに気付き始めるものだ。それは、独特な手のジェスチャーだったり、不機嫌さや軽蔑の気持ちや喜びといった感情表現の方法だったりするかもしれない。あるいは、言葉の並べ方だったり、表情だったり、腕の組み方だったりするかもしれない。こういった**両親と同じ言動パターンは、ストレスがかかるなどして「今ここ」から自分の意識が離れてしまったときに表われやすい。**

別にご両親のことを否定するつもりはない。だが、建設的なコミュニケーションかどうかの違いに気付けるようになった今となっては、それとは異なる言動パターンがふと出てしまうと、逆にすごく目立ってしまうものなのだ。子どもの頃から触れてきたであろう両親の声かけは、言った本人からすると褒め言葉や励ましのつもりでも、実はどんな状況においても建設的

とは言えないものであることがほとんどだからである。

詰まるところ、子育てというのは大変な仕事で、そのやり方は皆、自分の両親を見て学ぶしかない。そしてその両親だって、一〇〇年も前に、ともすると遠い異国で育った親世代から子育てを学んでいるかもしれない。

でもあなたは、もっと進歩したコミュニケーションの仕方を選ぶことができる。あらかじめ埋め込まれたパターンに逆戻りするのではなく、どんな状況においても建設的であることを意識的に選択しよう。時にはふと見失ってしまうこともあるかもしれないが、きちんと目を見開いていれば、すぐに必ず最適なコミュニケーションのあり方を思い出すことができるだろう。

ステップ23

自分の価値観を道しるべにする

Orient Yourself Around Your Values

満ち足りた気持ちになることをして過ごしていれば、
あなたは魅力的になる

おれは心が動いた瞬間に手を動かす。
——ウィリアム・シェイクスピア（劇作家）

人生で最高の特権は
自分らしく生きることだ。
——ジョーゼフ・キャンベル（神話学者）

人生における道しるべを何にするか。自分が欲しいもの、自分に必要なもの、なすべきこと、できるはずのこと……選択肢はいろいろある。でも、もし**自分の「価値観」が明確であれば、それを道しるべにすることで、人生を満ち足りたものにできるチャンスを最大化することができる。**ここで言う「価値観」の定義は、もう少し本章を読み進めてもらうとはっきりするが、今のところは自分の心を惹きつけてやまない、実体はないが素晴らしいもの、というくらいに思っておこう。あとは、**モチベーションを上げるのに叱咤激励も大層なスピーチもいっさい不要になるほどの力を持っているものだ**、ということも押さえておくといい（すごいじゃないか！）。

人生に絶対の保証なんてものはないが、この法則を賢く適用することができれば、かなり確実な道を歩めるようになる。なぜかって？　それは詰まるところ、自分で自分の価値観を体現できるようになるからだ。自分の価値観を道しるべにすれば、あらゆるものが自然と筋の通った形で一つにまとまっていくということなのだ。

法則を「賢く」適用する、と言ったのがポイントである。つまり、エゴに振り回されるのではなく、心と身体をしっかり目覚めさせて、その声を聴くことが大切なのだ。そして、混同しやすいものが多い中でも、大事なところではきちんと区別が付けられるようにしておくことだ。

ニュアンスの違い

価値観（VALUES）VS. ニーズ（NEEDS）――「価値観」は、自分が自然と心惹かれる活動や選択や行動に表われる。「ニーズ」の対象は、自分の能力を最大限に発揮するために必要なリソースや人、感覚、状況や環境である。自分のニーズが満たされれば、自分の価値観にもっと目を向けられるようになる。

価値観（VALUES）VS. 欲しいもの（WANTS）――「価値観」は自分自身を表わす。「欲しいもの」は、手に入ると嬉しいものである。価値観に適《かな》う生き方ができれば満ち足りた気持ちになり、欲しいものが手に入れば満足感が得られる。

価値観（VALUES）VS. 優先順位（PRIORITIES）――「価値観」は自分自身を表わす。「優先順位」は、自分がまず何から手を付けるかを表わす。

価値観（VALUES）VS. ゴール（GOALS）――「価値観」は自分自身を表わす。「ゴール」とは、達成すべき目標である。価値観に根差したゴールを設定することができれば、達成するまでの道のりも実りが多いものになる。

充足感（FULFILLMENT）VS. 満足感（SATISFACTION）――「充足感」でいっぱいであれば、魂が満たされている。「満足感」でいっぱいであれば、心と身体が満たされている。

この法則が身につくと……

- 複数の選択肢でどれを選べばいいか迷うことがなくなる。価値観が自然に決めてくれる。
- 自分にとって最も大切なこととゴールが一致しているので、心の中の摩擦が少なくなり、穏やかな気持ちでいられる。
- 仕事も、それ以外の分野の物事も全てうまくいくようになる。複数の物事を区分けすることも、やりくりも不要になる。
- 自分の価値観に沿わない、エネルギーを消耗するゴールや仕事を手放すようになる。
- 自分の価値観に常に正直であるので、何が起きても後悔しない。

自分の価値観を道しるべにするための10の方法

1．自分が心惹かれるものから価値観を洗い出す

自分にとっての価値とは、自然と大事だと感じるもののことである。それは美しさかもしれないし、創造性かもしれない。家族、誠実さ、友情など、何でもいい。自分の感覚に訴えかけてくる強さと深さによって、自分にとってはこれが大事なんだな、ということが分かるだろう。

次のリストを見て、強く心に響く言葉を二〇個選び、丸を付けてみよう。

冒険　リスク　未知のもの　スリル　危険　考察　大胆　ギャンブル　努力　探検　試す　わくわくする　思い切る　美を創造する　優雅である　洗練されている　エレガントである　輝きを放つ　壮大さを感じる　栄誉を感じる　趣味が良い　触媒になる　インパクトを与える　前進する　触れる

刺激的　慣れ合わない　コーチ　輝き　勇気　影響を与える　刺激する　活力を与える　変える　貢献する　尽くす　改善する　増やす　寄付する　強化する　促進する　支援する　許す　与える　養う　支える　創造する　デザインする　発明する　合成する

想像力豊か　オリジナル　着想　計画　積み上げる　完全　組み立てる　インスパイアする　発見する　学ぶ　感知する　理解する　一カ所に落ち着く　実現する　明らかにする　見定める　区別する　観察する　感じる　体験する　感情を表現する　知覚する　柔らかく輝く　良い気持ちである　エネルギーの流れを体感する

先陣を切る　導く　引き起こす　喚起する　参加する　統治する　治める　支配する　説得する　規範となる　熟練する　専門家になる　優位に立つ　名人である　優れている　卓越する　傑出する　最高である　一番である　上回る　基準を設ける　優秀である　喜びを与える　快楽主義である　性を楽しむ

五感で感じる　至福を感じる　愉快さを感じる　楽しむ　ゲームを楽しむ　スポーツを楽し

む　結びつく　つながる　共同体の一員である　家族の一員である　団結する　培う　リンクする　結合する　統合する　一緒にいる　感受性が豊かである　優しさ　今ここに生きる　強調する　サポートする　思いやりを示す　対応する　見る　スピリチュアルである　気付く　受け入れる
生き生きとする　神とつながる　献身的である　神聖である　高潔である　情熱的である　信心深い　教える　教育する　指導する　啓蒙する　情報を与える　準備する　啓発する　第一線に立つ　向上させる　説明する　勝つ　勝る　達成する　獲得する　得点を挙げる　手に入れる　賛同を得る　勝利を収める　優勢である　引き寄せる

2. ニーズと欲しいものと価値観の違いを知る

ニーズとは、自分の力をきちんと発揮するために土台として必要なもののことである。例えば、時間、スペース、お金、愛、情報、食べ物、運動、ツールなどだ。ニーズが満たされれば心身が満足する。

欲しいものとは、自分が手に入れたいとか体験したいとか思うもののことである。例えば、休暇、昇進、豪華な食事、セックス、良い本、新しい車などがそうだ。欲しいものが手に入れば満足感が得られる。

価値とは、自分が自然と引き寄せられるもののことで、ニーズや、ものを欲しいと思う気持ちとは別のところで心惹かれるものである。

同じものでも人が違えば、ニーズにも欲しいものにも価値にもなりうるし、同じ人でもその時々で変わることもある。自分自身の状態、あるいは周りの状況によって決まるものなのだ。以下は、違いを区別するためのヒントである。

切迫感がある場合は、おそらくそれはニーズである。

強い渇望を感じる場合は、おそらくそれは欲しいものである。

単純に自然と心惹かれる場合は、おそらくそれは自分にとっての価値である。

この三つを区別できるようになるにはある程度練習が必要だが、これができれば恩恵もたくさん受けられる。その一つが、自分のことをもっと深く理解でき、決断するのがうまくなる、ということだ。なぜなら、**自分の価値観に基づいて決断すれば、正しい選択ができる（そしてその正しさがずっと続く）可能性が高くなるからだ。**ニーズや欲望に基づいて決断すると、その選択が恩恵を長くもたらしてくれるものになる見込みは低い。

先ほど丸を付けたリストを見てみよう。二〇個の中から、ニーズや欲しいものに当たるものをさらに除《の》けていくことはできるだろうか。足したり引いたり調整しながら、**最終的に丸の数を五個に絞ってほしい。その五つが、自分の核になる非常に貴重な価値観だ。**これからどんな決断をするときでも、その価値観に照らして選んでいけばいい。

3.ニーズが満たされていないと、価値観を見いだすことは難しいと心得る

ニーズがまだ満たされていない人にとっては、この法則の実践はかなり難しい。満たされないニーズに惑わされて、価値観を見いだす能力が曇ってしまうことが多いからだ。つまり、ニーズ、欲しいもの、価値の区別をつけるのが困難なのである。

ちなみに、ニーズを満たすことで得られるオマケとして最も大きいのが、**ニーズを満たせば、欲しいものの数と渇望の強さも一緒にどんどん減少していく**、ということだ。そうすれば、自分と自分の価値観とを隔てる障害も小さくなっていく。魔法みたいな話だが、本当のことだ。

4.価値観に適《かな》うものを人生に取り入れて表現する

価値とは人生のテーマのようなものとも言える。単に人生における焦点や案内役であるというだけではないのだ。テーマとは例えば美しさだったり、冒険だったり、発見だったりといったもので、人生のあらゆる場面に自分が織り込んでいくものである。ということは、厳密に言えば、人生を自分の価値観に完全に合わせることが可能だとしても、必ずしもそうする必要はないということだ。**テーマのほうを人生に取り込めば、自然と人生にその価値観が反映されるからである。**

最初の一歩としては、自分の価値観を表現することができる活動に参加してみるといい。例えば、冒険が自分の核となる価値であれば、冒険的な要素のある仕事に就いたり、自分が今やっている仕事の中に冒険の色を取り入れたりするといいだろう。

5.価値観に照らし合わせることで良いゴール設定をする

このままこの活動を続けていても意味があるのだろうか、と思いながら、何日も何週間も何カ月も、そして何年も空回りしている人も多い。**何かゴールを設定しようとするときは、先ほどの第1項目のリストを使って見つけた「五つの価値観」に照らして考えてみよう。そのうち一つか二つでも当てはまっているだろうか。**そうであれば、ゴールを目指す道のりもおそらく実りあるものになるはずだ。くよくよ思い悩むこともなくなるだろう。

6.価値観を大切にすることでチャンスを広げる

最近のことである。東海岸にある急成長中のハイテク企業が一人のコーチを雇った。依頼内容は、ある女性の経営幹部が、自分の部署と対立する部署との間に抱える問題を解決するのを助けることだった。幸いなことにその問題自体はすぐに解決したのだが、会社はすでに四カ月分のコーチング費用を予算として計上していたので、女性幹部は残りの期間で個人的にコーチングを受けられることになった。

彼女のコーチがこう語ってくれた。「そこで私たちは、クライアントが仕事に飽きてきてしまっている、ということに向き合うことになりました。部下たちがクリエイティブなアイデアを持って相談にやって来ると、その楽しそうな姿を見て羨《うらや》ましくて仕方がなかったそうです。出世階段を上ったとはいえ、クライアント自身の仕事はチャレンジの要素に欠けるものでした。そろそろ何か新しいことを探したほうがいいかな、と思っていたようです」

ちょうどその頃、別のハイテク企業が「うちで新規事業をやらないか」と話を持ちかけてきたそうだ。先方が気に入る案さえ持っていけば、予算とリソースは付ける、とのことだった。でも、相手がどんな案を聞きたいと思っているのか見当もつかず、クライアントの手は止まっていた。

そんなクライアントに、コーチは二つのことを提案した。一つ目が、今の仕事の中でもっと責任の幅を広げ、仕事をもう一度面白いと思えるものにする、ということ。つまり、彼女の場合は、新たな挑戦を取り入れることで、仕事を自らの価値観に沿ったものにしていく、ということだった。

もう一つが、別の会社から持ちかけられた新規事業の話に関して、先方が何を求めているかを気にするのはやめて、クライアント自身がどんな会社を創りたいかをはっきりさせることだった。

クライアントはまず一つ目のお題に対して、今の仕事を自分にとってより魅力的にするために必要な要素を書き出した。それが終わると、上司にメールをしたため、自分が今抱えている問題と、それに対して彼女が求める解決策を、丁重かつはっきりと申し入れた。それから、二つ目のお題である別会社からのオファーに取り組んだ。自分が一番やりたい形で新規事業の姿を思い描き、これであれば成功しそうだと思える戦略だけでなく、自分の長所がずっと発揮できるであろう仕事環境についての案も織り交ぜて提案内容を固めた。要は、自分が楽しみながらチャレンジできる事業の姿を描いたということだ。

今の会社の上司が申し入れを検討している間に、クライアントは別会社のほうの人たちと会ってプレゼンを行なった。すると、先方は彼女の事業構想を大変気に入って、すぐにでもうちに来てやってほしい、と言ってくれた。ところが、まさにその日の夜、クライアントが家にいると、車で移動中だという上司が電話をかけてきて（これまでにはないことだった）、彼女の望むとおりに職責も拡大するし、それにともなって大幅に給料も上げる、と言ってきたのだった。

さて、このクライアントは一体、どちらのチャンスをつかめばいいのだろうか。キャリアの中でのこうした嬉しい悩みは、私たち皆が経験すべきものだと思う。おかしなことだが、**ほとんどの人は自分の価値観を明確にすれば、自分のキャリアが傷つくのではと心配している。実際には逆で、価値観を明確にすれば、仕事の面でもプライベートの面でも、自分にとって正しい方向へと自然に舵が切られていくのだ。**

7.価値観に照らし合わせることで、物事をフィルタリングする

第5項で、自分の価値観を知れば、より良いゴールが設定できるようになる、と述べた。これはつまり、より自然な形で「自分らしい」目標設定が可能になる、ということだ。さらに、人生ではいろいろな出来事やサプライズが起きたり、さまざまな人との出会いがあったりする。ここで、**自分の価値観を明確にしておけば、自分の人生にやって来る多種多様なものをうまくフィルタリングできるようになる**、ということも付け加えておきたい。

人や問題やチャンスを目の前にしたときにどう対応（あるいは根本的に対応）したらいいか分からないって？　そんなときは、自分の核となる価値観と合う部分があるかどうか、照らし合わせてみよう。合わなければ、さっと流すこと。合う部分があれば、取り入れればいい。繰り返しになるが、価値観を使ってフィルタリングすれば意思決定は簡単になるのだ！　メリットとデメリットを並べて比較するより、ずっと効率的である。

8.価値観を頼りに道を探す

自分の自尊心が低いとき。まさに頑張って高めようとしている途中のとき。自分を急速に変えようとしているとき……。どの道を選ぶのが自分にとって正しいのか、そもそも自分とは誰なのか分からなくなり、迷子としか言いようがない状態になってしまうこともあるかもしれな

い。でも、自分の価値観（大抵は人生を通じて同じである）が分かっていれば、それを頼りにしていけばいい。迷ったときのバックアップシステムとして持っておけば、非常に便利である。**焦りや混乱の中で、自分自身を一瞬でも見失ってしまいそうになったら、価値観を頼りに道を探そう。**

9. ゴールと価値観をイコールにする

これをゲーム感覚でやってみるととても楽しい。**自分の核となる五つの価値観が書かれたリストを見てみよう。それから、それとは別に、自分にとって重要なゴールを五つ、リストに書いてみる。そうしたら、それぞれのゴールを価値観と一つ一つマッチさせてみよう。もし〝マッチする価値〟が見つからないゴールがあれば、ゴールをどう変えたらより価値観に近いものになるか考えてみよう。**自分に正直になっていくための、非常に良い練習になる。

ただ、注意しておきたいこともある。ゴールの中には、自分の人格やニーズに根差すものもあるかもしれない。それはそれで大事にすべきものだ。**価値観にうまく当てはまらないというだけで、ゴールを投げ出す必要はないということは心に留めておこう。**

10.価値観を触媒にして、ニーズを満たすモチベーションを上げる

先ほど私は、まずは自分のニーズを満たしてから、自分の価値観を見定めてそれを表現しよう、と述べた。これが普通は最も簡単なやり方だからである。しかし、もしやりたければ、価値観のほうからまず先に始めてもいい。こちらのやり方がよく効く人もいる。なぜなら、**一度自分の価値観を強く意識するようになると、それを常に一〇〇%表現する妨げになるようなものには、きちんと対処しなければというインセンティブが働くからだ。**

こういうとき、「魅力の法則」はやはり素晴らしいなと実感する。ある法則から別の法則へと、いろんなポイントで戻ってくることができるので、どこから始めても、自分にとって特に大切な要素は最終的に全てカバーできるようになっているからだ。

ステップ24

あらゆるものをシンプルにする

Simplify Everything

必要不可欠でないものを捨てていけば、
引き寄せられるスペースができる

全てを手に入れることなんてできないよ。
だって、どこに置いとくんだよ？

――スティーヴン・ライト（コメディアン）

私たちは今、ここにいる。
それ以上のことを知ったところで
たわごとにしかならない。

――ヘンリー・ルイス・メンケン（ジャーナリスト）

今日から、自分の人生をシンプルにしていこう。うまくいっていない仕事やゴール、役割、問題や夢を一つでも手放してみるのだ。すると驚くべきことに、自分の心が本当に求めている夢にもっと早く近付けるようになる。

考え方としては、「大目に見ること」について学んだことに近いものがある。あらゆるものをシンプルにすることは、超伝導体になるということをまた別の側面から捉えたものと言ってもいい。自分が注いだエネルギーに対して最大限にリターンを得るための、一つの手段なのだ。スポーツのコーチが「スポットを決めろ」とよく言う戦術がある。つまり、**自分の一番尖《とが》ったスキルと最大の努力を、正しいとき、正しい場面に向ける**ということである。この章で言いたいこともこれと関係している。どんな試合にもターニング・ポイントがあり、人生もまた同じである。**人生をシンプルにしておけば、決定的な瞬間がやって来たときにすぐに察知して、一〇〇%そこに集中することができる。**そうすれば、勝利は自分のものだ！

勝利には、勝ったことがある人にしか分からない、独特の感覚がともなう。やるからにはぜひともそれを自分にとってなじみ深いものにしたいところだ。なぜなら、**あなたのゴールは単に勝利して終わりではなく、勝つことを習慣にして、それを維持すること**だからである。

もし理想の仕事や、社会的チャンス、クライアントなど、成功につながりそうな雰囲気のするものが、どうしても自分に近付いてきてくれそうにないという感触があったら、もうそれは諦めよう。無理に追いかけるのはやめるのだ。

これは、自分の敗北を認める、ということではない。自分が投資したエネルギーに対してもっと前向きなリターンが得られそうな分野へと、自信を持って進んでいくのだということである。

夢自体は決してつまらないものではない。夢はもちろん素晴らしいものだし、自分とは何者かを表わすものの中でも最も重要な側面の一つでもある。だが、ときどき、夢自体が目的になってしまうことや、本当の望みとは違うものと混同してしまうこともあるから難しいのだ。

私の友人の一人は、人前でギターを演奏する。人当たりも良い彼のところには、ギターの演奏ライブの後にもよくいろんな人が訪れて、自分もギターを弾けるようになりたいから教えてほしい、と言うのだそうだ。そのうち何人かはギターも買ってきて、一回か二回程度レッスンを受ける。だが、その後も続ける人はほとんどいないのだという。

なぜこうなるのだろう？　別にこの人たちが怠け者だとか、悪い人だとかいうわけではない。ただ、ギターを弾くということは、彼らにとって本物の夢ではなかったのだろう。自分の気持ちをギターで表現できるようになるか、演奏することで少しでも心を軽くできるようになりたい、というゴールに辿り着くまでには、何百時間もの練習が必要だ。ギターを弾けるようになるという夢が表わしていたものは、実は別のものだったのだろう。そしてそれは、他にもいろんなやり方で叶えることができる。

感受性が研ぎ澄まされていけば、自分の夢が表わしている本当の願いが何なのかについても、よりしっかりと分かるようになっていく。これが大事なポイントだ。なぜなら、**夢の核心にある願いは、夢の形自体よりももっと重要で、自分の中で長く生き続けるもの**だからだ。

だからこそ、**夢は軽く持っておくくらいがいい。**固く握りしめて、その中心にあるものを押し出してしまっては意味がない。**もしかしたら最終的には、今の自分には思いもよらないようなすごい方法で願いが満たされることもあるかもしれない、という可能性に対してオープンであることだ。**

こう考えていくと、例えば、ある特定の人の近くにいたいと思っていたとして、果たしてその必要は本当にあるのだろうか。あるいは、本当にその優良顧客をつかんでおく必要があるのだろうか。はたまた、本当にその厄介《やっかい》な問題をやっつけないといけないのだろうか。……自分で自分のことを大丈夫だと思えるようになるために、本当にこれらのことが必要なのだろうか。**諦めよう。それも、賢く。**いら立ちや怒りを固めても仕方ない。これまで見てきたように、必死に足掻《あが》く姿は魅力的ではない。「魅力の法則」に働くプロセスを信じよう。そして、問題の答えも、人も、利益も、**こちらが呼ばなくても、向こうがあなたのそばにいたいからと自然に引き寄せられてくるときがやって来る**ことを信じよう。

圧倒的な魅力を身につけると起こる面白いことの一つが、自分のもとにたくさんのものが(ほとんどの場合は良いものが)引き寄せられてくるということである。今のうちから人生をかなりの程度シンプルにしておけば、新しくやって来るものにうまく対応できるスペースが生まれる。スペースにゆとりがなければ、精神的にもいっぱいになってしまうだろう。

ニュアンスの違い

シンプルにする（SIMPLIFY）vs. 除去する（ERADICATE）――「シンプルにする」とは、複雑さをなくしていくことである。「除去する」とは、ものを取り去っていくことである。ものを減らし、統合していけば、それはすなわちシンプルにしていくことにつながる。自分が望まない限り、人生の全ての要素を切り落としていく必要はないのである。

スペース（SPACE）vs. 時間（TIME）――自分で考えて生きていくことができる余裕と自由があれば、先のこともうまく予測できるので、「時間」を管理するのもうまくなる。「スペース」が足りていなければ、そこに当てはめていくべき「時間」も限られた資源になってしまう。まずはスペースを十分に作ること。そうすれば、時間はたっぷりあると感じられるようになる。

外注する（OUTSOURCE）vs. 委任する（DELEGATE）――「外注する」とは、専門能力のある人を雇って、問題に対処し、機能を担う責任を負ってもらうことである。「委任する」とは、問題の責任は引き続き自分で負うが、その解決に向けて力を尽くしてくれる人と一緒に仕事をすることを言う。委任するよりも外注してしまったほうが楽である。

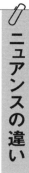

この法則が身につくと……

- ✓退屈を感じるようになる。でも、それは良い兆候だ！ 単に途中経過なのだと思えばいい。
- ✓本当に充足を感じられるようになるまであと少しである。
- ✓どんなに良さそうなチャンスが来ても、すぐには飛びつかず、それによって自分の人生が必要以上に複雑になってしまわないかをよく精査する。
- ✓複雑な物事やストレスに接して神経が高ぶるのを嫌うようになり、そうならないように簡単に避けることができる。
- ✓お金をあまり使わなくなる。
- ✓感情面でも、身体面でも、頭脳の面でも大きなスペースが持てるようになる。
- ✓余裕があるので、成功がどんどんやって来る！

あらゆるものをシンプルにするための10の方法

1.雑事にかまけるのをやめる

きちんと統計を取っている人がいるかどうかは分からないが、私の感覚では、買い物、荷物の運搬や人の送り迎え、物の修理といったようなことで、私たちの自由な時間はものすごい割合で圧迫されていると思う。普段の一週間の中で、雑事に割いている時間はどれくらいあるだろうか。時間は貴重な商品なのだから、自分にきちんと利益がもたらされるところに使いたいはずだ。目指すゴールに比べれば、雑事などに割いている時間は、ちょっともったいないとは思わないだろうか。

あれこれ用事をすること自体が悪いわけではない。だが、**自分の人生にもっと充足感をもたらしてくれるものが見つかれば、雑事にたくさん時間をかけるのはやめようという気になるはずだ。**

それでも用事は済ませなければならないが、どうすればいいだろう。買い物好きの友人に頼んでもいいかもしれないし、買い物代行を頼んでもいいかもしれない。配送サービスも利用できる。あるいは、買い物は自分でやって、配送の部分は有償サービスを頼んでもいい。そうすれば、一番疲れる部分を自分でやらずに済ませることもできる。手頃な価格のサービスは揃っているものだ。試しに使ってみる価値はあるだろう。

2.バーチャル秘書を使う

私がバーチャル秘書を使っている理由はいくつかある。一つ目は、自分がタスクを後回しにしがちなので、すぐにツケが回って負担が大きくなってしまうからだ。二つ目は、生来ぐずぐずず先延ばしにする人間なので、何もしないでいると大変なことになることが分かっているからである。三つ目は、取引先とやりとりしたり、人との約束をうまくスケジューリングしたり、知らない人に何かを頼んだりするのが苦手だと自覚しているからだ。幸いなことに、私のバーチャル秘書はこのいずれも見事にこなしてくれる。

さらに、バーチャル秘書は、いわば私にとっての「生ごみ処理機」みたいな存在だ。問題が発生したり、問題になりそうなことが起きたり、自分でやりたくないことが出てきたら、バーチャル秘書にメールをする。すると、その日の終わりまでにはうまく「消化」しておいてくれるのだ。おかげで私は全く手詰まりにならずに済むのである！　私にとっては大きな問題なことでも、バーチャル秘書にとっては些細なことなのだ。

3．事務処理や支払い関係のタスクは自動化する

会社勤めでも、自営業でも、日常生活上のあれこれを効率的に処理したい場合であっても、**事務処理系のタスクは大幅に自動化する余地がある。**例えば、納税関係の準備は税理士に頼む、請求書の処理は会計管理ソフトウェアを使う、帳簿の記載は簿記係に頼む、クレジットカードではなくデビットカードを使う、電話料金などを自動口座振替にする、といったことが考えられる。

かかるコストを正当化できる程度の効果では足りない。そのレベルをゆうに超えて、スペー

スをたっぷり作るのだ。進化の過程においては、スペースは贅沢《ぜいたく》なオマケではなく、必須のものと心得よう。

4．リマインダーサービスを利用する

ＡＯＬなどのインターネット・プロバイダーは、Ｅメールによるリマインダーサービスを無料でやっている。これを使えば、誕生日や記念日、その他の大事な日付をメールで自動的に知らせてくれるのだ。

もちろん、手帳に控えるなどして自分で覚えておくこともできる。だが、こうしたことを「システム」に任せてしまえば、持ち歩いたところでチェックするのを忘れてしまいがちな文書や本などの荷物を、一つ減らすことができるのだ。

5．十分なスペースができるまで、約束や仕事や計画は減らす

現代に生きる私たちの生活は、信じられないほど複雑で忙《せわ》しないものになってしまった。多分、仕事や副業、自己成長、高等教育、旅行、趣味、楽しみなどにいろいろな選択肢が溢れかえっているからだろう。

何か新しく興味の幅を広げたいな、とか、大学の公開講座でも受けようかな、という気持ち

になることもあると思うが、こうした思考の奥底には、もっと別の望みが隠れていることが多い。おそらくそれは、充実感への渇望である。だが、新しくゼロから始めなくてはならないものよりも、もうすでに自分の手元にある活動や興味の対象のほうが、より実を結ぶ可能性が高いものだ。

新たに別の趣味や仕事や約束に目を向けるより、大きなスペースを作る（そして維持する）ことのほうが大事だと、実感も込めて言えるように、自分の心の状態になるべく早く気付けるようにしよう。言い換えると、新しい興味の扉がもたらしてくれる可能性と同じくらい、スペースを空けておくことは重要なのである。

6．心から好きだと思えない服はクローゼットにいっさい置かない

こんなの大したことないじゃないかと思う人もいるかもしれないが、服は私たちの心の状態を象徴する、大きな意味を持つものである。**服の断捨離を進めていくと、驚くほどに心が軽くなる。それに、大抵は人生の他の分野にも連鎖反応が起きて、あちこちシンプルにしたくなるものだ。**クローゼット、床下や屋根裏の収納スペース、押し入れなどを整理するときは、腕の良い園芸家にでもなったつもりで取り組もう。捨てるべきものは容赦なく、**「自分は今、新しい人生のためにスペースを作っているのだ」**と自信を持って捨てていこう。

7. エネルギーを消耗する人間関係から離れる

とあるコーチが最近、以前にコーチングをしていたクライアントがまた連絡をくれた、という話をしてくれた。そのクライアントは実は、数週間にわたってベストセラー入りしていた本の共同著作者の一人だったそうだ。本を書き終えて、次の作品を構想する段階になったので、またコーチングを再開したいのだという。

このクライアントが最初の本を書くにあたっては、二つのことが役に立ったそうだ。どちらも「シンプルにすること」に関係があった。最も根本的に効いたのは、それまで彼女が多くの時間を費やしてきた人間関係は、ただ「ぺちゃくちゃ」お喋りするだけのものだったと気付いたことだ。クライアントは非常にユーモアのセンスがあるので、皆が彼女と一緒にいたがった。でも、そのユーモアは紙の上に落とし込まなくてはならない！　そしてクライアントは、こういう人たちと一緒にいて得られるのは、本来自分がすべきこと、つまり執筆作業から逃れることだけだと自覚したのだった。

それからクライアントは、お金まわりのやりくりをシンプルにした。それによって時間に余裕ができ、執筆作業を進めるにあたっても、いろいろと試しながら、自分の声を思い通りにページの上に写し取ることができたのだった。こうして、**人間関係とお金のやりくり**という二つの強力な組み合わせで、気を散らすような無駄を捨てていったことによって、作家としての素晴らしいキャリアを築くスペースが生まれたのである。

あなたも、**個人的な人間関係をシンプルにしてみよう。**私の場合は、膨大に膨れ上がってしまった連絡先リストと格闘するのをやめて、**人生で大事にしたい人を一〇人にまで絞り込み、その人たちに集中するようにしたのがうまくいった。**

私が一番手を打たなくてはならなかったのは、親切で人柄も良いけれど、私が許容できる以上に依存してくるような人たちとの関係だった。こういう人間関係をきちんと見分けるのは、時として非常に難しい。なぜなら、自分にとってもあらゆる面で、とても特別な関係性であることが多いからだ。だが、こうした人たちと一緒に過ごして自分をすり減らし、その上問題を解決することもできないなら、潮時だと思って距離を置くべきだろう。

自分の魅力を高めていった先には、素晴らしい人たちとの出会いが待っている。こういう人たちとの関係性は、自分を消耗させない。しかも嬉しいことに、自分が相手と一緒にいることでたくさん満たされるのと同じく、相手のほうもまた自分からたくさんのものを受け取ってくれるのだ。こういう人たちとの出会いのために、**人生のスペースは今すぐに空けておこう。**これは非常に重要なことなのだ。

8. 日用品や機器などの商品は電話やネットで注文する

今日ではあらゆるものを、電話やインターネットで注文すればすぐに届けてもらうことができる。新車でも、生鮮食品でも、オフィス用品なども、道具類も、コンピュータも、家電も、専門的なサービスでも、ほぼ何でも対応してもらえる。

一度使いこなせるようになってしまえば、もうショッピングモールで足止めを食らうこともない。広大な駐車場で迷ってしまうこともない。車を停めたのはC階（紫色）のエリア三だったか、それともE階（からし色）のエリア一二だったか……などと首をひねる必要もない。うるさいBGMも聞かなくて済む。過剰な広告の海に呑まれて気分を悪くすることもない。人込みで押し合いへし合いする必要もない。配送料を少しばかり上乗せして払えば（と言っても価格競争のおかげでだいぶ節約できるはずだ）、ストレスを大幅になくすことができる。

ショッピングモールの買い物は、頭を壁にガンガンぶつけるようなものだ。やめてしまえば、これほどすっきりするものはない。

9. 家事はできるだけお任せする

お手伝いさんや修理屋さん、専門業者さんに家の中のことを頼もう。確かに、何かしらお金はかかるだろう。だが、家の中のことをきちんとやってもらえていると思えば、浮いた時間（と、そうして創造的になれるスペースが生まれること）で、その分自分の仕事や事業に集中できてお金もたくさん稼げるはずだ。

もちろん、自分で家の中を掃除したっていい。家事をしていると瞑想するような感覚になって落ち着く、という人もいる。だが、それによって少しでも創造的な仕事をする時間が削られてしまうなら、思い切って外注に出そう。

10．ここまでのアドバイスを楽に取り入れるために、「ライフスタイル」をシンプルにする

自分の生活がそもそも非常に複雑だったり、「ライフスタイル」が忙しないものだったりする場合は、たとえここまでの九個の提案を全て試してみたところで、シンプルな生活がもたらす「スペース」の恩恵は受けられるはずもない。そうであれば、ここまでのアドバイスを焦って取り入れようとする前に、**まずは自分の生活（または「ライフスタイル」）を大幅にシンプルにする必要がないかどうか、見直してみよう。**

試金石となるのは、自分が「ライフスタイル」を向上させるために生活を犠牲にしているのではなく、**「ライフスタイル」をもって生活を向上させているかどうか**、である。自分の興味や活動を広く浅く拡大していこうとするよりも、**深みを追求したほうが、大抵お金もかからずに充実感を得られる**、ということに気が付ければ大きな成果だ。自分の人生により多くの刺激を探し求めるのは、大みそかのような特別なイベント事のときに「精一杯楽しまなければ」と無理をするようなものだ。そんなことをするよりも、もとから自分が魅力的になるほうがスマートである。楽しいことがどんどん自分のもとへやって来てくれるので、あとはそこから自分が欲しいだけ選べばいい。

「よし、徹底的にシンプルな生活をする気になってきたぞ。うまく軌道に乗せるにはどこを変えたらいいのかな？」と思えたら、もうあとは簡単だ。

ステップ 25

自分の技能を極める

Master Your Craft

成功への一番の近道は、
自分が今やっていることで一番になることだ

私はいつも、自分にできないことをやっている。
そうすれば、そのやり方を学べるからだ。

――パブロ・ピカソ（画家）

芸術をやっているなら、自分の作品に誇りを持ち、作品に誇られるような作り手でありなさい。……芸術は、自分を自立した人間にしてくれる。

――マクスウェル・アンダーソン（劇作家）

有能であるということは、特別扱いしてもらえるほどのことではない。仕事の上で成功しようと思うと、**能力があることは必須条件、いや、むしろ最低条件である**と言ってもいいかもしれない。目指すべきゴールではなく、そこが出発点なのだ。

だから、「良い」という程度では不十分だ。「魅力のOS」を身につけようとしているレベルの人であれば、特にそうだろう。**食い扶持《ぶち》を稼ぐためにやっている仕事に関しては、そのやり方も含め、目標を高く――極めていると言える程度にまで――持たなくてはならない。**

ニュアンスの違い

極めている（MASTERY）VS. 能力がある（COMPETENCE）――「能力がある」場合、仕事を高い精度でこなすことができる。自分の仕事や技能、事業領域を「極めている」場合は、次のレベルのものを生み出すことができる。良質なクライアントやお客様から見ると特に、後者のほうがずっと魅力的である。

成功する（SUCCEED）VS. 勝つ（WIN）――「成功する」とは、成果を出して地位を上げていくことだ。「勝つ」ということはすなわち、そこには負ける人がいるということになる。勝つということにはどこかでコストをともなうという側面もあるのだ。

イノベーション（INNOVATION）VS. 改善（IMPROVEMENT）――「イノベ

的である。

ーション」を起こすとは改革すること、少なくとも、仕事のやり方に何か新しいものを取り入れることである。「改善」するとは、自分が持っているものを徐々に良くしていくことである。イノベーションを起こすとは進化することであり、こちらのほうが改善よりも格段に魅力的である。

発明（INVENTION）VS. イノベーション（INNOVATION）——「発明」や発見や、何かを初めて作ることは、「イノベーション」よりも根本的に進化に寄与するものである。

有効性（EFFECTIVENESS）VS. 効率（EFFICIENCY）——「効率」的であるとは、仕事をスマートに要領よく、タイムリーに完了することである。「有効」であるとは、「正しい」仕事をきちんとやることであって、効率的かどうかは問わない。有効性をともなった上で効率的に仕事ができれば非常に効果は大きいが、どちらかと言われれば有効性のほうが常に重要性は高い。たとえ最高の効率を誇るメーカーであっても、商品自体が時代遅れであれば、現代においては繁栄することはできない。

吸収（ASSIMILATION）VS. 統合（INTEGRATION）——「吸収」するとは、自分が学んだことや食べたもの、経験したことを飲み込み、それを栄養にして成長することをいう。それらが自分の中に取り込まれるのだ。「統合」するとは、他のものとつながり結びつくことで、新しいものを合成することをいう。吸収することも統合することも、どちらも進歩に寄与するものである。

この法則が身につくと……

- より早く学ぶようになる。
- 自分の学びのプロセスに他者を巻き込むようになる。
- あらゆるものから学びを得るようになる。
- 自分よりも学びのスピードが遅い人や、学びを極める道を歩もうとしていない人とは距離を置くようになる。
- すでに仕事でかなりうまくやっていても、プロフェッショナルとしての成果を提供するために、さまざまなやり方を試し、より良い方法を見つけ出す。
- イノベーションを起こし、慣習にとらわれないやり方を楽しむ。

自分の技能を極めるための10の方法

1．自分の仕事の領域で新しいものを発明する

途方もないことのように聞こえるかもしれないが、実はそこまで難しいことではない。アインシュタインやエジソンになる必要はないが、自分に自然に備わった直感や創造力、そして才

能を発揮する許可を、自分に与えなくてはならない。

これを簡単にやってみようと思ったら、**まずはお客様の近くに行ってみることだ。**そうすれば、より多くのアイデアが得られる。お客様の好きなもの、愛しているもの、嫌いなもの、「これがあったらいいのに」と商品やサービスに望むものを教えてもらえれば、それらは全てインスピレーションになる。お客様とのコミュニケーションはいわば、自分にとっての研究開発の場なのだ。

質問：既存のお客様にニーズがありそうだが、まだ直接、具体的には要望として挙がっていないものは何か？

2．自分の商品やサービスをお客様にうまく使ってもらう方法を発明する

弁護士やコーチや車の営業担当者として優秀であるということと、クライアントが商品やサービスをうまく使えているかにきちんと気を配ることは、全くもって別である。ほとんどの売り手やメーカーや営業担当者は「もちろん気にかけている」と言うが、本当にできている人はそういない。せいぜい、その年の売上が前の年の数字に比べて恐ろしいほど落ち込む、なんてことがあって初めて気にしだす程度だろう。**お客様が商品やサービスからどれくらい便益を得られているかを本当に気にかけていれば、より多くの価値を実感してもらえる方法を考えようとするはずだ。**そうすると、お客様からの信頼は厚くなる。あるいは、もっと買おうという気

になってくれる。もしかするとその両方かもしれない。

質問：お客様に自分の商品やサービスを使いこなしてもらおうと本当に思っているのなら、それをどうやって形で示すか？

3．他の人に教えることによってより賢くなる

小説家ジョン・バースの作品『酔いどれ草の仲買人』（集英社）に、好きな場面がある。登場人物の一人が、別の登場人物に、自分がまだ学んでいないことを教えることほど難しいことはない、なぜなら「自分がすでに知っていることはばかでも教えられるからな！」と言う一節だ。

自分の技能を全て一人で身につけなくてはならないとは思わないことだ。それだとあまりに大変すぎる。**自分が知っていることを、その分野に後から入ってきた人に教えてやることが、技能を極めるための近道だ。**するとと、教わった人は質問をしてくれるだろうから、それで自分もまたさらに学ぼうという気になり、進歩につながっていく。周りに賢い生徒を置くことで、自分の技能を極めていくことができるのだ。

質問：自分の仕事の分野に新たに入ってきた人から、どんなことを学べるだろう？

4.自分がやっていることの一部を無料で公開する

こうすると、今の顧客基盤よりももっと大きなマーケットに訴えかける、という観点で物事を考えるようになる。例えば、**自分がやっていること、持っているものの一端を何万人もの人に提供できたらどうなるだろう。どんな風にやれば良いか。それによって恩恵を受けられる人はどんな人だろう。**

前に、押し売り型のマーケティング手法と比べたときのキャピラリー（毛細管）システムの利点について考えた。自分の仕事や知識を提供するのをもったいぶるのに慣れてしまっている人もいるかもしれないが、無料でそれらを提供しても自分のポジションを揺るがさずにいられる方法がきっとある、という気付きを持つことが一つのポイントだ。それどころか、今すぐ自分の価値を少し上げることができるし、時間が経てばその上がり幅はもっと大きくなる。

「ＣｏａｃｈＵ」でも、この教訓をずっと心掛けてやってきた。おかげで、受講希望者から直近の二週間のうちに受けた問い合わせは、最初の二年間で受けた数字を上回っている。自分の知識を無償で公開すれば、アプローチしてもらいやすくなるし、どんなことをやっているのかも知ってもらい、ひいてはクライアントにもなってもらいやすくなるだろう。さらに、こうしてあらかじめ知識をつけておいてくれたクライアントほどありがたいものはないのである。

5．自分が携わる産業や分野で、何か一つレベルを底上げする

自分自身はもちろん、自分が携わる産業や、職業人としての自分の評判をも向上させることができる方法が一つある。それは、**自分の商品やサービスを構成する要素の中で、少しでも改善すれば全体を大きく進歩させることにつながる部分を見つけ出すことだ。**

一人の人がこれをするたびに、ある産業や分野のレベルが上がっていく。そこまでのレベルに技能が達していない人は、流れに呑まれてしまうか、振り落とされるかのどちらかである。世間はこうした技術の進歩を歓迎し、技能を極めている人はその恩恵にあずかることができる。自分もそちら側に入って、決して振り落とされることがないようにしよう（仕事を変えたいというのが本音である場合は別だが）。

質問：仕事において、同業者の中でも自分を際立たせることができるような、レベルの底上げにつながるものは何だろう。

6．自分の商品やサービスを提供する際の、感情面や時間面のコストを下げる

自分の技能を極めるための時間とスペースを持とうと思ったら、商品やサービスを提供する過程をどこかでシンプルにしたり、効率化したり、自動化したりする方法を考えなくてはならないだろう。

もちろん、これができるだけでもあなたの魅力は今すぐに増す。そして、その結

果として自分の技能も極めていくことができれば、あなたの魅力は将来に向かってどんどん高まっていくのだ。

質問：自分が仕事としてやっていることの中に、お客様にとっては必要がなかったり、時間がかかったり、感情面で負担になったりするような部分はあるだろうか。

7．自分の商品やサービスの需要を増やす

自分が提供するものに対する需要を増やすということは、**自分が提供するものをお客様がもっと買いたくなる理由を増やすということだ。**ここにフォーカスすれば、自分の仕事の質も上がっていく。なぜなら、既存のお客様だけでなく、潜在的なお客様の立場で物事を考え、どんな特徴や便益があればお客様は反応してくれるだろうか、と想像するようになるからだ。こうなると、自分の商品やサービスそのものの質の向上にもつながっていく。

質問：ほとんどの人が人生で望んでいることを一つ挙げるとすると、何だろう。それと自分の商品やサービスをどうやったらつなげることができるだろう。

8．自分の商品やサービスを、他の人気商品やサービスと統合する

今日では、その商品だけで完結する、というようなものを人が買うことはほとんどない。大

抵は他の商品やサービスと一緒に使うようになっていたり、性能を上げるツールになっていたりする。

どんな商品やサービスも、単独で成り立っているものはない――皆、ネットワークの一部を構成する要素になっている。例えば、車やバイク、音楽機器、ステレオ、カメラには、それぞれ買った後でも価値を上げられるようなカスタム商品が出ている。実際に使い勝手を向上させるものもあれば、単にイメージアップを狙ったものもある。そしてもちろん、ハードウェアとソフトウェアの間には互恵関係があるものだ。例えば、ハリウッドが良い映画を作れば、観客動員数は増え、映画館が建てられ、そこにさらなる雇用が生まれる。ソフトウェアメーカーが魅力的なコンピュータ・アプリケーションを作り、それが処理能力の面でより「馬力」を必要とするものであれば、コンピュータのメーカーもより計算が速く、賢いマシンを開発するようになる。その逆もまた然り、だ。

質問：人がたくさん使う商品やサービスの中で、自分の商品やサービスとつなげられそうなものは何だろう。

9.自分が携わる産業の中でも、最も優秀で先見の明がある人と触れ合う

どんな分野にも、先見の明がある人はいるものだ。自分のスキルを向上させ、極めていく最速の方法の一つが、こうした優秀な人と何らかの方法でつながることである。

私の場合は、「ワイアード」誌を読み、トレーニングや自己啓発、インターネット産業の分野の中で超優秀な人のメールマガジンをいくつか購読している。こうしたリソースをきっかけにして、何人かの才気溢れた人々とも交流を持っている。私が質問すれば、皆喜んで答えてくれる。私のほうも、もらった答えをベースに、一人では思いつきもしなかったであろう方法でどんどん思考を広げていくことができる。

これは単純なネットワーキング活動ではない。意図的に対象を絞っているのだ。超優秀な人たちのメールマガジンを購読したり、サービスのバーター取引をしたりすることによって相手をサポートすれば、こうした人たちから自分も具体的なヒントをもらえる。それだけでなく、自分との交流を通じて、相手のほうでもその先見の明を活かし、その分野でまだ知られていないことを探索していくことができるのだ。

質問：自分が携わっている分野で思いつく、最も優秀で先見の明がある人は誰だろう。その人にどうやったらアクセスできるだろうか。その人はメールマガジンを配信しているだろうか。

10. 新しい技能を作り出す

ちょっとずるいかもしれないが、間違いなく勝てる方法がこれである！

お客様の層を見てみても、学歴が高く、要求が厳しくて、専門性の高い人が増えてきている。これに応えるために、新しい仕事や技能が絶え間なく生まれてきている状況だ。だから自分も心配せずに、**全く新しい商品やサービスを作り出して、新しい名前を付けてしまえばいい。何事も、過去のものをどこかしら下敷きに、うまく活かすことで生まれている。**例えば、映画は舞台演劇のコンセプトから派生したものだし、今でも舞台でのヒット作をコンテンツとして使っている。テレビはその映画のコンセプトから派生したものだが、やはりこちらも映画をコンテンツとして利用している。

既存の商品やアイデアの一部を活かして、それぞれの要素をクリエイティブに組み合わせる。そして、既存の商品やサービスではこれまでアプローチできなかった市場に、うまく入り込んでいくことだ。

こうして事業はできていく。パーソナル・コーチングも同じ道を辿って生まれ、ここまで繁栄してきたのである。

ステップ 26

真実を認め、真実を伝える

Recognize and Tell the Truth

真実は何よりも魅力的なものだが、
それにはスキルと自覚が必要である

真実以上のことを語れば、
うるさくなる。

——ロバート・フロスト（詩人）

真実を語るスキルをきちんと身につけようと思うと、数年はかかる。なぜなら、真実を語るということは、必ずしも自然にできることではないからだ。マーク・トウェインは、国会議員のことを指して、「絶対にそのほうが有利であるという理由がある限りは」嘘をつかない人種である、と見事に述べている。私たちにもどこかしら、役に立つときだけ正直になる、というような傾向があるだろう。力、変わりやすさ、正しく扱うために必要なスキル——真実はたくさんのものをはらんでいる、というところが、その難しさの理由の一端なのかもしれない。

真実の絶妙さと完全性。これを認識しようと思うと、強い自覚と感受性、それに加えて豊富な語彙《ごい》力（自分が見たり感じたりしたものを正確に表現する力）、そして、真実を「受け入れる」ことができるだけの余裕がなくてはならない。

真実をそもそも知らない、という場合は別にして、真実を話すことの妨げになるものは、それがもたらす結果への恐れである。言い換えると、生き残るための本能だ。だから、真実を語るということは、単に誠実であるというだけの問題ではない。人は極限の状態に立たされると、自分の財産を守るためには嘘をつかなくてはという気持ちになる。真実を語るとは、その恐れを乗り越えられるような環境を自分のために作る、ということでもあるのだ。

ニュアンスの違い

真実（TRUTH）VS. 正確性（ACCURACY）――「真実」を証明するためには、多くの人が正しいと認める手法が使われるが、これを担保するのが「正確性」である。しかし、真実は時として、標準的な手法ではそもそも証明することができないものである。

真実（TRUTH）VS. 事実（FACT）――「真実」とは、自分にとってそうであるものである。「事実」とは他の人にも証明できるものである。真実とは極めて個人的なものであって、従来的な感覚では証明することができない。

真実（TRUTH）VS. 定説（DOGMA）――「真実」は変化し進化していく。「定説」は、ある時点では真実だったものがそのまま型に押し込められ、今となってはもはや真実ではなかったり、無関係になっていたりするものである。

進化（EVOLVE）VS. 成長（GROW）――「進化」とは、突然変異によって変化することである。「成長」とは、今の自分をより強く、より良く、より確かなものにしていくことである。進化も成長も、どちらも素晴らしい。

統合性（INTEGRITY）VS. 誠実さ（HONESTY）――「統合性」とは、自分を一体として完全なものにするために最も良いと思うことを為すことである。「誠実」であるとは、真実を語ることである。誠実さがあれば、人間としての統合性を高めることにつながるが、統合性という観点には、単に真実を語ること以上のものが関係してくる。

区別（DISTINCTION）vs. 定義（DEFINITION）——「区別」とは、一見似ている言葉を比較する中で明らかになってくる微妙な違いのことである。「定義」とは、その言葉が何を表わすかを明らかに記述したもののことである。

区別（DISTINCTION）vs. 語彙（VOCABULARY）——「区別」とは、「語彙」が集まることでできるものである。別のもの同士を区別するためには、そこにある微妙な差が分かるだけの敏感さと認識力を備えていなければならない。豊かな語彙を身につけることは、違いに気付くための第一歩としては上々である。違いが分かれば、教養が深まっていくだけでなく、進化することができる。だからこそ、違いを言葉で覚えようとするのではなく、きちんと体感することが必要なのである。

この法則が身につくと……

- ✓ たとえ重大な結果につながってしまうとしても、真実を語ることを進んで選ぶようになる。つまり、自分のゴールや目的やニーズよりも、真実を大事にできるようになる。
- ✓ より早く、自分や他人の誤りに気付くことができるようになる。
- ✓ 古いアイデアや凝り固まった考えにしがみつく必要がなくなるので、より創造的に物事を考えられるようになる。
- ✓ 問題を解決するのが速くなる。真実を把握すれば、その結果のコストがどれだけかかるかも分かるので、ネガティブな影響をできるだけ小さくしようとするようになる。

✓ 単なる事実以上のものをつかもうとするので、どんな状況でも、新しくて微妙な違いに気付くことができるようになる。

真実を認め、真実を伝えるための10の方法

1．真実に気付く能力を曇らせるものを減らす

真実は、それに自分が気付かない限り言葉で伝えることもできない。**もし神経が興奮した状態になっていたり、仕事でストレスにまみれていたり、喫煙、飲酒、薬などの影響を受けていると、その時その瞬間における真実や、今後真実になっていくであろうものを身体の感覚で察知しようとしても難しい。**認識したときには、すでにどこかへ過ぎ去ってしまっているのだ。そうなると、常に大事な転換点からは立ち遅れてしまうことになる。

ややこしい話だが、人が神経を高ぶらせるようなことをしたり、精神を取り乱すような薬を使ったりしてしまうのは、そうすると「より生きている」感じがするからなのだそうだ。哀しいことに、こういう人は、ほんのわずかな時間だけ感覚が鋭敏になるのと引き換えに、ずっと長い時間を精神がもやに包まれたようになって過ごしてしまう。言い換えると、鋭いカミソリ

の刃の上で一瞬バランスを取るような感覚で、少しだけヒリヒリと気分が高揚しても、それ以外の時間はずっと脳の一部が死んでいるようなものなのだ。こうなってしまう理由は、彼らが生きている現実の人生のほうに、そこまでの活力が感じられないからだろう。

大波に翻弄されていると「生きている」ような感じがするかもしれない。だが、その波をサーフィンの要領で華麗に捕まえて、その波と自分の持てる可能性を最大限に活用して乗りこなしていくほうが、ずっと素晴らしい体験である。もちろんそのためには、丈夫なサーフボードも、波がどこで崩れるかを見極める勘も、波が最高潮に達する絶妙なタイミングも、さらには優れたバランス感覚も必要だ。だがそれがあれば、どんな喫煙者や酔っ払いや仕事人間や中毒患者よりも、ずっと面白くて充実した経験ができるのだ。真実を受け入れ、それをきちんと伝えるスキルを持てば、これと全く同じ気持ちが味わえる。自分を目の前の現実から上の空にしてしまうようなものからは、決して本当の意味での充足感は得られないだろう。

2. 正確な語彙力がなければ、真実を認識して伝えることはできないと心得る

真実は極めて矛盾に満ちたものであることが多く、ほぼ常に何かしら重要なニュアンスに満ちている。**見たり聞いたり感じたりした感覚を完全に表現するためには、ほとんどの人が語彙をもっと増やす必要があるだろう。**また、物事の間にある重要な違いを知ることも大きな助けになる。本書の各章の初めのほうに書かれている「ニュアンスの違い」のような要領だ。似て

いるけれども違う言葉同士を並べて見てみれば、真実を知覚する感覚が刺激されるのが分かるだろう。

3.単に誠実な人ではなく、人間的な統合性を備えた人になる

真実を語るプロセスの要件を並べてカーブで表わすなら、**誠実であるということは、ちょうどそのカーブの曲がり始めくらいのところのポイントでしかない。その次に率直さが来て、公平性が続き、それから統合性がやって来る。**

統合性を備えた人になるには、自分自身の中にある統合性だけでなく、他の人や、ある状況や、人生そのものの中にある統合性をも理解し、尊重できなくてはならない。そして、自分の言動がもたらす影響は、自分と目の前の相手だけでなく、人生そのものにも及ぶのだという真実を認め、その真実に従って生きなくてはならない。かなり前のステップ(ステップ6)で、他人に重大な影響を与えることについて話したが、そこからさらに踏み込むなら、**私たちは「常に」他人に重大な影響を与えているのだと自覚することだ。**どうせなら、自分らしいスタイルで、いつもさらりとポジティブな影響を与えられる人になろう。

4.真実(少なくとも真実に対する感じ方)は進化していくものだと理解する

真実は定説ではない。人類が進化していくように、真実もまた進化していく。一〇〇年前の人にとっては真実だったことが、今日では当てはまらないこともある。このことを理解するのに抵抗がある人もいるようだ。だが、一つだけでも例を挙げると、ガリレオが発見した真実に対して、自分たちの誤りを認めるのに何世紀もの時を要した人々もいるのだ。自分たちが考える宇宙の仕組みが意味をなさなくなってしまうのは認めがたかった、というのがその理由である。

真実が進化していく性質を持つ、ということを軽視するものは、何も宗教だけではない。政府はほぼ毎日のようにそうした姿を露呈しているし、企業も、学校も、科学者たちも同じである。私たちが「真実」だと思っているものは、実はナポレオンが言うところの歴史に似ているところがある。つまり、「勝者によって合意された嘘」である、ということだ。別の言い方をすると、**真実とは——少なくともある程度は——社会によって「構築された」現象のことなのだ。**人が全知全能の神の域に手が届くにはまだまだ時間がかかりそうなので、「真実」が時代とともに変わるという風潮はこれからも続くだろう。

こうしてみると、真実に対して斜に構えたくなるかもしれないが、それではこの難題に対する答えになっているとは言えない。**自分にとっての真実とは何かを見いだす力、そしてその変化を常に感じ取って対処していくための力をつけること。**これが正しい答えである。

5. 真実は徐々に明らかになっていくものだと心得る

これは、真実が進化していくものだと述べた第4項と似ている。だが、ここで強調したいのは、ある人が物事をはっきり見たり感じたりすることができるようになると、真実もより明確に見えるようになっていく、ということだ。ちょうど、だんだんと霧が晴れていくにつれて、谷底の様子が見通しやすくなっていくようなイメージである。**最初にちらっとだけ認識した真実の一端にしがみつかないことだ。**オープンに構えて、次に「谷底」に見えてくるものにきちんと気付けるようにしよう。

インドとポルトガルに縁を持つ修道士、故アントニー・デ・メロが、こんな物語を書いている。ある日、悪魔とその友人が、二人の存在に気付いていない人間の男の後ろを、慎重に距離を取って歩いていた。男は急に立ち止まり、何かを拾って喜ぶと、大事にそれを持って行った。

「あれは何だ？」悪魔の友人が聞いた。

「あの男は真実を見つけたんだよ」と悪魔が答えた。

「君、怖くないのかい？」

「いいや」悪魔は言った。「すぐに思い込みになるだろうからね」

ここでの教訓は、真実を自分の中に持っておくときは、夢を抱くときのように軽く持っていよう、ということだ。握りしめてしまうと、いつの間にかそこから大事なものが絞り出されてしまう。自分の認識力が高まるにつれて夢の形も進化していくし、真実もまた同じである。だが、一方の思い込みは「定説」という形に凝り固まってしまいやすいのだ。

6．余裕がなければ、真実を語ることはできないと心得る

生存本能はさまざまな形で表われるが、それは真実よりも切実で、より差し迫ったものである。実際、**真実は自分を「殺し」てしまいかねない。**どういうことかというと、あなたが真実だと気付いたものをきちんと認めて、自分の中心に据えようとすると、それはつまりリスクを取るということに他ならないのだ。**その真実を自分が語り始めたら、一体どんな結果になるか、決して分からないからである。**

たとえその真実がどんなに素晴らしいものであっても、誰もがそれを正面から語り、それをもとに世界の見方を構築し直すことを完全に受け入れられるわけではない。もちろん、真実を語ることはそれだけでも価値がある。それでも、そこからもたらされる予期せぬ影響には備えておかなくてはならないのだ。だからこそ、**スーパーリザーブを構築しておくこと**は、ここでもやはり重要なのである。

7．真実に特別興味を示す人ばかりではないと心得る

真実を認識して、それに自分の世界観を一〇〇%合わせることに、それほど熱心にはなれな

いという人が実際にはほとんどなのではないかと思う。そうしてしまうと、現状を大きく揺るがすことになるかもしれないし、自分のニーズを満たす源泉となっているものを失うことになるかもしれないからである。

真実は自分を自由にしてくれるが、その自由には大抵代償がつきものだ。あるとき、「真実は確かに自由をもたらすかもしれない。でも、その前にしゃくに障《さわ》るんだよ！」と言った人がいた。真実にともなう代償を考えると、ほとんどの人は現状のままで満足していようとするだろう。

とすると、ここでの「真実」として一つ言えることは、あなたが誠実であろうとすればするほど、その真実によって突き付けられる代償を払いたがらない人もいるということだ。こういう人の前で正直になっても、それを喜んで受け止めてくれることは期待しないほうがいい。自分の聴衆を知る——つまり、**自分が話す相手のレベルを見極めよう。**手厳しいようだが、聖書にも「豚に真珠」の教えが書かれているとおりである。

8.真実にただ気付くだけでよいこともある、と心得る

「真実はあなたを自由にする」ということが本当に意義を持つのはこの場面である。真実に気付いて、ひとたびそれを口にしてしまえば、あとはもう何もしなくていい、ということもあるのだ。私の経験上、**現われてきた真実に気付いてそれを口にすると、身体のほうが自然とその**

真実に合わせて自分を変えようとするのである。そこには頑張りも意志の力もいっさい必要ない。言霊《ことだま》の力が働くのである。

一度真実に気付いたら、身体と魂がそれを求めずにはいられなくなるのだ、とも言えるだろう。自然に引き寄せられていく力に委ねていれば、自分で無理に変わろうとする必要もないし、自分の信念体系を意識的に変えようとする必要もない。真実のほうが、自分を勝手に進化させてくれる。真実はそれほど強力なものなのだ！　あとはただその強さを信じて、自分が変わっていくのをじっくり待っていればいいのである。

9．真実が自分を圧倒的に魅力的にすると心得る

全二八個の「魅力の法則」の中でも、**真実を語ることは自分に最も大きな変化をもたらすものである。**いくら私たちが真実を恐れてバリアを張ろうとしても、心や魂にとっては真実は酸素のようなものだ。真実を尊ぶようになるということは、魂の観点から言えば、まるで吸いづらかった空気が、一気に肺の中に流れ込むようになるようなものなのである。

自分のスキルと余裕を強化すればするほど、このように「深呼吸」をするのも楽になっていくだろう。

10.絶対的な真実を探し求めるのをやめる

真実は「どこかにある」のではない。**自分の周りや、自分の中にあるものだ。そして不動の存在ではなく、相対的なものである。**

「自分にとっての」真実とは何か——それこそが最も大切な真実である。それを見いだすために「魅力のOS」を補助的なツールとして使えば、きっと役に立つだろう。自分にとっての真実は、世間一般での真実とされていることよりも、ずっと「真実味」に満ちたものなのである。

自分が見たり聞いたり感じたりしたものを信じよう。「絶対的な真実」などというものを信じないこと。そんなものはどこにもないのだから。

ステップ 27

ビジョンを持つ

Have a Vision

これからやって来るものが見えていれば、未来を創る必要はない

愛とインスピレーションがあれば
うまくいかないことなんてないわ。
——エラ・フィッツジェラルド（ジャズ・シンガー）

完璧で偉大なるものの中に溶け込むこと。
それこそが幸福。
——ウィラ・キャザー（作家）

「ビジョンを持つ」というと、何だか途方もないことのように聞こえるかもしれない。だが、恐れる必要はない。**ビジョンは非常に実用的なものだ。ありのままの自分でいれば、その延長線上に自然と立ち現われてくるのがビジョンである。**

この章の「10の方法」で、ビジョンとは何か、どういう仕組みか、いかに簡単に見つかるものか、見つかったらどうすればいいかを説明していく。明確なビジョンの例としては、マイクロソフトがかつて「全ての机と全ての家庭にコンピュータを。マイクロソフトのソフトウェアとともに」と打ち出していたのが分かりやすい（表現は少し変えている）。

たとえ今すぐに、あるいはこのステップの内容を吸収しようと頑張ってみた後でも、自分のビジョンがはっきりと言葉にならなくても心配は要らない。きっといつかそうなると信じて、自然にやって来るのに任せることが大事だと理解すれば、そう遠くないうちにビジョンは立ち現われてくる。そして、時間が経つにつれてその姿も進化していくだろう。それをただ受け入れればいいのである。

ニュアンスの違い

ビジョン（VISION）VS. 目的（PURPOSE）——「ビジョン」とは、自分にも、そしておそらく他人にもはっきりと見えるものである。自分自身を表わしているわけではないし、生きる理由ともまた違う。単純に、明らかにそうなるのだと見えるもののことである。それに向かって進んでいってもいいし、遠くから眺めているだけでもいい。ビジョンには強い引力があるが、強制的なものではない。これに対して、「目的」とは個人的なものである。自分を導き、定義し、特定するものだ。目的は過去に根差したものであることが多いので、時として重荷や障害になることもある。

ビジョン（VISION）VS.ゴール（GOAL）――「ビジョン」とは、自分が働きかけるか否かにかかわらず、高い確率でやって来るように見えるもののことである。「ゴール」は、自分自身が達成すべきものとして位置付けたものである。

この法則が身につくと……

- ✓ 現在のトレンドに気付き、未来がどうなるかを簡単に見通すことができる。
- ✓ 人生の目的を探すための読書をしなくなる。
- ✓ これまでの人生が用意してきてくれたもののおかげでビジョンを広げられたことに気付き、人生は完璧にできていると思うようになる。この考え方によって、これまでの人生で起きたことを心から受け入れられるようになる。
- ✓ 未来にやって来るものが見えるようになるので、将来への不安が小さくなる。
- ✓ ゴールや目標、叶いそうもない夢を追いかけるのをやめる。

✓人生に意味を与えなくては、という気持ちがなくなる。人生の意味はすでにそこにあることに気付く。

ビジョンを持つための10の方法

1．社会やビジネスや自分に影響を与えているトレンドを知る

ビジョンとは、ある意味では未来に関するものだ。しかし本来は、それ以上に現在に関係するものである。**「今日」何が起きているか、というところがビジョンの出発点だ。むしろ、現在に根差すビジョンこそ、一番明確で素晴らしいものだと言ってもいい。**

つまりは、**今の世の中の状況、トレンドや出来事を捉えて認識し、そこから「推定」していくだけでいい。**例えば、社会がある分野で進歩しつつあるということに気付き、その背後にある力が今後も存在するだろうという感触があったとしよう。そうなると、その影響が世界全体に広がるか、何かしら「完了」と言えるところに到達するまで、その進歩の傾向はこれからも続いていく、というビジョンが簡単に「見えて」くるだろう（先に紹介したマイクロソフトのビジョンを考えてみれば、私の言いたいことが分かるはずだ。あれも推定ではあるが、データで裏付けを取ることもできる）。

2. 先見の明がある人たちと交流を持つ

ビジョンを持つことと、先見の明があることとは別である。先見の明がある人は、一つどころではなく、数多くの物事を見て、それらの変化を支配している力学を見いだすことができる。ここで言っているのは、水晶玉をのぞき込む人ではない。**新しい情報を見つけたら素早く貪欲に吸収し、そうした多数の情報を利用して、起こりそうな未来を見通すことができる、特別な才能を持つ人のことである。**

こうした人たちと一緒に過ごしていると、**彼らのスキルと抽象的な思考能力が自分のスキルと思考能力をも刺激し、またビジョンを研ぎ澄ませてくれるのだ。**

残念なことに、どこかにフリーダイヤルをかければこうした人にアクセスできる、というようなものでもない。だが、思考力を大いに刺激されるような雑誌や本、インターネット上のサイトをいろいろと探してみるといいだろう。自分が尊敬する人に、その人が尊敬する人は誰か？　と聞いてみるのもいい。

3. 現在のトレンドをつかんで、そこからビジョンを推定する

自分の仕事の分野や、日々の中において、現在どんなトレンドが見られるだろう。コンピュータやインターネットはもはや言うまでもない。教育の分野では、アートとは単に装飾を扱う

ものではなく、文化それ自体と同じくらいの歴史があり、思想や感情やビジョンを伝えるために生み出されたものだ、という認識が芽生えてきている。

小売業界はどうだろう？　そこに内在するトレンドは何か。自動車工学の世界ではどうだろう。

分野を一つ選んで、そこに息づくトレンドを発見したら、「この傾向があと一五年続いたら、この産業はどんな姿になるだろう。社会の状況は？　商品や市場や人口は？」と自問自答してみよう。

ビジョンは必ずしも正確でなくてもいいからこそ、このプロセスは面白い。ビジョンは、予言でもなければ約束でもない。今自分に見えているものから、自分が見るもの、というだけである。ビジョンはインスピレーションを与えてくれる。そして、今すでに自分が興味を持っているあらゆることに対して、さらに深掘りしていく「許可」をくれるのである。

4.ビジョンを追いかけるのをやめる

ビジョンを持つことは恰好いいことだと思われている。つまり、ビジョンを持つことは大事だと思っている人が多いということだ。だが、**ビジョンは大抵の場合、自分の人生を生きたり、仕事に打ち込んだりする中で自然に見つかるのが最も良いのであって、目を皿のようにして探すものではない。**

ビジョンを獲得することはできない。しかし、身の回りですでに起こっていることに気付き、自分の中に湧き起こる感覚を捉え、それらを組み合わせてビジョンを導き出せばいい。ビジョンは探し求めて見つかるものというよりはむしろ、自然なプロセスの中で副産物として明らかになってくるものなのだ。

5．人生の目的や意義、コミットメント、ミッションといった概念を捨てる

人生の目的や意義、コミットメントやミッションといったものを明確に持つ――このことの価値を裏付けるような主張をするのは可能だし、どれも確かに価値があるものだということは認めよう。だが、**これらは必須のものではない。それどころか、妨げになってしまうこともある。**なぜなら、**これらはいずれも未来に根差しており、未来に結果を求める類のものだからである。**

私はこれらを**「造られた」現実**、あるいは**「造られた」未来**と呼んでいる。自分が何者なのかをはっきりさせて安心したい人たちが、解釈などの思考をこねくり回して造ったものなのだ。だから、人生の誘導灯ではなく、足元をすくう罠《わな》になってしまう可能性もある。

私の尊敬する人が、かつてこう言ってくれた。**「トマス、人生の目的なんて、素晴らしい人間になる、というだけでいいんだよ。他のことは忘れて、ただ自分らしくありなさい。それで十分だ」。**この言葉は、きっとあなたにも当てはまるだろうと確信している。

6.ビジョンを明確にし、その実現可能性を高めるためにゴールを利用する

私に見えているビジョンは、いつか全ての人が、自分の求めるものを手に入れるために必要な言語力（＝語彙＋認識力）を身につけることができる、というものだ。世界はすでにこの方向に向かいつつある、ということが私にははっきりと見えている。今はまだ一％ほどしか進んでいなくても、いつかは世界中でこうした姿が実現されるだろうと思っている。

このビジョンを信じよう、とも特に思っていない。**当たり前に推定される未来だと思っているからだ。**それでも、**ビジョンを加速するためにどんなことができるだろう、と考えるのはとても楽しい。**例えば、コンピュータ産業に携わる人たちは、胸をわくわく躍らせながら新しいOSやアプリケーションを開発している。人々はそこに魅力を感じ、コンピュータがますます家庭や職場に普及していく――私のビジョンも、そんな風にして実現されていけばいいなと思う。

7.ビジョンから活力ではなくインスピレーションを受け取るような生き方をする

これは少しややこしい。活力を与えるということは普通であれば良いことだが、ことビジョンに関して言うとそうではない。なぜなら、自分に活力が湧いてくるかどうかが、自分のビジョンが発展していくかどうかに依存してしまうことになりかねないからだ。

ビジョンにまつわるストレスを減らそう。ただそれが「ある」ということに満足して、その時々でインスピレーションを受け取ればいい。活力はビジョンにまつわる仕事から得ようとするのではなく、人との関わりの中で養おう。この二つでは、人間らしい体験ができる幅に大きな差が出てくるだろう。

8.自分の成長と自覚に任せてビジョンを進化させる

私が自分のビジョンにフォーカスするのは、数カ月に一度だけである。ちょっと「チェックイン」してみて、自分がやっていることと少々照らし合わせるくらいのものだ。これ以上の頻度は必要ないと思っている。なぜなら、ビジョンがはっきりしているので、自分の行動も、どんな仕事をやればいいかも当然に導かれているからである。

ビジョンが明確であれば、自分のもとにやって来る仕事やアイデアは勝手に「フィルタリング」される。自分のビジョンと直接関係のないようなアイデアを抱えていることはめったにない。だから私は、ひっきりなしにビジョンを物差しにして自分を神経質に測ることなく、思う存分リラックスして、自分らしく楽しみ、学び、自分を大きく成長させていくことができるのだ。

そしてこれが、次の第9項につながっていく……。

9. 自分のビジョンとアイデンティティを混同しない

私がいて、それから私のビジョンがある。同じように、**あなたがいて、あなたのビジョンがある。**

ビジョンのほうを先に置いてしまえば、この二つは混ぜこぜになってしまう。すると、自分の人生や自尊心、成功やアイデンティティも、ビジョンがうまく成就するかどうかに依存してしまうようになるのだ。

こうなってしまうと良くない。あなたの魅力は失われてしまう。同じように自分自身とビジョンを混同してしまっている人とは惹き合うかもしれない。だがそういう人は、自信もビジョンもアイデンティティもなくて、何かつかまれるものを求めるあまり、人生そのものを置き去りにしてしまっているだけだ。

ビジョンを自分にとっての満たすべきニーズにしてしまうのは、極めて危険である。だから私は再三にわたって、**ビジョンは必須のものではなく、無理に探し求めようとしなくてもいい**、ということを強調してきたのだ。ビジョンはあくまでも、人生を精一杯生きる中で健全なオマケとして立ち現われるものであって、人生を精一杯生きるための道具でもなければ、生きる理由でもない。このことを心に留めておこう。

10.ビジョンを自然に進化させる

言い換えると、**自分の(たった一つの)ビジョンに執着してはいけない**、ということだ。自然に進化して育っていくのに任せよう。自分自身もまた変化していくということを思うと、それが当然のあり方だろう。

ビジョンを自分の友達だと思えばいい。その存在をとても身近に感じるときには、その感覚が続く限りそのまま楽しもう。でも、ビジョンに寄りかかってしまってはいけない。ある程度の自由を与えることだ。さもなければ、その成長は止まってしまうだろう。

ステップ 28

ありのまま、人間らしくいる

Be Real, Be Human

人間らしくあるときにこそ、
あなたは魅力的である

人生とは、未だ答えのない問いである。それでも、その問いの重みと大切さを信じるのだ。

——テネシー・ウィリアムズ（劇作家）

欠点がない人の問題点は、大抵はすごくイライラする長所があるということね。

——エリザベス・テイラー（女優）

たとえあなたの人生がめちゃくちゃでも、自分はこんなもんじゃない、と思っていても、**人生で今自分が置かれた立ち位置に誠実に向き合えば、あなたはそのままで魅力的になれる。**自分の人間らしすぎる欠点を認めることで、周りから注目されて悦に入るのではなく、そのままの自分に誠実に向き合っていく、その試み自体を楽しむことだ。

以下のリストには、真に人間らしい人になるための一〇の方法が書かれている。ありのままのリアルな自分でいれば、心ある素晴らしい人たちが自分の周りに集まってきてくれるだろう。なぜなら、いくら私たちが究極的には最高の現実を求めてしまうとしても、今この瞬間に息づく真実こそが魅力的なものであることは揺らがないからだ。

ニュアンスの違い

人間らしさ（HUMANNESS）VS. エゴ（EGO）――「エゴ」とは、自分の中で欠乏を抱えている部分のことである。それでも、自分のリアルな真実の姿であるというだけで、エゴは尊いものだ。「人間らしく」あるためには、自分のエゴを受け入れて包み込み、そんな自分を大らかに許すこと。エゴとは、大人になっていく過程で身につけた、内なる自分を覆い隠す術なのである。このようなエゴとは、健全に付き合えるようになるといいだろう。

本物である（AUTHENTIC）VS. 純粋である（GENUINE）――「純粋」な人は誠

実ではあるが、自分という人間の全ての側面を分かっているわけではない。こういう人が自分に正直になれるのは、自分の中で自覚が持てている部分に関してだけだ。「本物」の自分らしさを備えた人は、自分のほとんど全てを分かっているので、より懐が深く、完全に満たされている。純粋な人よりも、本物の自分らしさを備えた人のほうが、より信頼される。

自然体（NATURALNESS）VS. 気取り（PRETENSE）――「自然体」で振る舞う人は、ただありのままの自分でいる。「気取った」ところがある人は、人に印象付けたいがために、自分以外の人になろうとしている。これを続けようと思うとコストがかかるが、自然体でいればコストはかからない。

成功する（SUCCEED）VS. 躍起になる（STRIVE）――「成功する」とは、躍起になることなく自然に、ある地点まで辿り着くことである。「躍起になる」とは、今の自分がいる場所とは別のどこかへ辿り着く方法を、必死になって追い求めることである。

自分（YOU）VS. 役割（ROLE）――私たちは、母親、父親、上司、オーナー、重役といった、さまざまな「役割」を負っている。自分という人間が「自分」自身によってではなく、人生で負う「役割」によって定義されてしまうと、その役割のほうが人生の舵を握ることになる。役割とは自分を支えてくれるものではあるが、自分の思考の枠を限定してしまうものでもあるのだ。

感じる（FEEL）VS. 探す（SEARCH）――人生の答えや目的を探し求め、自分「探し」をずっと続けている人もいる。当てもない捜索を続けても、コストが高くつくだけで満たされることはめったにない。それより、周りに存在しているものを「感じ」取って、それに対応していくやり方のほうがいい。答えを探し回ろうとしなくても、進化はしていけるものなのだ。

この法則が身につくと……

✓他の人の気取った様子や見栄《みえ》にたくさん気付くようになる。また、他人は自分の投影でもあるので、自分の中のそうした気取りや見栄に溢れた部分も見えるようになる。

✓人間らしさの感覚が鋭敏に養われていく（この意味がよく分からなければ、あなたはある意味非常に人間らしい人ではあるが、まだそれを自分で認めようとしていないということだ）。

✓他人の欠点に反応するのではなく、それを楽しみながら受け入れられるようになる。

✓真に人間らしくあることを楽しめるようになり、他人がそうあることも受け入れられるようになる。

✓自分以外の者になろうとしなくなり、人生が楽になる。

✓自分に嘘をつかなくなるので、自分自身もより楽しいし、他の人から見ても一緒にいて楽しい人になる。

ありのまま、人間らしくいるための10の方法

1．見せかけの自分に別れを告げる

自分のことを、本当の自分とは違う人間――いや、そもそも一生かかってもなれないような人間に、見せかけてはいないだろうか。**見せかけの自分を演じれば、なけなしの自尊心を一瞬盛り上げることができるかもしれないが、大抵は心がやさぐれてしまう。**それが生み出すのは、嘘か不完全な真実のみ。そして、そんな見せかけにだまされるのは、あなた以上に自分を取り繕っているような人たちだけだ。私の好きな格言に「でたらめを言うなら、嘘つき相手に言うのが一番簡単だ」というものがある。やや乱暴な表現かもしれないが、言い得て妙だとは思う。

では、解決策は何か。――**自分が負け犬なら、そう言おう。**自分がばかだと思うなら、そう言おう。たくさんミスをしてしまうなら、そう言おう。お金がないなら、そう言おう。自分で自分が好きになれないなら、そう言おう。余裕を持ってベンツを維持できないなら、売りに出そう。人のありのままを見通せる明晰《めいせき》さを持った人であれば、欠点にかかわらずあなたのことを魅力的だと思ってくれるはずだ。**こうした欠点は、乗り越えようと思えばできる。しかし、どんな形であれ自分を偽ってしまえば、成功という名のコップの中に毒が知らぬ間に混ざってしまう。**この毒を取り除くほうが、ずっと難しいのだ。

2.他の人になろうとするのをやめる

自分に誇りが持てるような人になりたい、という望みは当たり前のものだ。だが、私たちは得てして、自分が憧れたり、自分もこうなれたら良かったのにと羨《うらや》ましく思ったりする人を、具体的な人物像として思い浮かべてしまう。

自分以外の人からインスピレーションを得るのは何ら悪いことではないが、その人のようになろうと躍起になってしまうと、コストが非常にかかる。未来に意識が行きすぎて、現在の中に息づくチャンスが見えなくなってしまうのだ。そうなると、本来の自分になっていくプロセスも持ち越されることになる。また、たとえそうすることで称賛されたとしても、成長は止まってしまう。さらには称賛を多く受けていると、もっともっとと求めるあまり、その人の本来の人間性も抑制されてしまうのだ。

解決策:もし、自分は何者でもないが、本来は何者かであるべきなのではないか、と思っているなら、何者でもない自分に誇りを持とう(何者かになろうとするのは非常にストレスになる)。スタイルがあって功績もある人に憧れるのはいいが、その人の威光にあやかろうとは思わないことだ。**自分の中にはとても特別で価値のある「誰か」がいて、誰もそれをコピーすることはできないのだと自信を持とう。**誰かにどれほど敬服していようとも、自分がその人の焼き増しになることはできないのと同じだ。「○○さんみたいになりたい」というのはスローガンとしてはキャッチーだが、ゴールに据えてしまうと本質を見失い、徒労に終わることになる。

3.スピリチュアルになろうとしすぎない

これは少しややこしい。精神性を高め、よりスピリチュアルになることを目指している人は多いようだが、結局は「いかにエゴをなくすか」という果てしない探求、あるいは競争になってしまっているように思う。

個人的には、**エゴとはとてもスピリチュアルなものであって、それを押しつぶそうとするのは逆にスピリチュアルから遠ざかってしまうことだと感じている。**ここで私が思う「スピリチュアルさ」とは、**つながっていることと軽やかであること**の二つである。

つながりとは、自分自身や周りの環境、現実、真実、そして他の人々と、いかにしっかりと簡単につながれるか、という問題である。

軽やかさとは、いかにたくさん笑って、物事を重く受け止めずにいられるか、という問題である。作家のG・K・チェスタトンが「天使は自分を軽く考えているから飛べる」と言ったのは有名だ。

スピリチュアルになろうと必死になっている多くの人の問題点は、自分のスピリチュアルさをあまりに真剣に重く考え、独りよがりになっているというところにある。その重さが、かえってスピリチュアルさを損なっているのだ。

解決策：生きるとはそれ自体が十分スピリチュアルなことである。自分自身もまた然り。すでにいっぱいになっているコップに、それ以上水を注ごうとしなくていい。**自分が持っている**

ものに目を向け、その豊かさを感じよう。

4. 物事の真実の姿を無理やりポジティブに解釈しようとしない

物事を婉曲《えんきょく》的に言おうとしたり、「前向きな解釈」をしたりするのは、多くの人にとって害になる。例えば、問題だと言うべきところを挑戦だと言う。大失敗だと言うべきところを行き詰まりだと言う。愚かだと言うべきところを善意でしたことだと言ってしまう。これまで述べた二八個の「魅力の法則」の中には「どんな状況においても建設的な人になる」というものもあったため、こんなことを言うと少し混乱してしまうかもしれない。確かに、先ほど「こう言うべき」とした言葉の中には、無条件で建設的な言い方とはかけ離れているものもある。しかし、そもそもその言葉を吐く自分の基盤が、**うわべは良くてもごまかし半分、という状態であれば、本当の意味で建設的になることはできない。**ごまかしをパステル色のリボンでラッピングして聞こえを良くしたものよりも、手厳しい言い方で真実を表現するほうが、本質的には魅力的だ。

「前向きな姿勢」でいたつもりが、いつの間にか「バラ色の眼鏡で見たいものだけを見る」ようになってしまわないように、気を付けなくてはならない。違和感は、自分の身体が教えてくれる。身体はこれまでもずっとサインは出してくれていたのに、そのメッセージの耳の痛さに、自分でブロックしてしまっていた、なんていう可能性も高い。耳に快いことというのは害が大きいものだ。決してどんな状況においても建設的であることと混同してはいけない。**解決策：もし何かが悪いと思ったら、そう言おう。本来の姿よりもマシに見せようなどとしてはいけない。それはもはや、嘘である。**

5．用語でごまかすのをやめる

本物や真実こそ最も魅力的なものである、という考えに賛同してくれるなら、逆に本物でないものは魅力を下げる、ということになるだろう。自己啓発に関わる専門用語は全く魅力的でないものが多いが、それは言葉や意味が作られたものだからだ。こうした用語を多用したがる人は、得てしてそれを簡単な言葉に直すことができないものである。

自分の使った言葉を、誰でも理解できるような簡単な表現に一〇秒以内に置き換えられないようであれば、それは専門用語を使っているということだ。言った本人も、自分がどういう意味で言ったのか、本当には分かっていないということが多い。専門用語を使いたがる人の動機は、何か世の中の動きの一翼を担っているような気になりたいからだろうが、それが効くのは、心が不安定で、目先の限られた利益しか見えていない人たちが相手の場合だけである。

解決策：誰もがすぐ簡単に理解できる、ごくシンプルな言葉を使うこと。

注意したいのが、本書で言う「魅力」もある種の専門用語である、という点だ。コーチングの概念として他の人に教えるのでない限りは使わないようにしよう。別の簡単な表現に直すなら、「人生へのより簡単なアプローチ」とか、もう少し長く言えば「自分の人生をより楽しめるようになるための法則とその実践」とかだろうか。もし、魅力とは何か？　と他の人から聞かれたら、簡単な言葉で説明しよう。今挙げた言葉のどちらを使ってもいいし、自分自身の言葉で語れたらもっといい。

6．ありのままでいることを楽しむ

私は、成功しなければと常にもがいているくらいなら、ずば抜けた大失敗をするほうがいいと思っている。**ありのままでいれば、喜びに満ちた生き方ができる。そのほうが成功すること自体よりもずっと大切だ。**さらに、偽りの自分で生きているよりも、あるときふと気が付けば、常に成功し続けられる自分に進化している可能性も高い。

解決策：「ありのままの自分であることと、成功すること——どちらが自分にとってより重要か？」と自問自答してみよう。そして、ありのままの自分であることと、成功とは、そもそも二者択一の問題ではないということも知っておこう。選ぶべきは、ありのままであることと、成功しようと躍起になること、この二択である。先ほどとの違いが分かるだろうか？

7.純粋でも本物でもない人を避ける

「魅力のＯＳ」の機能をより発揮できるようになればなるほど、人に対する自分のアンテナの精度も上がり、リアルな自分を生きている人とそうでない人をより正確に（かつより早く）見分けられるようになる。要は、自分の感受性が研ぎ澄まされていくということだ。

自分を印象付けようとしたり、何かを補おうとしたりして必死になっている人と一緒に時間を過ごすのは、極めてコストが高いことなのだとすぐに気付くだろう。そうなると、そういう人たちとは自然に距離を置くようになる。

そうするうちに、自分の連絡先リストがどんどん減っていっても驚かないように。世界が小さくなっていっているわけではなく、不要なものが取り除かれていっているだけなのだ。

解決策：自分の人生で関わる人の中で、本物のその人らしく、純粋に生きていない人がいれば挙げてみよう。それから、なぜその人たちが自分の人生に登場してくるのか、その理由を特定しよう（多分、今の自分にとって重要なものであるはずだ）。そうした理由は、自分の貴重な時間をこれからも無駄にしていくのを正当化できるだけのものかどうか、考えてみよう。

8.役割に定義され縛られてしまわず、ただ自分らしくある

これもまた難しい。私たちはほとんど皆、自分で選んだ、あるいは他から割り当てられた役

割によって、自分とは何者かを大いに定義されがちだからだ。子ども、母親、父親、一家の大黒柱、きょうだい、上司、従業員、顧客、業者、プロフェッショナル、教育者、専門家など、一口に言ってもいろいろである。

それでも、こうした**役割そのものは、あなた自身ではない。**自分の担う役割をうまく果たすことで満足感を得るのは、それ自体は悪いことではない。でも、その満足感を自分の生きる理由にしてはいけないのだ。**役割というのは、時にゆっくり、時に唐突に、いずれにしても変わっていくものである。**どんなにうまくその役割をこなせていると思っても、自分のコントロールの及ぶ範囲外のところで左右されてしまうものでもある。そう、まるで「他人」と同じだ。

例えば、ハーマン・メルヴィルの書いた小説『白鯨』（八木敏雄訳、岩波書店など）は、『ハックルベリー・フィンの冒険』（マーク・トウェイン著、千葉茂樹訳、岩波少年文庫など）と並ぶ、最も偉大なアメリカ文学の金字塔だと今日では言われている。だが、出版された当時はあまり売れず、批判も多く寄せられて大失敗だったらしい。メルヴィル自身の役割も、将来を嘱望される文筆家となるはずが、結局しがない税関職員へと一変してしまった。メルヴィルの才能も、彼自身の人としての価値も、生涯何一つ変わりはしなかったのだが、ただ時代のほうが彼の才能に気付くのが遅れた、というだけだったのだ。

役割を精一杯果たそうとするのは罪でも何でもない。だが、自分の自尊心を高めるのを、役割だけに頼らないようにすることだ。

解決策：もし人生に何のルールもなければ、誰になりたい？　自分のままでいたいだろう

か。これはずっと長く考えて取り組む価値がある質問である。じっくり時間をかけて、答えが自然なタイミングで浮かんでくるまで待てばいい。だが、本章冒頭のテネシー・ウィリアムズの言葉のように、その問いの重みと大切さは常に信じていてほしい。

9.自分自身や人生を笑い飛ばせる状態をデフォルトにする

人生のある段階に来ると、どんな自分の要素（強さ、弱さ、習慣、失敗、ＩＱ、「ライフスタイル」、癖、盲点、成功など）に対しても、そして人生自身に対しても、**ほぼ何でも笑い飛ばせるようになるときが来る。**ここまで来ると素晴らしい。どんなに不条理なものに対しても柔軟に対応できるようになるからだ。

このレベルに達しているということは、**自分自身と人生に対して、高い協調関係を保つことができているということだ。**自分でいつでも選択肢を持っていられるように人生をアレンジすることができれば、物事を真剣に捉えすぎる必要もなくなる。

このこと自体は、必死になって目指すべきゴールでも何でもない。こういうレベルに到達できる可能性にオープンであることが大事なのであって、自分を進化させるためのあらゆる行動を取る中で、オマケとして辿り着ける境地なのである。

解決策：知り合いのコンピュータ・プログラマーがメールの署名欄にこんなことを書いていた。「人生はシリアスなものだということを示す証拠は一つもない」。この標語を胸に留めてお

こう。

10.自分がただの人間であるという事実に責任を持つ

ここまで見てきた九個のポイントはいずれも、自分がただの人間であるということや、人生自体のポジティブな面とネガティブな面の両方を受け入れ、楽しむというものだった。自分の抱えるどんな問題も豪快に笑い飛ばせるようになれば、自分の弱さやどんな性向に対しても責任を持つことができるのである。

言い換えると、**自分が失敗を犯してしまって他人に迷惑をかけた場合に、「自分は人間だから」というのは何の言い訳にもならない、ということである。**「人間である」という言い方をすると、人は過ちを犯す傾向がある、という意味にとられがちだが、それは失敗の側面に偏りすぎた定義だと思う。人間である、ということの意味は、失敗を犯す可能性をはらむ存在であるのと同時に、より素晴らしいものへと成長していくことができる存在でもある、ということだと思う。そしてこれは、他者もまた同じような側面を持つものだということを受け入れる、ということでもある。たとえ他者の振る舞いを見て、どんなに疑念を抱きがっかりしようとも、それはもう関係ないことなのだ。

解決策:自分の人間性がどれほど他人に影響を与え、必要な変化をもたらしているかを考えてみよう。そして、他の人が自分に変化をもたらす可能性についても同様に認めよう。

輝く人生を生きるために——四つのステップで進める「輝く人生を生きるプログラム」

輝く＝完璧であること＋自分のスタイルがあること

望むものを何もかも、今すぐ欲しいと思っている人。そしてそのために自分に変化を起こす準備ができている人——。「輝く人生を生きるプログラム」は、そんな人のために作られた、自分のペースで取り組める自己啓発プログラムだ。

このプログラムは、人生における一〇の分野をターゲットにしている。**必ず、本書に出てきた他の自己診断テストを全て完了してから、このプログラムをやってみてほしい。**

専門のトレーニングを受けたコーチのガイドに従って使ってもらうことを想定しているが、自分一人で行なう場合は、極めて精緻《せいち》に、厳格に進めることを留意してほしい。一つずつ、着実にやっていくこと。もしかすると、最初のスコアは一〇点にも満たないかもしれない。でも、心配は無用だ。自分で思っているよりも早く、七〇点、八〇点、もしかすると九〇点以上にも到達できるだろう。一度取り掛かってしまえば、どんどん勢いが出てくるものだ。

輝く人生を生きるプログラム

次の4つのステップで進めていこう。

ステップ1. 各記載の内容に自分が当てはまるかどうか答える。当てはまる場合は、該当欄に印を付けよう。当てはまらなければ、100%イエスと言えるようになるまでは空けておこう。もし記載がそもそも自分のケースに合っておらず、どうあっても該当しようがない、という場合は、「当てはまる」の印を付けておこう（ただし、5つまで）。同じく、5つまでであれば、記載の言葉を自分により合うように調整してくれてもいい。

ステップ2. 各セクションの結果を集計し、1個1点として、記載欄に合計を書き込む。それから、全てのセクションの合計を出して、現時点でのスコアとして書いておこう。

ステップ3. 進捗チャートを塗りつぶす。必ず下から上に塗っていくこと。全ての箱が塗りつぶされることがゴールだ。

ステップ4. 全てのボックスが塗りつぶされるまで続けよう。3カ月ごとに進捗をチェックしていこう。

1. 自分の身体を完璧にする10のポイント

- □ 髪は、自分が一番好きな色、形、スタイル、カットに整えられている。
- □ 肌には張りがあり、透明感があって内側から輝いている。
- □ 瞳の色は気に入っており、目に輝きがある。
- □ 自分の身体のパフォーマンスが一番上がる食べ物しか食べない。
- □ 新鮮で栄養があり健康的なものしか食べない。
- □ 手と足の爪は見た目が良く健康的である。
- □ 姿勢が良く、背筋をピンと伸ばして颯爽《さっそう》と歩く。
- □ 立ったときの姿勢はしっかりと安定していて、柔軟性もある。
- □ 実年齢よりも10歳は若々しい。老いるスピードが遅い。
- □ 自分もパートナーも満足できる理想的なセックスができている。

該当した数 ⋯⟶ （最大 *10* 点）

2. 自分の精神を完璧にする10のポイント

- □ あらゆるものや人に美しさを見いだせる。
- □ 自分が話すよりも人の話を聞く。
- □ 調子を崩すことがあまりない。
- □ 自分の魂とつながり、エネルギーを得ることができる。
- □ 自分の周囲で何かが壊れたりはしていない。
- □ このプログラムで苦労せずに100点を取れるようになると思っている。
- □ 声を荒らげることは決してない。
- □ 歩いていると、あらゆるものへの感謝の気持ちが溢れ出すことがある。
- □ 概念やアイデアをブロックせず、すんなり受け入れることができる。
- □ 他の人と深いところでつながっている感覚がある。

該当した数 ⋯→　　　（最大 *10* 点）

3. 自分の心を完璧にする10のポイント

- □ 寝ているときに見る夢は幸せで楽しい気持ちになるものばかりだ。
- □ 友達は皆、いつでも素晴らしい気持ちにさせてくれる人ばかりである。
- □ ネガティブな思考は抱えていない。
- □ 自分の感情面でのニーズは常に満たすべくケアしている。
- □ 心配や不安や問題はほとんど抱えていない。
- □ 私は屈託がなく、一緒にいて楽しい人間である。
- □ あらゆる人への愛情が溢れてくる。
- □ 欠乏を抱えていて思いやりがない人からは距離を置く。
- □ 自分が必要なものは、必要になる前に揃えてもらうようにしている。
- □ 成熟しており大人であるため、感情的に反応しない。

該当した数 ⋯→　　　（最大 *10* 点）

4. セルフケアを完璧にする 10 のポイント

- □ 顔のマッサージを週に一度している。
- □ 身体のマッサージを週に一度している。
- □ 髪を月に一度は整えてもらっている。
- □ 他の誰よりも自分のことを大切にしている。
- □ 自分に最も似合う色と、自分の気持ちが一番上がる服を知っている。
- □ 自然素材のものしか着ない。
- □ 電話の呼び出し音は快いものに設定している。
- □ きちんと磨かれた上等で美しい靴しか履かない。
- □ きれいな水だけを飲む。
- □ 自分の車を隔週でプロに掃除、洗浄してもらっている。

該当した数 ･･･⟶ 　　（最大 *10* 点）

5. 家を完璧にする 10 のポイント

- □ 上質なシーツで寝ている。
- □ 家からの眺めが大好きである。
- □ 家の中には自然光が十分に入ってくる。
- □ 住んでいる地域が気に入っている。
- □ 環境汚染の原因となるものは家にない。
- □ 理想通りの家具を持っている。
- □ いつも家に新鮮な花を活けている。
- □ 家にいると安心と愛情を感じられて、インスピレーションが湧いてくる。
- □ 週に一度、プロに家を掃除してもらっている。
- □ 壁には美しいアートを飾っている。

該当した数 ･･･⟶ 　　（最大 *10* 点）

6. 仕事を完璧にする10のポイント

□ 自分にとって、仕事は遊びである。特に面倒ごとが起きることもない。
□ 仕事の中に、自分にとって大事な価値観が4つは反映できている。
□ ファイル類はきちんと秩序立てて整理されている。
□ 充実感があってクリエイティブなプロジェクトに携わっている。
□ 一緒に働く人は自分のことを尊重してくれ、仕事のサポートもしてくれる。
□ 自分のオフィスと周りの環境が好きである。
□ 良い仕事をするのに必要な機器類は全て揃っている。
□ きちんとトレーニングを受けており、生産性が非常に高い。
□ 自分の担当の分野で一目置かれている。
□ 自分が受け持っている現場では一番仕事ができる。

該当した数 ⋯→　　　（最大10点）

7. 人生の質を完璧にする10のポイント

□ 雑用は自分ではしていない。
□ 日常的に運動を楽しんでいる。
□ 自分がやりたいことをやるのに十分な時間がある。
□ 最高品質のジュエリーしか身につけない。
□ 困難や苦しみとは無縁の人生である。
□ 毎日新しくフレッシュな気持ちで、何も引きずるものはない。
□ アドレナリンに駆られることはない。
□「余裕レベル　チェックリスト」（101ページ～）では95点以上を取れている。
□ 自分が生きている人生に誇りを持っている。
□ 不足しているものは何もない。

該当した数 ⋯→　　　（最大10点）

8. お金まわりを完璧にする10の方法

- □ 少なくとも1000万円は、貯蓄や流動性の高い投資に回している。
- □ 1時間に1万円は稼ぎ出す仕事をしている。
- □ 傷害保険に入っている。
- □ 信頼できるプロに税金まわりの手続きをお任せしている。
- □ 投資についてきちんと理解しており、うまく活用している。
- □ お金は自分の人生の枝葉の部分でしかないと思っている。
- □ 自分が生み出したものや稼いだお金の10%は愛する人にあげている。
- □ 毎月、収入の20%は貯蓄している。
- □ 年収は毎年10%以上増えていっている。
- □ 金銭面について特に差し障りなく、お金とは豊富にあるものだと思って生きている。

該当した数 ···→ 　　　（最大 10 点）

9. 家族と友人との関係を完璧にする10のポイント

- □ 家族から一目置かれ、尊重されている。
- □ 自分に必要な人とは皆知り合いである。
- □ 周りの人たちは皆、心満たされている。
- □ 自分を困らせるような人とは付き合わない。
- □ 両親を愛しており、親が自分にしてくれたことに感謝している。
- □ 友人や家族は、愛情を示そうと心を砕いてくれる。
- □ 子どもやきょうだいとの関係は良好である。
- □ 嫌な思いをさせる家族や友人からは自分をきちんと守る。
- □ 新しい友人を作ろうとするのをやめる。すでにたくさんいるからである！
- □ 友人や家族の誕生日を覚えていて、お祝いをしてあげる。

該当した数 ···→ 　　　（最大 10 点）

10. 人生の魔法を完璧にするための10のポイント

- □ 頑張ろうとしなくてもこのプログラムで点数を重ねていくことができる。
- □ 完璧主義者ではあるが、強迫観念は持っていない。
- □ 自分に近寄ってくる人たちは、私を受け入れようとしてくれている。
- □ 必要なものが常に自分のところへやってきてくれる。
- □ 育てている植物が枯れない。
- □ 人は皆私に優しい。
- □ 何か欲しいものが出てきたら、いつも簡単に手に入る。
- □ 動物や小さい子どもになつかれる。
- □ 人生は楽ちんだ。
- □ 自分の人生を完璧にするプログラムが楽しくてしかたない！

該当した数 ⋯→ （最大 *10* 点）

合計スコア ⋯→ （*100* 点満点）

進捗チャート

下からボックスを塗りつぶす。各分野の今のレベルをこのチャートで把握しておく。チャートが全て塗りつぶされることがゴールだ。

	1. 身体	*2.* 精神	*3.* 心	*4.* セルフケア	*5.* 家	*6.* 仕事	*7.* 人生	*8.* お金	*9.* 家族と友人	*10.* 人生の魔法
10	□	□	□	□	□	□	□	□	□	□
9	□	□	□	□	□	□	□	□	□	□
8	□	□	□	□	□	□	□	□	□	□
7	□	□	□	□	□	□	□	□	□	□
6	□	□	□	□	□	□	□	□	□	□
5	□	□	□	□	□	□	□	□	□	□
4	□	□	□	□	□	□	□	□	□	□
3	□	□	□	□	□	□	□	□	□	□
2	□	□	□	□	□	□	□	□	□	□
1	□	□	□	□	□	□	□	□	□	□

エピローグ

コーチングの過去から現在

過去に目を向けてみると、人類がこの世に存在し始めた頃からコーチングはもちろんあった。しつけ、教育、指導、コンサルティングなど、違う名前で呼ばれていたこともあったかもしれない。また、スポーツの世界におけるコーチングは、少なくともオリンピックが行なわれていた古代ギリシャ時代には存在していた。優勝者にはオリーブオイルがいっぱいに詰まったアンフォラ（壺）が与えられたが、おそらくそのコーチも、手ぶらで帰るということはなかったのではないかと思う。

現在はどうだろう。一九八〇年代後半あたりから、個人としての成功と、仕事の上での成功、その両方に関してコーチングが一般的になされるようになっていった。今日では、コーチと一緒に取り組めることはいろいろある――個人としての人生を軌道に乗せる、ゴールを決めてそれに向かって進む、事業を立ち上げ拡大する、会社の中でいち早く抜きん出る、仕事のパフォーマンスを上げる、そして、あらゆる人とのコミュニケーションを円滑にする。コーチを使い、その助けを得ることで、問題を解決し、マスターし、達成し、成長していける分野は、文字通り何百とあるのだ。

現在、世界三〇カ国以上に何千人ものコーチが、コーチングを専業として活躍している。そとの多くは、カウンセリングや教育、自営業、トレーニング、心理学、経営、牧師など、もともとの職業との補完関係を期してキャリアをスタートした人が多い。

過去古くから存在するコーチと比べて、今のコーチはどういうところが新しく、また違うのだろうか。

現在のコーチングは、成功を統合的に達成する技術として確立されている。単に法則やテクニックがいくつか寄せ集まったものではない。専門的な技術や法則、概念、実践方法、そして知恵の塊が何百個も綿密に織り交ぜられてできたものなのである。

コーチングは、昔は一企業内で実験的に行なわれるものだったのが、今ではアメリカはもちろん、「フォーチュン一〇〇〇社」に名を連ねる世界中の一流企業のほとんどで、標準的なプログラムとして導入されている。経営者として成功しようと思うと、社員の仕事のパフォーマンスを力で無理やり上げさせようとするのではなく、自らベストを尽くしたいという気持ちにさせなくてはならない。賢い会社ほど、社員の幸せと生産性の両方の可能性を最大化したいと思っているようだ。また、優秀な社員のほうも、上司から管理されるのではなく、コーチングをしてもらうことを期待するようになってきている。

コーチングは、プロフェッショナルによる一方的なサービスという性質から、クライアントとコーチの相乗関係を表わすものへと変わってきた。コーチは単にクライアントに何かを薦《すす》めるだけではない。クライアントが進歩していくプロセスに能動的に関わっていく。そして、双方が自由闊達《かったつ》に話し合い、成果を出せるようにコミットしていくのだ。

コーチングはすごい勢いでメジャーになりつつある。これは一般の人々からの需要が増してきているからだ。「ＣｏａｃｈＵ」はこの二年間で一五〇回ほど新聞、雑誌、テレビ番組で取り上げられたことがあり、それによって、コーチングというものの存在、またその効果についての認知が広まり、自分も受けてみようかなと思う人が増えたのも大きい。

こうして情報媒体に取り上げられるにあたって、我々はいっさい広告宣伝の類《たぐい》を出していない。メディア業界に携わっている人であれば、このすごさを分かってくれるだろう。

自分の手で人生の舵を取って生計を立てていきたい、と思う人はこれからますます増える。給料のために働くというのは時代遅れになり、特に高等教育を受けた層の人々はその傾向が強いだろう。経済社会において最も成長が速い領域が（製造業や専門サービス業ではなく）情報産業であることを考えると、こうした分野に関するスキルと影響力のある実践的アイデアがあれば、今後は誰でもお金を稼げるようになっていく。可能性がこれほどまでに開かれている時代は初めてと言っていいだろう。唯一の問題は、「起業の基本」といったようなことを習ったことがある人はほとんどいない、ということである。やる気はあるのに、小さなビジネスで成功するためのルールと戦略を知らずに、負けていく人が多い。コーチがいれば、こうしたルールや戦略をあっという間に学ぶことができる。さらに、企業のほうも、市場で優位性を高められるような成果を生み出せる、優秀な人々をつかんで離したくないがために、やはり職場環境を改善し、社員の幸せと生産性を向上させ、イノベーションの気運を高めるため、コーチングの提供に意欲的になるところがきっと増えるだろう。

人間は、自分の才能やスキルや特別な素質の一%くらいしか使っていない、と私は感じている。ということは、まだ眠ったままの可能性がたくさんあるということだ。そのうちほんの少しでも活かせるようになれば、個人の成功と幸せは飛躍的に増すはずだ。自分の可能性をこれまで活かしてこなかったということに、ちょうど今多くの人が気付き始めているところだ思う。インターネットのおかげで、画期的なツールや安価な(時には無償の)学習素材が欲しいときにすぐ手に入るので、潜在能力を二%目覚めさせるくらいは、きっとすぐできるだろう。コーチはそのそばにいて、取り組みを促進し、ちょうどいいタイミングで助けを出し、セーフティーネットにもなり、励ましの言葉をかけるのだ。

「魅力のOS」

コンピュータを持っていれば、オペレーティング・システム(OS)とアプリケーションは別ものだと知っているだろう。OSとは、コンピュータが持つ情報と処理能力をどのように使えばよいかを指示する機能である。アプリケーション・ソフトウェアは、コンピュータを使って特定の作業、例えばソリティアをする、表計算ソフトウェアを使う、文章を書く、といったことができるようにする機能を持つ。

ウィンドウズとマックが最も有名なオペレーティング・システムだが、それ以外にもソラリス、ユニックス、オープンＶＭＳ、リナックスなど多くのＯＳがある。

私が魅力の「ＯＳ」という呼び方をするときは、コンピュータと人間の間にある類似性を強く意識している。比較したからといって人間から何かが奪われるわけではない。ただ、コンピュータが「私たち人間をイメージして」造られたものであるということはよく分かる。つまり、コンピュータには脳（中央演算装置、ＣＰＵ）があり、複数のスキル（アプリケーション・ソフトウェア）があり、データ（蓄積された情報）があり、脳を使ってデータを処理し、また複数のスキルを使いこなすという包括的な仕組み（ＯＳ）がある、ということだ。

私たちは、自分自身のＣＰＵやアプリケーション・ソフトウェア、データやＯＳに対して、コンピュータと同じくアップグレードをかけることができる。そのやり方としては、学校教育が一番メジャーだ。だが、従来型の教育では、知識としての情報はたくさん蓄積していけるが、教育界は硬直的で柔軟性に欠け、非常に政治的な色も濃い。私たちの世界は急激に進化しているので、従来型の教育制度よりもコーチングのほうが、より目的に直結するものだと考えている人もいる。また、経験というのも私たちに学びをくれるものではある。ベンジャミン・フランクリンは「経験は莫大なお金に匹敵する。だが、愚か者はその経験を他での学びに活かそうとしない」と述べているが、まさしく経験から得られた教訓を深く理解しようとしない限り、その学びは限定的なものになってしまうのだ。

「魅力のＯＳ」は、従来型の教育や経験による学習に取って代わるものではないし、セラピーの代わりになるものでもない。それは、「今この時」に根差すものであり、人が自らの可能性を最大限に発揮できるように、その時々で必要な側面をアップデートしたり、増大させたりするものだ。病気の人を癒《いや》すことはできないが、健全な人を最高の状態に持っていくことができるのである。

魅力の中に見る禅の精神

「禅は、要するに、自己の存在の本性を見抜く術であって、それは束縛から自由への道を指し示す」とは、日本の宗教家、鈴木大拙《すずきだいせつ》の言葉である。

禅の教えも、「魅力の法則」と同じように、一般的なやり方とは異なる形で伝えられるものである。禅を表わす言葉は、例えば、『老子道徳経《ろうしどうとくきょう》』に書かれている「無為自然《むいしぜん》」、つまり「何事も為《な》さずして全てを為す。苦労することなく努力する」といったような、謎かけのようなものが多い。「魅力の法則」も、一見すると謎に満ちて、矛盾しているように思えるかもしれないが、これもまた人間の存在の本性を見抜き、苦しくない努力へと導いていくものなのだ。

「魅力の法則」のエッセンスは、一四個の短い文章で表わすことができる。ただ、これらの記載はあくまでも理想の状態を表現しているものだということは心に留めておいてほしい。あなたも私も、完璧にこのレベルに達することはできないだろう。でも、そこを目指して歩んでいく、その一歩ごとに、人生は生きやすくなり、より素晴らしく、充実したものになっていくはずだ。

1. 何も約束しない（ただ自分が一番楽しめることをする）。
2. 何の義務も負わない（義務感とはいっさい無縁の状態で、ただやる）。
3. 何の申し出もしない（自分が持っているものに興味を持った人に、ただ分け与える）。
4. 何も期待しない（自分がすでに持っている多くのものを、ただ味わう）。
5. 何も求めない（ただ自分の余裕を蓄積していくことで、欠乏感を消す）。
6. 何も創り出そうとしない（やってきたものに対して、ただ大いに対応する）。
7. 誰も誘惑しない（ただ一緒にいることを楽しむ）。
8. 何にも駆り立てられない（ただ自分なりの付加価値をワクワクしながら与える）。
9. 何もごまかさない（ただありのままの個性が溢れるに任せる）。
10. 何も直そうとしない（ただ自らを癒す）。
11. 何も計画しない（ただ抵抗が一番少ない道を行く）。
12. 何も学ばない（ただ身体が自分に代わって吸収してくれるに任せる）。
13. 誰にもならない（ただ今の自分自身のままでいる）。
14. 何も変えない（ただ真実を述べて、物事が自然に変わっていくのに任せる）。

著者／トマス・J・レナード

パーソナル・コーチングの父。世界で初めてパーソナル・コーチングの取り組みを始めた1982年頃から、数えきれないほど多くの個人や企業のクライアントを最高の状態へと導いてきた。92年にコーチ大学を創設、98年にはTeleClass.comを設立するなど、オンラインでの活動も意欲的に行ない、世界30カ国で何千人ものパーソナル・コーチを輩出。パーソナル・コーチング業界の第一人者として精力的に活動し続けた。2003年没。パーソナル・コーチングは「ニューズウィーク」誌、ウォール・ストリート・ジャーナル、ニューヨーク・タイムズやＣＮＮなどで取り上げられる。本書は、著者が考案した「28の魅力の法則」を余すところなく紹介しており、仕事とプライベートで自分を成長させるシステムの決定版として、現在も読み継がれるロングセラー。

監修／秦 卓民（はた・たくみ）

1979年生まれ。2009年、総合コンサルティング会社、㈱ENERGIZEを共同設立。スポーツ選手、企業経営者などを中心にビジネスのパフォーマンスが上がるエグゼクティブコーチングを行なっている。顧客にリンクアンドモチベーション、Plan・Do・See、サッカー日本代表選手など多数。本書（原著）を読んで人生が一変。この本の本当の魅力を日本にも伝えたいと、本書の完全邦訳版を提案した。

翻訳／糟野桃代（かすの・ももよ）

1991年生まれ。京都大学法学部卒業。国内企業にて勤務するかたわら、学生の頃から憧れていた出版翻訳の道を志し、翻訳の世界へ。本書が初の訳書となる。

切りとり線

★読者のみなさまにお願い

この本をお読みになって、どんな感想をお持ちでしょうか。祥伝社のホームページから書評をお送りいただけたら、ありがたく存じます。今後の企画の参考にさせていただきます。また、次ページの原稿用紙を切り取り、左記編集部まで郵送していただいても結構です。

お寄せいただいた「100字書評」は、ご了解のうえ新聞・雑誌などを通じて紹介させていただくこともあります。採用の場合は、特製図書カードを差しあげます。

なお、ご記入いただいたお名前、ご住所、ご連絡先等は、書評紹介の事前了解、謝礼のお届け以外の目的で利用することはありません。また、それらの情報を6カ月を超えて保管することもありません。

〒101―8701（お手紙は郵便番号だけで届きます）
祥伝社　書籍出版部　編集長　栗原和子
電話03（3265）1084
祥伝社ブックレビュー　www.shodensha.co.jp/bookreview

◎本書の購買動機

＿＿＿＿新聞の広告を見て	＿＿＿＿誌の広告を見て	＿＿＿＿の書評を見て	＿＿＿＿のWEBを見て	書店で見かけて	知人のすすめで

◎今後、新刊情報等のメール配信を　　希望する　・　しない
（配信を希望される方は下欄にアドレスをご記入ください）

@

100字書評

SELFISH（セルフィッシュ）

住所

なまえ

年齢

職業

SELFISH（セルフィッシュ）
真《しん》の「自分本位《じぶんほんい》」を知《し》れば、人生《じんせい》のあらゆる成功《せいこう》が手《て》に入《はい》る

令和元年11月10日　初版第1刷発行
令和7年6月15日　　第6刷発行

著　者　トマス・J・レナード
共著者　バイロン・ローソン
翻訳者　糟《かす》野《の》桃《もも》代《よ》
監修者　秦《はた》　卓《たく》民《み》
発行者　辻　浩明
発行所　祥《しょう》伝《でん》社《しゃ》
〒101-8701
東京都千代田区神田神保町3-3
☎03(3265)2081(販売)
☎03(3265)1084(編集)
☎03(3265)3622(製作)

印　刷　堀内印刷
製　本　ナショナル製本

ISBN978-4-396-61709-7 C0030　Printed in Japan
祥伝社のホームページ・www.shodensha.co.jp

好評既刊

仕事に効く教養としての「世界史」

先人に学べ、そして歴史を自分の武器とせよ。京都大学「国際人のグローバル・リテラシー」歴史講義も受け持ったビジネスリーダー、待望の1冊！

出口治明

やりたいことがある人は未来食堂に来てください

――「始める」「続ける」「伝える」の最適解を導く方法

東京にある小さな食堂。なぜこの店を手伝うと夢がかなうのか？「日経WOMAN」ウーマン・オブ・ザ・イヤー2017受賞の元エンジニア店主が明かす、「壁」を乗り越える行動と考え方

小林せかい

あなたの「楽しい」はきっと誰かの役に立つ

――仕事を熱くする37のエピソード

小山薫堂氏、堀江貴文氏、キングコング西野亮廣氏激賞！　世界最高峰のパティシエにして、超人気店の経営者が紡ぎ出す名言満載の成功のレシピ！　ものづくりとイノベーションに挑むすべての人へ贈る

小山　進